Expertise comptable

LMD

W0361094

DSCG 4

Comptabilité et audit

CAS PRATIQUES + CORRIGÉS

Sous la direction d'Alain Burlaud

Patrick Crespin
Vincent Lepève
Sébastien Paugam
Frédéric Romon

ISBN 978-2-216-16975-7

Préface

Le monde de la comptabilité, du contrôle de gestion, de l'audit, de la finance et du droit des affaires bouge. L'enseignement de ces disciplines aussi, s'ajustant en permanence aux évolutions politiques (la normalisation comptable), économiques, juridiques, éthiques et technologiques (la révolution numérique) qui transforment l'exercice du métier : apparition de normes mondiales pour la formation initiale des professionnels de la comptabilité (*International Federation of Accountants*), de normes européennes (*Common Content Project*), réorganisation des études universitaires en trois niveaux (licence, master, doctorat ou LMD) dans la plupart des pays.

Les réformes des études supérieures comptables

Les études comptables supérieures comportent aujourd'hui trois diplômes :

- le diplôme de comptabilité et de gestion, DCG (bac + 3, grade licence) ;
- le diplôme supérieur de comptabilité et de gestion, DSCG (bac + 5, grade master) ;
- le diplôme d'expertise comptable, DEC, diplôme final qui ne peut être présenté qu'après le stage professionnel réglementé de trois ans, soit 8 ans après le bac.

Le cursus a connu les évolutions récentes suivantes : après une refonte complète en 2007, l'ouverture à la « validation des acquis de l'expérience » (VAE) du DCG et du DSCG (2010), puis du DEC (2018), l'obtention du grade licence pour le DCG et du grade master pour le DSCG (ce qui signifie qu'ils ouvrent les mêmes droits qu'une licence ou un master), les programmes ont fait l'objet d'une nouvelle révision en 2019.

Ce cursus conserve l'esprit d'ouverture qui a fait son succès depuis plus d'un demi-siècle : des unités d'enseignement (UE) indépendantes et capitalisables, la compensation des notes (avec, toutefois, des notes éliminatoires), des entrées possibles à différents niveaux avec des dispenses d'épreuves, des sorties à chaque niveau avec des débouchés professionnels clairement identifiés, des diplômes reconnus et appréciés, délivrés par l'État. Depuis 2006, la « mesure » de chaque UE en unités *European Credit Transfer System* (ECTS) facilite la portabilité des acquis dans les différents établissements d'enseignement supérieur, y compris à l'étranger.

Le cursus intègre pleinement le dispositif de validation des acquis de l'expérience. Enfin, la réforme de 2019 introduit dans les programmes la notion de « compétences », en lien avec les connaissances, pour les rendre plus lisibles et plus attractifs, tant pour les étudiants que pour leurs futurs employeurs. En effet, le monde du travail raisonne en termes de compétences acquises.

Pour correspondre à ce nouveau référentiel, la collection « Expertise comptable » des Éditions Foucher a été entièrement remaniée en 2019.

La réécriture des ouvrages s'inscrit dans une démarche de qualité, de recherche d'excellence qui se construit pas à pas, souvent grâce au dialogue que nous entretenons avec nos lecteurs et les professeurs des différentes disciplines concernées.

Qu'apporte la collection « Expertise comptable » des Éditions Foucher ?

Depuis plus de quarante ans, les Éditions Foucher publient des ouvrages de référence préparant aux examens comptables de l'État, également très appréciés par les étudiants des universités, grandes écoles, IUT, classes post-baccalauréat des lycées et, aussi, largement utilisés dans le cadre de la formation continue.

Aujourd'hui, la collection « Expertise comptable » répond totalement aux ambitions d'un cursus reconnu et recherché, aux nombreux débouchés professionnels.

Chaque ouvrage est un outil multimédia utilisant au mieux l'ergonomie de plusieurs supports. Le livre offre le meilleur confort de lecture, des possibilités d'utilisation nomade, la facilité d'appropriation et de mémorisation des contenus en annotant et en surlignant.

Le numérique apporte aussi la possibilité de mises à jour instantanées et d'applications dynamiques comme l'utilisation du tableur.

Le contenu des ouvrages, fruit du travail des meilleurs auteurs et spécialistes des différentes disciplines, est mis en valeur par une présentation particulièrement soignée.

Outre les manuels et les applications et cas, mis à jour régulièrement, la collection, qui couvre l'ensemble des unités d'enseignement du DCG et du DSCG, offre une série, « Tout le DCG » et « Tout le DSCG », comprenant des mémos et des batteries d'exercices corrigés pour faciliter vos révisions.

Enfin et surtout, les ouvrages de la collection « Expertise comptable » ont pour ambition de donner un sens à la connaissance ; ils privilégient le raisonnement sur la description, la déduction sur l'énumération. Ils développent une pratique raisonnée des différentes disciplines qui, conformément à l'esprit du LMD, conduit à la réussite académique et professionnelle.

Quelles perspectives universitaires et professionnelles ?

Le cursus comptable supérieur est marqué par une triple ouverture.

- Ouverture sur **l'université** : les ECTS associés à chaque épreuve du DCG ou du DSCG et le grade licence pour le DCG ou master pour le DSCG permettent des passerelles dans l'ensemble des universités de l'Espace européen de l'enseignement supérieur qui regroupe 48 pays.
- Ouverture sur les **métiers** : les nouveaux diplômes comptables de l'État ayant le grade licence ou master, correspondent à des repères précis et appréciés des employeurs pour tous les métiers de la comptabilité : comptabilité financière, contrôle de gestion, audit, finance. Tous offrent de très beaux débouchés. De plus, la validation des acquis de l'expérience (VAE) rapproche encore plus étroitement profession et formation.
- Ouverture sur le **monde** : les professions comptables sont celles qui sont le plus ouvertes sur le monde, qu'elles soient exercées en entreprise, dans l'économie sociale et solidaire, dans le secteur public ou en cabinet.

Quel projet personnel ?

Que faut-il de plus pour réussir dans cette voie ? Simplement un peu d'ambition, les moyens de ses ambitions et de bons outils. Cet ouvrage de la collection « Expertise comptable » est un excellent outil au service de votre ambition.

Alain BURLAUD

Professeur émérite du Conservatoire national des arts et métiers

Sommaire

Consolidation

Partie 1

Les écarts d'évaluation et d'acquisition

Méthode directe versus méthode par paliers

Cas de synthèse complexe

Consolidation

1 Le périmètre du groupe

EXO 01.01 Cas Perimator : détermination du périmètre de groupes de sociétés en ANC 2020-01 et divergences par rapport aux IFRS

Pour chacun des schémas suivants et selon le règlement ANC 2020-01, vous présenterez dans un tableau synthétique et pour chacune des sociétés :

- le pourcentage de contrôle de la mère dans la société concernée,
- le type de contrôle,
- la méthode de consolidation,
- le pourcentage d'intérêts de la mère dans la société concernée.

Vous mettrez en évidence les éventuelles divergences par rapport au référentiel IFRS.

Schéma 1

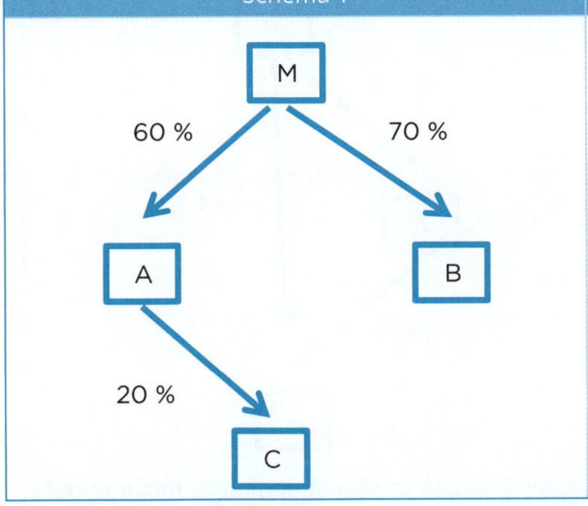

Schéma 2

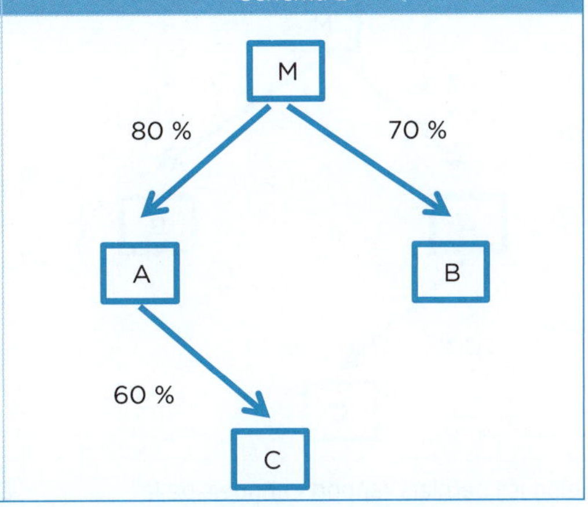

Schéma 3

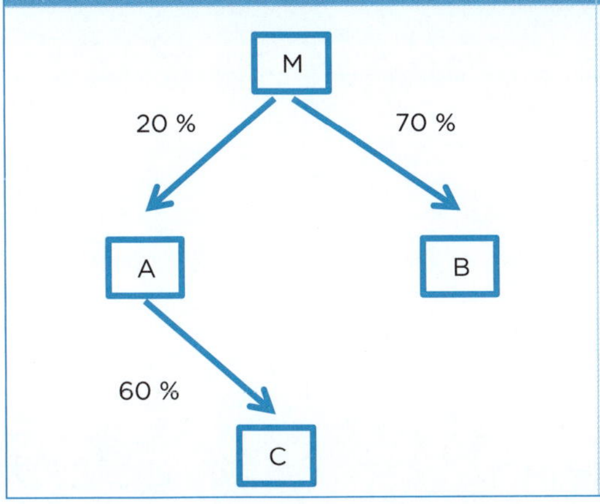

Schéma 4

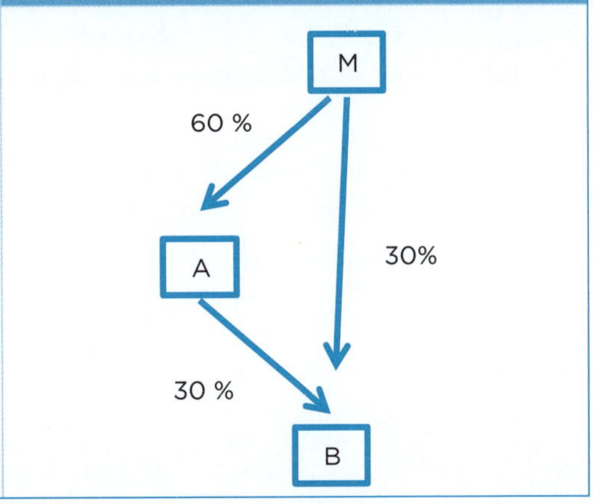

Schéma 5

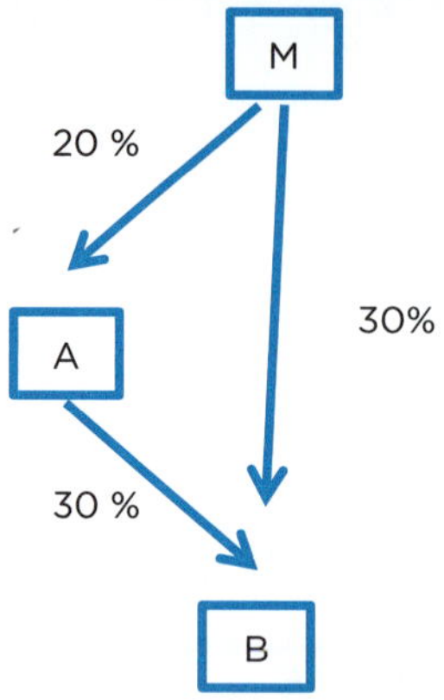

Schéma 6

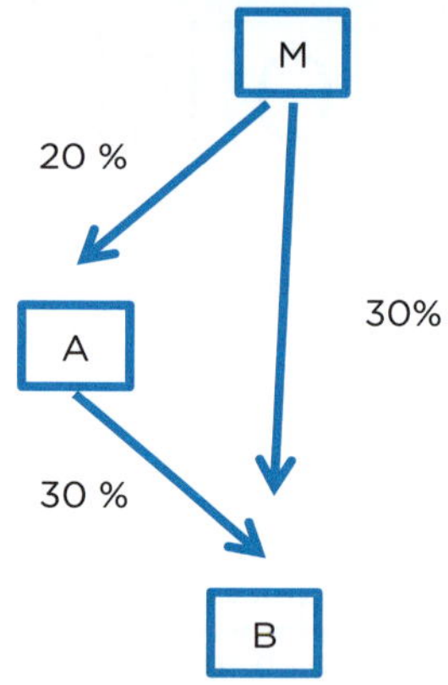

La société M partage le contrôle de la société A avec une autre société. En normes IFRS, il s'agit d'une co-entreprise.

Schéma 7

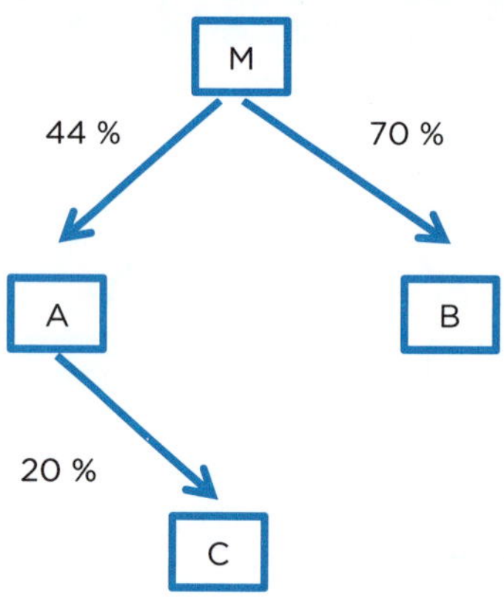

Selon les derniers rapports annuels de la société A, aucun autre actionnaire de la société A ne détient plus de 5 % de la société.

Schéma 8

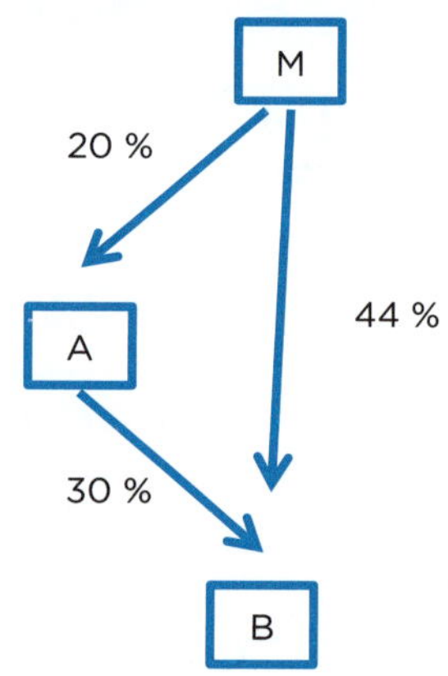

Depuis 2 ans, la société M nomme la majorité des membres du conseil d'administration de la société B.

Schéma 9	Schéma 10
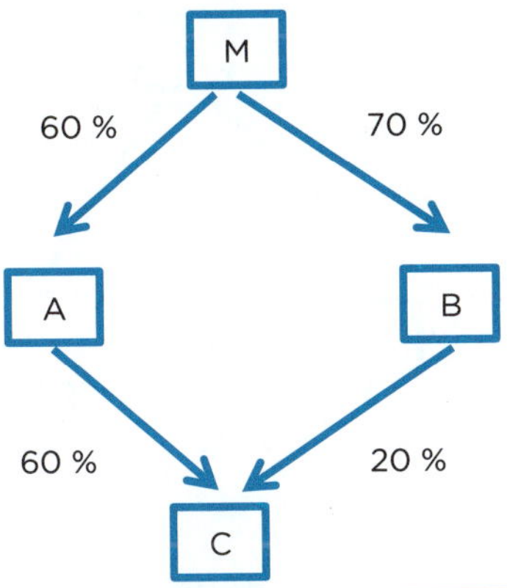	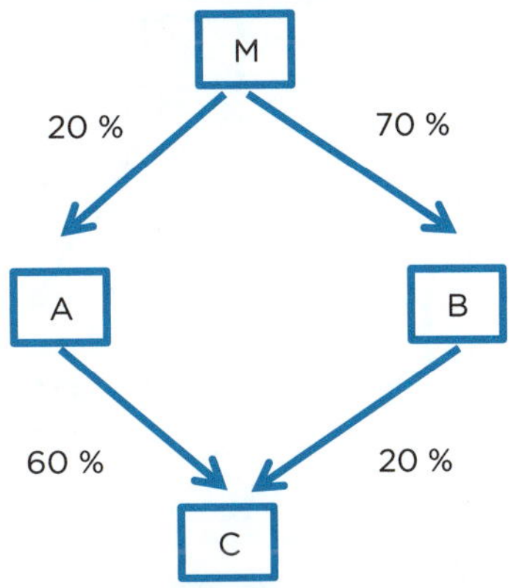

EXO 01.02 **Cas Structurator : détermination du périmètre de groupes de sociétés en ANC 2020-01 et divergences par rapport aux IFRS**

Pour chacun des schémas suivants et selon le règlement ANC 2020-01, vous présenterez dans un tableau synthétique et pour chacune des sociétés :

- **le pourcentage de contrôle de la mère dans la société concernée,**
- **le type de contrôle,**
- **la méthode de consolidation,**
- **le pourcentage d'intérêts de la mère dans la société concernée.**

Vous mettrez en évidence les éventuelles divergences par rapport au référentiel IFRS.

Schéma 1	Schéma 2
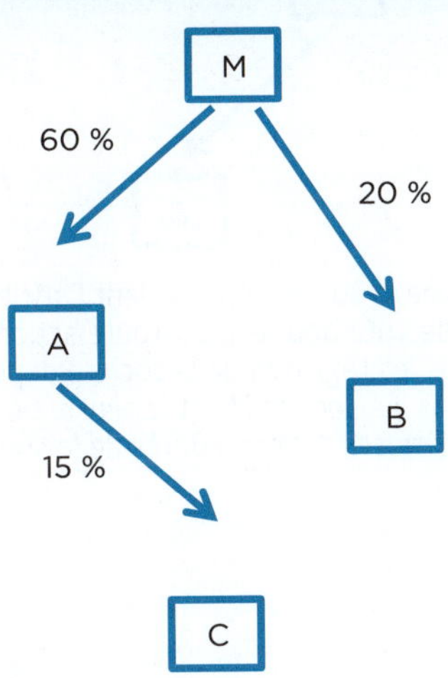	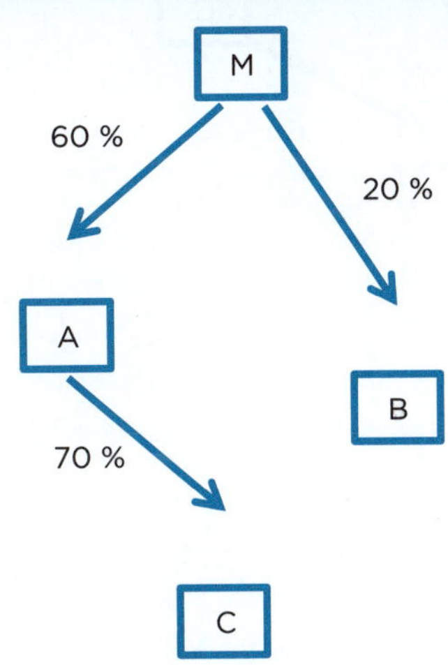
Depuis plusieurs années, les sociétés A et C travaillent en étroite collaboration (échange de cadres de direction, support technique important, aides diverses...).	Malgré une participation de 20 % dans la société B, la contribution au résultat du groupe de la société B est négligeable.

Schéma 3

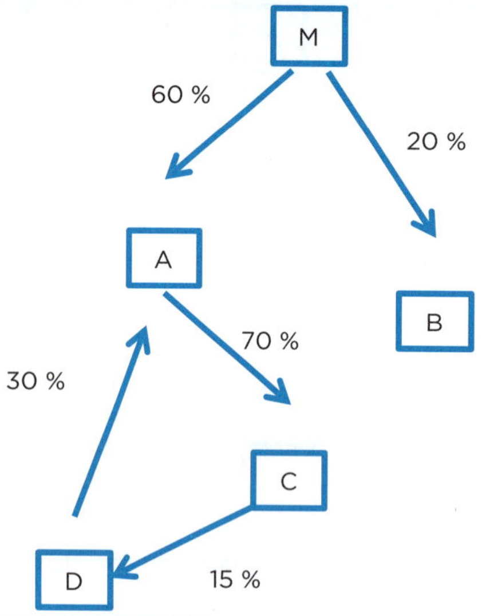

Schéma 4

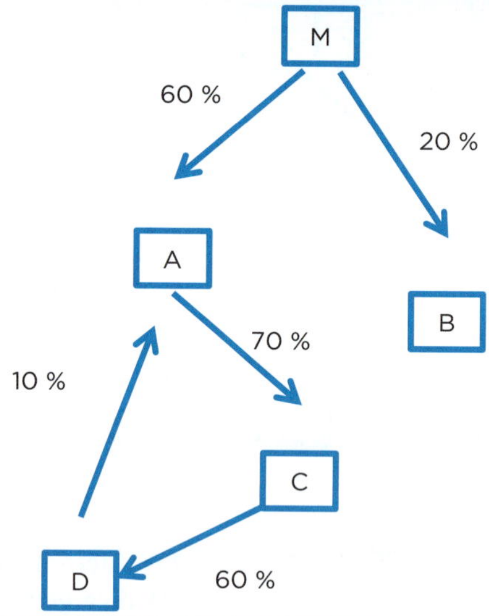

Schéma 5

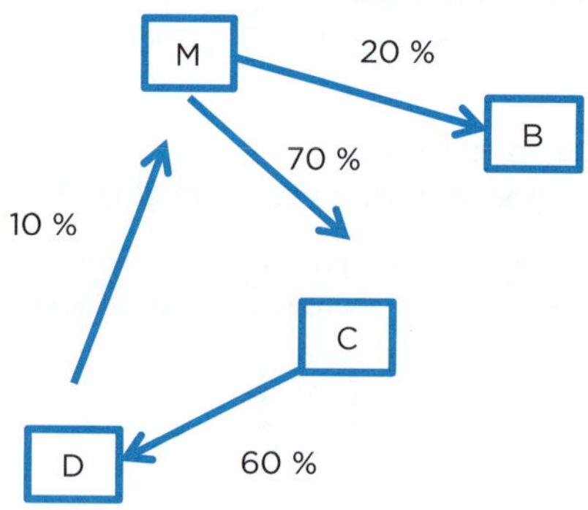

Schéma 6

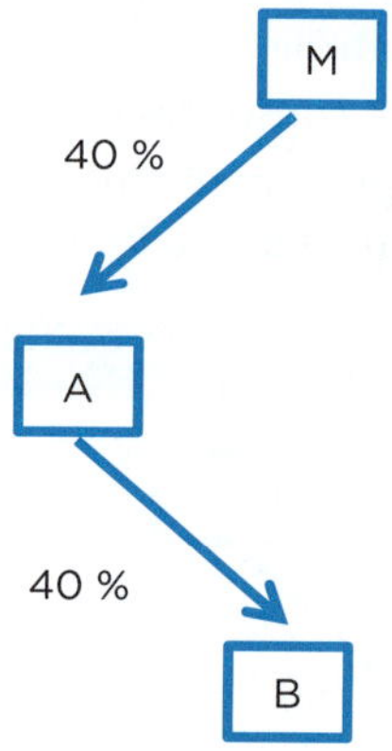

Les statuts de la société A prévoient l'attribution d'un droit de vote double pour toute action inscrite dans les registres de la société depuis plus de 2 ans. La société M est le seul actionnaire à avoir déclaré ses actions auprès de la société A.

Schéma 7

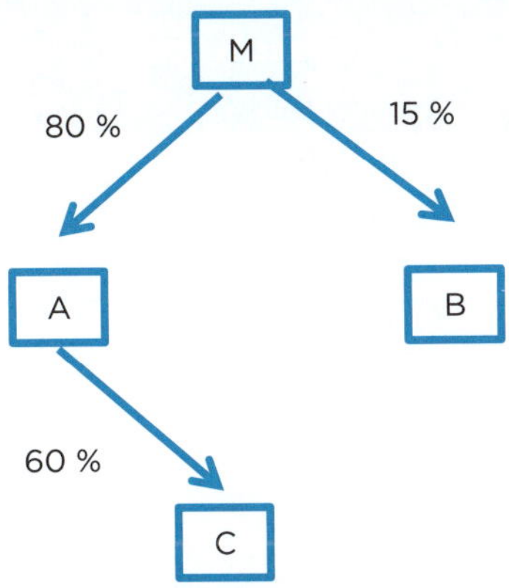

La société M souhaite augmenter sa participation dans la société B, en toute discrétion car les actionnaires de la société B sont hostiles à cette opération. Une convention de portage a été signée entre la société M et une banque d'affaires. À la fin de l'exercice, la banque d'affaires détenait 10 % des actions de la société B.

Schéma 8

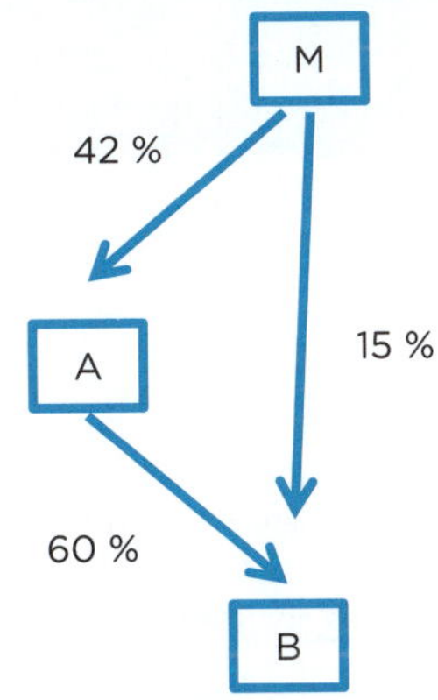

Le capital social de A est constitué de 80 % d'actions ordinaires et de 20 % d'actions à dividendes prioritaires. La société M ne détient que des actions ordinaires.

Schéma 9

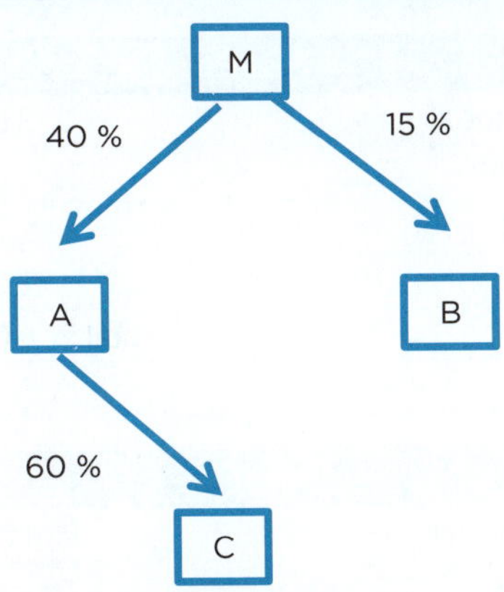

Le capital de A est composé de 850 actions ordinaires, 150 certificats d'investissement et 150 certificats de droit de vote. M détient 400 actions et 120 certificats de droit de vote.

Schéma 10

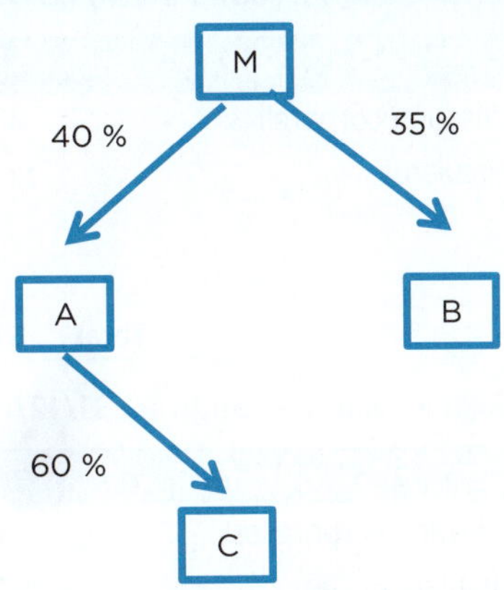

La société B est située dans un pays très instable au niveau politique et aucun transfert de fonds n'est possible entre la société B et la société M.

2 Les méthodes de consolidation

EXO 01.03 Cas Barolux : les trois méthodes de consolidation en ANC 2020-01

La société Barolux détient des participations dans 4 sociétés. Ces sociétés ont été achetées à leur valeur nette comptable au cours des dix dernières années. Vous disposez des annexes 1 et 2.

ANNEXE 1 : Informations sur les acquisitions

Société	Nombre d'actions achetées	Nombre d'actions dans le capital social	Prix payé
Alpha	6 000	10 000	1 200
Tango [1]	2 500	10 000	300
Charlie	6 000	20 000	310
Lima	550	12 000	220
			2 030

(1) La société Tango est détenue conjointement par Barolux et Toutenkamon.

ANNEXE 2 : Bilan des sociétés au 31/12/N

ANNEXE • Bilan de Barolux au 31/12/N

Actif		Passif	
Immobilisation corporelles	10 000	Capital social	7 000
Titres de participation	2 030	Réserves	4 200
Actifs circulants	7 790	Résultat	620
		Dettes	8 000
Total	**19 820**	**Total**	**19 820**

ANNEXE • Bilan d'Alpha au 31/12/N

Actif		Passif	
Immobilisation corporelles	4 000	Capital social	3 000
Actifs circulants	2 000	Réserves	800
		Résultat	200
		Dettes	2 000
Total	**6 000**	**Total**	**6 000**

ANNEXE • Bilan de Tango au 31/12/N

Actif		Passif	
Immobilisation corporelles	600	Capital social	1 000
Actifs circulants	900	Réserves	350
		Résultat	80
		Dettes	70
Total	**1 500**	**Total**	**1 500**

ANNEXE • Bilan de Charlie au 31/12/N

Actif		Passif	
Immobilisation corporelles	860	Capital social	1 000
Actifs circulants	1 040	Réserves	200
		Résultat	140
		Dettes	560
Total	**1 900**	**Total**	**1 900**

ANNEXE • Bilan de Lima au 31/12/N

Actif		Passif	
Immobilisation corporelles	5 000	Capital social	2 400
Actifs circulants	3 500	Réserves	2 000
		Résultat	200
		Dettes	3 900
Total	**8 500**	**Total**	**8 500**

1. **Définir le périmètre de consolidation en élaborant un tableau présentant pour chaque société : le pourcentage de contrôle, le type de contrôle, la méthode de consolidation et le pourcentage d'intérêts de la société mère.**
2. **Établir le bilan consolidé du groupe en procédant par étapes successives. À l'issue de chaque étape, vérifier que votre bilan consolidé est bien équilibré.**
   Étape 1 : Tableau de partage d'Alpha, écritures au bilan à la suite du partage, puis élaboration du bilan consolidé Barolux + Alpha.
   Étape 2 : Tableau de partage de Tango, écritures au bilan à la suite du partage, puis élaboration du bilan consolidé Barolux + Alpha + Tango.
   Étape 3 : Tableau de partage de Charlie, écritures au bilan à la suite du partage, puis élaboration du bilan consolidé Barolux + Alpha + Tango + Charlie.

3 Les retraitements d'homogénéisation

EXO 01.04 Cas Benco : retraitements d'homogénéisation au bilan et compte de résultat en ANC 2020-01 et IFRS

La société Benco est spécialisée dans la fabrication de chocolat depuis plusieurs générations et établissait jusqu'en N-3 des comptes consolidés selon le référentiel IFRS. À la suite de la vente de plusieurs filiales en N-3 (recentrage sur son activité de base), le groupe n'est plus obligé d'établir des comptes consolidés. Cependant, la direction du groupe souhaite le maintien de l'élaboration des comptes consolidés car elle considère que les comptes consolidés sont indispensables tant pour l'information interne que pour l'information externe. De plus, elle pense réaliser de nouvelles acquisitions et donc être à nouveau assujettie à l'obligation d'établir des comptes consolidés.

Le consolidateur profite de votre arrivée dans la société pour vous demander de réaliser pour chacun des dossiers suivants les retraitements d'homogénéisation au bilan et au compte de résultat. Comme le groupe n'est plus obligé d'élaborer des comptes consolidés depuis plusieurs années, le consolidateur n'a pas vraiment suivi l'évolution de la réglementation ANC 2020-01 et IFRS.
Pour chaque retraitement, vous préciserez s'il est « interdit », « autorisé » ou « obligatoire » selon les règlementations ANC 2020-01 et IFRS.
Au préalable, vous rappellerez les conditions d'établissement des comptes consolidés en ANC 2020-01 et en IFRS. Par convention, nous retenons un taux d'IS de 25 %.

Dossier 1 : la société Benco a enregistré le 1/1/N-3 des frais d'établissement pour un montant de 80 000 amortissable en 5 ans. Les procédures du groupe prévoient l'enregistrement de ces frais dans les charges.

Dossier 2 : dans les comptes individuels au 31/12/N de la société Benco, un matériel acheté 210 000 le 1/01/N-2 a été amorti en linéaire sur 8 ans alors que le plan comptable de consolidation prévoit une durée de 6 ans pour ce type de matériel.

Dossier 3 : la société Benco a enregistré le 1/7/N-2 des coûts de développement dans les charges pour un montant de 120 000. Les procédures du groupe prévoient l'enregistrement de ces coûts à l'actif, amortissable sur 5 ans.

Dossier 4 : la société Benco a acquis le 1/01/N-1 une machine-outil pour 225 000. La société a choisi un amortissement sur 6 ans (dégressif en fiscalité et linéaire en comptabilité) alors que le plan de consolidation prévoit un amortissement linéaire sur 5 ans. Le comptable vous fournit le plan d'amortissement de cette machine.

Dossier 5 : la société Benco pratique la valorisation des stocks de produits finis selon la méthode du CUMP, la méthode appliquée par le groupe est la méthode FIFO. Les évaluations sont les suivantes.

	CUMP (1)	FIFO (2)	Écart (2) - (1)
SI N	4 500	3 000	-1 500
SF N	7 000	8 000	1 000

Dossier 6 : une provision pour hausse des prix de 60 000 a été comptabilisée dans les comptes individuels de la société Benco au 31/12/N-6. Cette provision a été reprise au 31/12/N. Une autre provision pour hausse des prix a été comptabilisée en N-4 pour 90 000. Les procédures du groupe prévoient l'élimination de la provision pour hausse des prix.

Dossier 7 : la société Benco a comptabilisé en charges au 31/12/N la participation des salariés pour un montant de 66 000. La participation de N-1 s'élevait à 72 000. Les procédures du groupe prévoient le retraitement fiscal de la déductibilité de la participation.

Dossier 8 : au 31/12/N, nous relevons un écart de conversion actif de 12 000 qui a donné lieu à la constitution d'une provision pour perte de change et un écart de conversion passif de 14 560. Les procédures du groupe prévoient la comptabilisation en charges ou en produits de ces écarts.

Dossier 9 : la société Benco a signé le 1/10/N-2 un contrat de location-financement pour une machine-outil dont voici les modalités :

Valeur du bien à la signature : 800 000

Redevance annuelle payable d'avance fin septembre : 170 000

Première redevance payable le 1/10/N-2

Valeur du bien en fin de contrat : 12 050

Valeur de l'option : 12 050

Durée du contrat : 5 ans

Le bien est amorti sur la durée du contrat

Les procédures du groupe prévoient de comptabiliser à l'actif et au passif les contrats de location-financement.

Pour vous aider dans la réalisation des retraitements, le consolidateur vous conseille de calculer le taux implicite du contrat et d'établir le tableau de remboursement de l'emprunt équivalent (intérêts, capital restant dû, annuités...).

Dossier 10 : la société a évalué ses engagements de retraite selon la méthode prospective au 31/12/N.
Indemnité de départ évaluée au 31/12/N : 150 000
Indemnité de départ évaluée au 31/12/N–1 : 130 000
La société a inscrit le montant de son engagement en annexe mais n'a pas comptabilisé de provision. Les procédures du groupe prévoient de comptabiliser cet engagement pour retraite.

EXO 01.05 Cas GALAC : retraitements d'homogénéisation au bilan et compte de résultat en ANC 2020-01 et IFRS

La société Galac fabrique des turbines à vapeur pour les entreprises sidérurgiques et établissait jusqu'en N–3 des comptes consolidés selon le référentiel IFRS. À la suite de la vente de plusieurs filiales en 2010 (recentrage sur son activité de base), le groupe n'est plus obligé d'établir des comptes consolidés. Cependant, la direction du groupe souhaite le maintien de l'élaboration des comptes consolidés car elle considère que les comptes consolidés sont indispensables tant pour l'information interne que pour l'information externe. De plus, elle pense réaliser de nouvelles acquisitions et donc être à nouveau assujettie à l'obligation d'établir des comptes consolidés.

Le consolidateur profite de votre arrivée dans la société pour vous demander de réaliser pour chacun des dossiers suivants les retraitements d'homogénéisation au bilan et au compte de résultat. Comme le groupe n'est plus obligé d'élaborer des comptes consolidés depuis plusieurs années, le consolidateur n'a pas vraiment suivi l'évolution de la réglementation ANC 2020-01 et IFRS.
Pour chaque retraitement, vous préciserez s'il est « interdit », « autorisé » ou « obligatoire » selon les règlementations ANC 2020-01 et IFRS. Par convention, nous retenons un taux d'IS de 25 %.

Dossier 1 : la société Galac a acquis début N–3 une machine-outil dont la durée d'utilisation prévue est de 20 ans pour un prix de 180 000. Cette machine doit être révisée (changement des galets de transmission du moteur hydraulique à hydrogène) tous les 5 ans pour un coût prévisionnel de 30 000. La société a choisi de provisionner ces dépenses dans les comptes individuels. Les procédures du groupe prévoient d'utiliser une approche par composant.
Dossier 2 : la société Galac a acheté une Mustang au début de l'exercice N. Le PDG ne voulant pas faire un emprunt bancaire pour cet achat « particulier », il a négocié un étalement de paiement (amortissement sur 5 ans et taux d'emprunt à 5 %). Les procédures du groupe prévoient d'intégrer le coût financier du crédit trop long dans les charges financières.

Prix de la voiture	42 000
Paiement immédiat au 2/1/N	22 000
Paiement au 31/12/N	10 000
Paiement au 31/12/N+1	10 000

Dossier 3 : au bilan de l'exercice N de la société figure une subvention de 200 000 obtenue pour un matériel acquis début N–2. À la fin de l'exercice N, un montant de 30 000 avait été viré au compte de résultat sur la base des amortissements linéaires du matériel. Selon les normes du groupe, les subventions d'investissement doivent être comptabilisées en produits constatés d'avance.

Dossier 4 : la société Galac, spécialiste dans la fabrication de turbines à hydrogène, s'est engagée depuis N–1 dans la fabrication d'une turbine géante. La fabrication de cette turbine sera échelonnée sur 3 ans. La société a choisi la méthode de l'achèvement, alors que le groupe souhaite appliquer la méthode de l'avancement. Le retraitement étant un peu compliqué, le consolidateur vous demande d'effectuer le retraitement pour les années N–1, N et N+1. Le comptable vous fournit les informations suivantes.

Prix de vente de la turbine : 580

	N–1	N	N+1	Total
Coût prévisionnel par année	100	250	90	440
Coût réel par année	110	242		

Dossier 5 : le 1/1/N–2, la société Galac a effectué un emprunt de 15 000. La durée est de 6 ans et taux est de 5 % avec une échéance annuelle au 31/12.

Le banquier a facturé 500 € de frais de dossier que le comptable a décidé d'étaler sur la durée de l'emprunt. Le groupe applique la méthode du coût amorti.

Pour vous aider, le consolidateur vous demande de :

a) Calculer le montant de l'annuité sans prendre en compte les frais de dossier.

b) Établir le tableau d'amortissement de l'emprunt.

c) Déterminer le taux d'emprunt implicite (méthode du coût amorti).

d) Établir le tableau d'amortissement de l'emprunt selon la méthode du coût amorti.

e) Établir un tableau comparant année par année et jusqu'au 31/12/N+1, les charges comptabilisées en PCG avec les charges comptabilisées en IFRS.

f) Établir les écritures de retraitement de pré-consolidation aux 31/12/N, au bilan et au compte de résultat.

Dossier 6 : la société Galac a mis en place un plan d'attribution d'options d'achat d'actions afin de fidéliser et récompenser son personnel. En N–2, elle a donc attribué 300 options d'achat à son personnel, avec un prix d'exercice de 370. Le prix de l'option a été estimé à 24 par action. En N–1, elle a racheté 300 actions au prix unitaire de 400. Courant N, les employés ont exercé toutes leurs options. La société comptabilise cette opération selon le référentiel PCG.

Cette opération étant assez complexe, vous devez établir les écritures de retraitement de pré-consolidation au bilan et au compte de résultat pour les exercices N–2, N–1 et N. Ainsi, les 3 phases de l'opération seront bien mises en évidence.

Dossier 7 : la société Galac a acheté le 1/05/N–1 des obligations de la société SFKFBC dont voici les caractéristiques.

Nombre d'obligations achetées	1 000
Valeur nominale	2 000
Prix d'émission	1 900
Prix remboursement	2 040
Coupon annuel payé fin avril	2 %
Remboursement in fine au bout de 8 ans	
Frais d'acquisition inscrits en charge	30 000

Le Directeur financier considère que les titres seront conservés jusqu'au terme. Ils sont donc évalués, en application de la norme IAS 39, au coût amorti en utilisant la méthode du taux d'intérêt implicite.

Tous les tableaux et écritures seront présentés en K euros.

Pour vous aider, le consolidateur vous demande de :

a) Déterminer le taux d'emprunt implicite (méthode du coût amorti).

b) Établir le tableau d'amortissement de l'emprunt selon la méthode du coût amorti.

c) Établir un tableau comparant année par année et jusqu'au 31/12/N+1, les charges comptabilisées en PCG avec les charges comptabilisées en IFRS.

d) Établir les écritures de retraitement de pré-consolidation aux 31/12/N, au bilan et au compte de résultat.

Dossier 8 : la société Galac a signé un contrat de location financement le 2/01/N–1 avec la BPSG, société de financement qui a exigé le versement d'un dépôt de garantie à la signature du contrat. Ce dépôt de garantie sera remboursé à l'issue du contrat. Voici les caractéristiques du contrat de location financement :

Valeur du matériel : 100 000

Redevance annuelle payable d'avance le 2/01/ : 18 000

Durée du contrat : 5 ans

Valeur de l'option = Valeur résiduelle = 15 000

Dépôt de garantie : 20 000

Les procédures du groupe prévoient de comptabiliser à l'actif et au passif les contrats de location-financement. Le matériel est amorti sur la durée du contrat.

Dossier 9 : début N–3, la société Galac a pris une participation de 75 % dans la société Chen. Le consolidateur a déjà déterminé les écarts d'évaluation et d'acquisition mais n'a pas encore retraité les frais d'acquisition qui s'élèvent à 20 000. En comptes sociaux, ces frais sont inscrits à l'actif et sont fiscalement déductibles sur 5 ans en linéaire grâce à un amortissement dérogatoire. Les procédures du groupe prévoient d'activer le montant des frais net d'impôts.

4 Les opérations de consolidation

EXO 01.06 Cas Eliminator : élimination des opérations réciproques et des résultats internes

La société FFBC a développé son activité par croissance externe au cours des 20 dernières années. Aujourd'hui, elle détient des participations dans trois sociétés et établit des comptes consolidés selon le règlement ANC 2020-01. Les activités des sociétés étant interdépendantes, de nombreuses relations commerciales ont été enregistrées au cours du dernier exercice. L'homogénéisation des comptes et leur cumul viennent juste d'être réalisés.

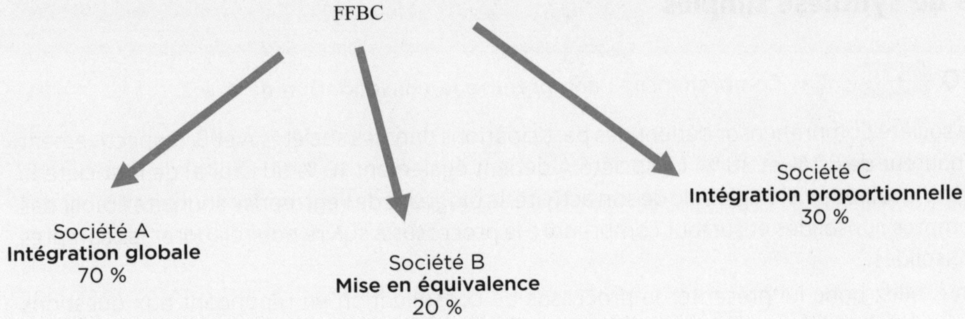

1) La société FFBC a porté à l'escompte une créance clients d'un montant de 21 000 dont l'échéance était prévue le 10/01/N+1.

2) La société A a vendu des marchandises à B pour 1 000 000. Au 31/12/N, le compte clients chez A est de 70 000 et le compte fournisseurs chez B est de 145 000 dont les 70 000 de A.

3) Au cours de l'année N, la société A a vendu des marchandises à FFBC pour 500 000 et à une société extérieure au groupe FFBC pour 700 000. Au 31/12/N, toutes les factures avaient été payées.

4) Au cours de l'exercice N, la société FFBC a vendu des marchandises pour 3 000 000 dont, 450 000 à C. Sur l'ensemble de l'année, la société C a acheté pour 1 600 000 de marchandises. Au 31/12/N, le compte clients chez FFBC est de 90 000 et le compte fournisseurs chez C est de 120 000 dont les 90 000 de FFBC.

5) FFBC a prêté 180 000 à sa filiale A sous la forme d'un emprunt *in fine*. Le taux d'intérêt est de 2 %.

6) Au cours de l'année N, la société A a acheté des marchandises à C pour un montant de 800 000. Et au 31/12/N, A doit encore 40 000 à C.

7) La société A loue à la société FFBC des entrepôts pour 250 000 par an. Elle loue aussi un immeuble dans le centre de Paris à une chaîne de grands magasins. AU 31/12/N, le total des loyers dans la comptabilité de A est de 850 000.

8) En juin N, la société A a versé 15 000 de dividendes à la société mère.

9) le 1/1/N–1, la société FFBC a vendu une voiture à sa filiale A. Voici les informations nécessaires pour effectuer le retraitement :
1/1/N–3 : achat de la voiture pour 20 000, amortissement sur 5 ans
1/1/N–1 : vente à A de la voiture pour 14 000, amortissement sur 4 ans à partir du 1/1/N–1

10) En juillet N, la société C a vendu à FFBC un terrain pour 15 000, alors qu'elle l'avait acheté 10 000.

11) La société A vend des marchandises à FFBC avec une marge de 10 %. La société FFBC détient en stock des matières livrées par A en fin d'exercice pour 10 000 (marge de 1 000). Au 1/1/N, le stock de FFBC provenant de A figurait au bilan pour 80 000 (marge de 8 000).

12) La société C vend des marchandises à A avec une marge de 15 %. Au 1/1/N, le stock au bilan de A provenant de C était estimé à 50 000 avec une marge de 7 500. Quant au stock final, il est estimé à 70 000 avec une marge de 10 500.

À partir des informations ci-dessus, vous êtes chargé d'enregistrer au 31/12/N au journal de consolidation du bilan et du compte de résultat les écritures d'ajustement, d'élimination des comptes réciproques et des résultats internes. Par convention, nous retenons un taux d'IS de 25 %.

5 Cas de synthèse simples

EXO 01.07 Cas Comprehensor : comprendre la consolidation de A à Z

La société Comprehensor détient des participations dans les sociétés A et B, respectivement à hauteur de 60 % et 30 %. La société A détient également 10 % du capital de la société C. Afin d'avoir une vision globale de son activité, le dirigeant de l'entreprise souhaite établir des comptes consolidés et surtout comprendre le processus à suivre pour élaborer les comptes consolidés.

Vous allez donc lui présenter le processus de consolidation en répondant aux questions suivantes. Les comptes consolidés seront établis dans le règlement ANC 2020-01. Par convention, nous retenons un taux d'IS de 25 %.

ANNEXE 1 : Informations sur la société Compréhensor

Bilan Comprehensor au 31/12/N					
Immobilisations	1 800	670	1 130	Capital	1 600
Titres A (60 %)	260		260	Réserves	100
Titres B (30 %)	70		70	Résultat	10
Stocks	500		500	Dettes fournisseurs	250
Total	**2 630**	**670**	**1 960**		**1 960**

Note 1 : Un immeuble a été acheté le 1/1/N-1 pour 500 et il est amorti sur 20 ans. Le groupe veut l'amortir sur 25 ans.

Note 2 : Les stocks de Compréhensor sont évalués au CMP. Le groupe souhaite utiliser la méthode du FIFO.

	CMP	FIFO
Stock initial	100	80
Stock final	500	450

Note 3 : En N, Compréhensor a reçu 2 de dividende en provenance de A.

ANNEXE 2 : Informations sur la société A

Bilan A au 31/12/N					
Immobilisations	950	415	535	Capital	400
Titres C (10 %)	10		10	Réserves	80
Créances Clients	80		80	Résultat	5
				Dettes fournisseurs	140
Total	**1 040**	**415**	**625**		**625**

Note 1 : Le 1/1/N-2, la société A a comptabilisé à l'actif des frais d'établissement pour un montant de 100, amortissable sur 5 ans. Le groupe souhaite passer en charges ces frais d'établissement.

Note 2 : La participation des salariés s'élève à 1 pour l'exercice N et de 2 en N-1.

Note 3 : La société A a une créance envers Compréhensor pour un montant de 50.

ANNEXE 3 : Informations sur la société B

Bilan B au 31/12/N			
Immobilisations	200	Capital	250
Stocks	100	Réserves	67
Créances Clients	50	Résultat	5
		Dettes fournisseurs	28
Total	**350**		**350**

1. Présenter sous la forme d'un tableau synthétique pour chacune des sociétés :

a. le pourcentage de contrôle,

b. la nature du contrôle,

c la méthode de consolidation,

d le pourcentage d'intérêt de la société mère.

2. Établir au 31/12/N le journal de pré-consolidation du bilan des sociétés Comprehensor et A.
3. Cumuler les comptes du bilan au 31/12/N.
4. Éliminer les opérations réciproques au bilan.
5. Établir au 31/12/N les tableaux de partage et les écritures de partage pour les sociétés A et B.
6. Établir le bilan consolidé au 31/12/N.
7. Le dirigeant de l'entreprise a également consulté KPMAZ, un célèbre cabinet d'expertise comptable, qui lui conseille d'utiliser l'approche par tableau. Cette méthode consiste à regrouper tous les retraitements dans un seul et même grand tableau. À des fins de comparaison de vos résultats, le cabinet KPMAZ vous fournit le tableau de synthèse.

EXO 01.08 Cas Fokstrot : retraitements d'homogénéisation – élimination d'opérations réciproques et résultats internes – tableaux de partage des capitaux propres

La société Fokstrot détient des participations dans trois sociétés. Elle établit des comptes consolidés depuis plusieurs années en appliquant le règlement ANC 2020-01. Vous êtes chargé de procéder à certains retraitements d'homogénéisation et d'élimination d'opérations réciproques avant de procéder aux partages des capitaux propres. Une autre équipe d'assistants est en charge des autres retraitements.

Vous devez enregistrer uniquement les écritures **au bilan au 31/12/N** en tenant compte des impôts différés (taux IS à 25 %). Les trois questions sont totalement indépendantes. Par convention, nous retenons un taux d'IS de 25 %.

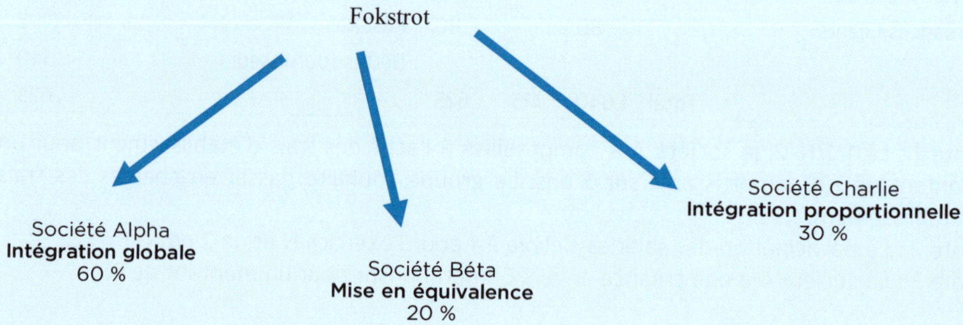

ANNEXE 1 : Les retraitements d'homogénéisation

a) La société Alpha a acquis le 1er janvier N-1 une machine-outil pour un montant de 100 000. Le fabricant de la machine conseille le remplacement du moteur au bout de 5 ans. La société provisionne donc le remplacement de ce moteur à hauteur de 4 000 par an. L'amortissement de cette machine s'effectue sur 15 ans. Les comptes consolidés prévoient de comptabiliser la dépense de révision comme un composant.

b) La société Fokstrot a enregistré le 1/1/N-2 des coûts de développement dans les charges pour un montant de 200 000. Les procédures du groupe prévoient l'enregistrement de ces coûts à l'actif, amortissable sur 5 ans.

c) La société Alpha pratique la valorisation des stocks de produits finis selon la méthode du CUMP. La méthode appliquée par le groupe est la méthode FIFO. Les évaluations sont les suivantes :

	CUMP (1)	FIFO (2)	Écart (2) - (1)
SI N	4 500	5 700	+ 1 200
SF N	8 000	6 000	- 2 000

d) Au 31/12/N, nous relevons dans les comptes de la société Fokstrot un écart de conversion actif de 6 000 qui a donné lieu à la constitution d'une provision pour perte de change et un écart de conversion passif de 5 250. Les procédures du groupe prévoient la comptabilisation en charges ou en produits de ces écarts.

e) Soit une immobilisation acquise en N-1 pour 500 000 par la société Fokstrot. Ce bien est amorti selon le système linéaire sur 20 ans. Toutefois, sur le plan fiscal, il bénéficie d'un amortissement exceptionnel de 25 % l'année d'acquisition (immeuble en zone rurale particulière), le reliquat faisant l'objet d'un amortissement linéaire sur la durée restante. En application des normes retenues par le groupe, cette immobilisation doit être amortie selon le système linéaire sur 25 ans. Le service comptable vous fournit les plans d'amortissement de l'immobilisation.

	Amortissement fiscal	Amortissement comptable	Amortissement dérogatoire	Solde dérogatoire	Amortissement comptable groupe
N-1	125 000	25 000	100 000	100 000	20 000
N	19 737	25 000	- 5 263	94 737	20 000
N+1	19 737	25 000	- 5 263	89 474	20 000

ANNEXE 2 : Les opérations réciproques et les résultats internes

a) La société Alpha vend des marchandises à Béta. Au 31/12/N, le compte clients chez Alpha est de 80 000 et le compte fournisseurs chez Béta est de 120 000 dont les 80 000 d'Alpha.

b) La société Fokstrot vend des marchandises à Charlie. Au 31/12/N, le compte clients chez Fokstrot est de 20 000 et le compte fournisseurs chez Charlie est de 30 000 dont les 20 000 de Fokstrot.

c) La société Fokstrot a prêté 15 000 à sa filiale Alpha.

d) La société Béta a versé 10 000 de dividendes à Fokstrot en N.

e) Le 1/1/N-1, la société Fokstrot a vendu un immeuble à sa filiale Alpha. Voici les informations nécessaires au retraitement de consolidation en K €.

Achat de l'immeuble le 1/1/N-3 pour 1 000, amortissement sur 20 ans.

Vente de l'immeuble le 1/1/N-1 pour 1 100. La société Alpha décide d'amortir l'immeuble sur 20 ans à partir du 1/1/N-1.

f) La société Alpha vend ses matières à Fokstrot avec une marge de 10 % sur le prix de revient. La société Fokstrot détient en stock des matières livrées par Alpha en fin d'exercice pour 100 K € (marge de 10). Au 1/1/N, le stock de Fokstrot provenant d'Alpha figurait au bilan pour 800 K € (marge de 80).

ANNEXE 3 : Bilans au 31/12/N et extrait de la balance de consolidation

Le responsable de la consolidation a vérifié vos retraitements qu'il vient de rajouter aux retraitements effectués par une autre équipe d'assistants. Il vous communique un extrait de la balance des comptes après l'ensemble des retraitements d'homogénéisation et d'élimination des opérations réciproques et des résultats internes afin d'établir les tableaux de partage des capitaux propres.

ANNEXE • Extrait de la balance de consolidation après les retraitements d'homogénéisation et l'élimination des opérations réciproques

	Débit	Crédit
Capital Alpha		3 000
Réserves Alpha		852
Résultat Alpha		158
Capital Béta		1 000
Réserves Béta		190
Résultat Béta		150
Capital Charlie		1 000
Réserves Charlie		400
Résultat Charlie		100

ANNEXE • Bilan de Fokstrot au 31/12/N

Actif		Passif	
Immobilisation corporelles	10 000	Capital social	7 000
Titres Alpha (60 %)	1 920	Réserves	4 200
Titres Béta (20 %)	220	Résultat	620
Titres Charlie (30 %)	330	Dettes	8 000
Actifs circulants	7 350		
Total	**19 820**	**Total**	**19 820**

ANNEXE • Bilan d'Alpha au 31/12/N

Actif		Passif	
Immobilisation corporelles	4 000	Capital social	3 000
Actifs circulants	2 000	Réserves	800
		Résultat	200
		Dettes	2 000
Total	**6 000**	**Total**	**6 000**

ANNEXE • Bilan de Béta au 31/12/N

Actif		Passif	
Immobilisation corporelles	860	Capital social	1 000
Actifs circulants	1 040	Réserves	200
		Résultat	140
		Dettes	560
Total	**1 900**	**Total**	**1 900**

ANNEXE • Bilan de Charlie au 31/12/N

Actif		Passif	
Immobilisation corporelles	600	Capital social	1 000
Actifs circulants	900	Réserves	350
		Résultat	80
		Dettes	70
Total	**1 500**	**Total**	**1 500**

1. **Effectuer les retraitements d'homogénéisation à partir de l'annexe 1.**
2. **Procéder à l'élimination des opérations réciproques et des résultats internes à partir de l'annexe 2.**
3. **Établir les tableaux de partage des capitaux propres pour les sociétés Alpha, Béta et Charlie à partir de l'annexe 3.**

6 Les écarts d'évaluation et d'acquisition

EXO 01.09 Cas Tour du Monde : écarts d'évaluation et d'acquisition avec intégration globale en ANC 2020-01

La société Michel, spécialiste des tours du monde en bateau cargo pour passagers, a acquis, le 1/07/N-2, 80 % de la société Gérard afin de diversifier son offre vers les pays asiatiques. À partir des informations fournies dans les différentes annexes, répondez aux questions suivantes.

ANNEXE 1 : Bilans au 31/12/N

ANNEXE • Bilan Michel au 31/12/N

Actifs incorporels	1 000	Capital	10 000
Actifs corporels	8 000	Réserves	2 500
Titres Gérard	6 277	Résultat	250
Disponibilités	2 473	Dettes	5 000
TOTAL	**17 750**	**TOTAL**	**17 750**

ANNEXE • Bilan Gérard au 31/12/N

Brevets	100	Capital	5 000
Constructions	5 200	Réserves	650
Terrains	1 000	Résultat	180
Stocks	400	Dettes	1 100
Clients	200	Dettes fournisseurs	350
Disponibilités	380		
TOTAL	**7 280**	**TOTAL**	**7 280**

ANNEXE 2 : Bilan de Gérard au 1/7/N-2

ANNEXE • Bilan Gérard au 1/7/N-2

Brevets	100	Capital	5 000
Constructions	5 000	Réserves	400
Terrains	1 000	Résultat	100
Stocks	450	Dettes	1000
Clients	300	Dettes fournisseurs	550
Disponibilités	200		
TOTAL	**7 050**	**TOTAL**	**7 050**

Lors de l'acquisition les experts ont proposé les valorisations suivantes sur certains postes du bilan et notes figurant dans l'annexe des comptes sociaux.

	Valeur nette comptable	Valeur d'utilité	Commentaires
Marque	0	250	Prise en compte d'une marque non comptabilisée
Constructions	5 000	5 750	Revalorisation d'un terrain et d'un immeuble
Terrains	1 000	1 602	
Engagements pour retraite		300	Non pris en compte en compte sociaux

ANNEXE 3 : Informations complémentaires

L'écart d'évaluation est amortissable sur 10 ans.
Il n'y a pas de dépréciation de la marque à constater.

	N-2	N-1	N
Dépréciation écart d'acquisition	0	94	73

Le groupe présente ses comptes consolidés selon le règlement ANC 2020-01. Par convention, nous retenons un taux d'IS de 25 %.

1. **Calculer l'écart d'évaluation et l'écart d'acquisition selon la méthode du goodwill acheté.**
2. **Enregistrer au 31/12/N au journal du bilan les écritures de retraitement des écarts d'évaluation et d'acquisition.**
3. **Présenter le tableau de partage et les écritures de partage au 31/12/N.**
4. **Présenter le bilan consolidé.**
5. **Quels retraitements seraient impactés si le groupe décidait d'appliquer le référentiel IFRS ?**

EXO 01.10 Cas Batimat : écarts d'évaluation et d'acquisition avec mise en équivalence en ANC 2020-01 et IFRS

La société David, spécialiste dans la rénovation de maisons atypiques, a acquis le 1/03/N-1, 30 % de la société Laurent afin de diversifier son offre vers la rénovation de maisons traditionnelles.

Lors de l'acquisition, Mr Pascal, un évaluateur d'entreprise réputé sur la place de Lille, a proposé les valorisations suivantes sur certains postes du bilan de la société Laurent.

	VNC	Valeur d'utilité	Commentaires
Véhicules	50	75	Revalorisation des véhicules professionnels
Matériels et outillages	1 169	1 300	Revalorisation de l'outillage de marque FACOM car garantie à vie
Stocks	316	280	Les stocks sont fortement dégradés à la suite d'un dégât des eaux qui a été mal provisionné en comptabilité

À partir de ces informations et des différentes annexes, répondez aux questions suivantes

ANNEXE 1 : Bilans au 31/12/N

ANNEXE • Bilan de David au 31/12/N

Actifs incorporels	800	Capital	8 000
Actifs corporels	8 500	Réserves	1 900
Titres Laurent	1 735	Résultat	250
Disponibilités	2 699	Dettes	3 584
TOTAL	**13 734**	**TOTAL**	**13 734**

ANNEXE • Bilan Laurent au 31/12/N

Constructions	3 450	Capital	4 170
Véhicules	500	Réserves	642
Matériels et outillages	1 299	Résultat	150
Stocks	333	Dettes	817
Clients	167	Dettes fournisseurs	292
Disponibilités	322		
TOTAL	**6 071**	**TOTAL**	**6 071**

ANNEXE 2 : Informations sur Laurent au 1/03/N-1

Capital	4 170
Réserves	500
Résultat	60
Total capitaux propres	**4 730**

ANNEXE 3 : Informations complémentaires

L'écart d'évaluation est amortissable sur 5 ans.

	N-1	N
Dépréciation écart d'acquisition	26	20

Le groupe David applique le règlement ANC 2020-01. Par convention, nous retenons un taux d'IS de 25 %.

1. Calculer l'écart d'évaluation et l'écart d'acquisition.
2. Enregistrer au journal du bilan les écritures nécessaires de retraitement des écarts d'évaluation et d'acquisition.
3. Présenter le tableau de partage des capitaux propres et les écritures de partage au 31/12/N pour la société Laurent.
4. Présenter le bilan consolidé au 31/12/N.
5. Quelle(s) serai(en)t les différences si le groupe appliquait le référentiel IFRS ?

EXO 01.11 Cas Plume : structure simple – écarts d'évaluation et d'acquisition avec intégration globale et mise en équivalence – ANC 2020-01 et IFRS

La société Plume est spécialisée dans l'élevage de NAC. Afin de diversifier son activité et de répondre aux attentes des propriétaires des animaux, la société Plume a racheté en N-1 la société Filou qui commercialise des produits alimentaires et accessoires pour les NAC. La société Plume a également pris une participation dans une clinique vétérinaire.

ANNEXE 1 : Organigramme du groupe

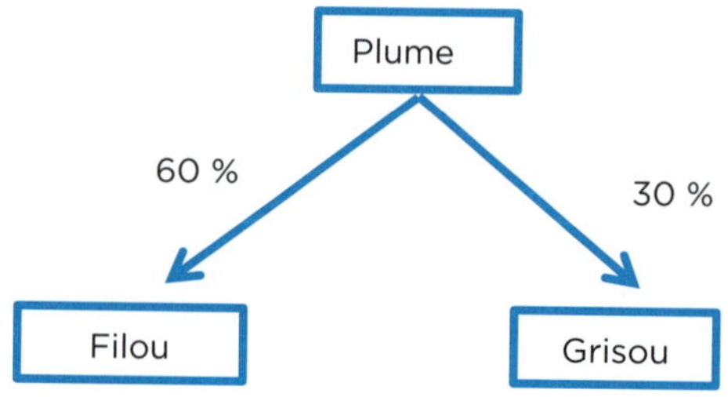

ANNEXE 2 : Bilans au 31/12/N

Bilan Plume au 31/12/N			
Actifs corporels	10 000	Capital	8 000
Titres Filou (60 %)	1 048	Réserves	1 969
Titres Grisou (30 %)	1 289	Résultat	501
Clients	500	Emprunts	3 355
Disponibilités	1 499	Dettes fournisseurs	511
Total	**14 336**	**Total**	**14 336**

Bilan Filou au 31/12/N			
Actifs incorporels	700	Capital	1 000
Actifs corporels	2 000	Réserves	600
Actifs financiers	340	Résultat	140
Disponibilités	200	Emprunts	1 500
Total	**3 240**	**Total**	**3 240**

Bilan Grisou au 31/12/N			
Concessions et brevets	200	Capital	3 000
Constructions	1 900	Réserves	600
Matériels	930	Résultat	80
Stocks	500	Emprunts	270
Créances	356	Dettes fournisseurs	236
Disponibilités	300		
TOTAL	**4 186**	**TOTAL**	**4 186**

ANNEXE 3 : Bilans des filiales à leur acquisition

Bilan Filou au 1/7/N-1 (à la date de l'acquisition)			
Actifs incorporels	1 200	Capital	1 000
Actifs corporels	1 240	Réserves	390
Stocks	300	Résultat	65
Disponibilités	245	Emprunts	1 530
Total	**2 985**	**Total**	**2 985**
Bilan Grisou au 1/1/N-1 (à la date de l'acquisition)			
Concessions et brevets	300	Capital	3 000
Constructions	1 810	Réserves	436
Matériels	870	Emprunts	300
Stocks	400	Dettes fournisseurs	114
Créances	300		
Disponibilités	170		
TOTAL	**3 850**	**TOTAL**	**3 850**

ANNEXE 4 : Informations sur les acquisitions

Lors de l'acquisition de Filou par Plume, les évaluateurs ont réestimé la valeur des actifs corporels à 1 600 et les honoraires pour conseiller la société mère lors de cette acquisition sont estimés à 200. L'écart d'évaluation est amortissable sur 10 ans.

Par convention, nous retenons un taux d'IS de 25 %.

Voici les informations communiquées aux évaluateurs pour estimer la valeur de Grisou à son acquisition.

Marque	350	
Concessions et brevets	420	
Coûts de restructuration à mettre en œuvre même si l'acquisition n'a pas lieu	100	
	N-1	**N**
Dépréciation de l'écart d'acquisition sur Filou	5	15
Dépréciation de l'écart d'acquisition sur Grisou	6	9
Dépréciation de la marque chez Grisou	25	35
Dépréciation des concessions et brevets chez Grisou	6	10

À partir des informations fournies en annexes, répondez aux questions suivantes en appliquant le règlement ANC 2020-01, puis le référentiel IFRS :

1. **Présenter sous la forme d'un tableau synthétique pour chacune des sociétés :**
   a. **le pourcentage de contrôle,**
   b. **la nature du contrôle,**
   c. **la méthode de consolidation,**
   d. **le pourcentage d'intérêts de la société mère.**
2. **Calculer les écarts d'évaluation et d'acquisition chez Filou et enregistrer les écritures au bilan au 31/12/N.**
3. **Calculer les écarts d'évaluation et d'acquisition chez Grisou et enregistrer les écritures au bilan au 31/12/N.**
4. **Présenter les tableaux de partage et les écritures de partage pour Filou et Grisou au 31/12/N.**

EXO 01.12 Cas Campagnol : *goodwill acheté* et *goodwill complet* – intégration globale

Dans le cadre de sa stratégie de développement, la société Campagnol a acheté le 1/1/N-1, 60 % de la société Raton pour la somme de 2 000 K €.

Selon les experts, la juste valeur de la société Raton au 1/1/N-1, estimée par rapport à son dernier cours de bourse, était de 3 350 K euros. De même, l'actif net comptable corrigé est estimé à 3 050 K €.

ANNEXE 1 : Bilans au 31/12/N en K euros

ANNEXE • Bilan Campagnol au 31/12/N

Actifs incorporels	784	Capital	6 000
Actifs corporels	8 795	Réserves	2 887
Titres Raton	2 000	Résultat	620
Disponibilités	6 445	Dettes	8 517
TOTAL	**18 024**	**TOTAL**	**18 024**

ANNEXE • Bilan Raton au 31/12/N

Actifs corporels	2 295	Capital	1 650
Stocks	400	Réserves	800
Clients	306	Résultat	200
Disponibilités	749	Dettes	1 100
TOTAL	**3 750**	**TOTAL**	**3 750**

ANNEXE 2 : Bilan de Raton au 1/1/N-1 en K €

ANNEXE • Bilan Raton au 1/1/N-1

Actifs corporels	2 245	Capital	1 650
Stocks	350	Réserves	650
Clients	240	Résultat	0
Disponibilités	600	Dettes	1 135
TOTAL	**3 435**	**TOTAL**	**3 435**

ANNEXE 3 : Informations complémentaires

Par convention, nous retenons un taux d'IS de 25 %.
L'écart d'évaluation est amortissable sur 10 ans.

	N-1	N
Dépréciation de l'écart d'acquisition	15	12

À partir de ces informations et des différentes annexes, répondez aux questions suivantes.

1. **Calculer l'écart d'évaluation et l'écart d'acquisition selon la méthode du goodwill acheté et du goodwill complet.**
2. **Enregistrer au journal du bilan au 31/12/N les écritures de retraitement des écarts d'évaluation et d'acquisition (*goodwill* acheté et *goodwill* complet).**
3. **Présenter au 31/12/N le tableau de partage et les écritures de partage au bilan.**
4. **Présenter le bilan consolidé au 31/12/N avec le *goodwill* acheté.**
5. **Présenter le bilan consolidé au 31/12/N avec le *goodwill* complet.**

7 Méthode directe versus méthode par palier

EXO 01.13 Cas Dirpal : que le meilleur gagne Palier versus direct – ANC 2020-01 ou IFRS

La méthode par palier n'est plus au programme du DSCG, mais il est intéressant de voir comment elle s'applique.

La société Yves est spécialisée dans l'ingénierie ferroviaire. Afin de diversifier son offre, elle a effectué différentes acquisitions au cours de ces dernières années. Elle détient 60 % de la société AV et 70 % de la société Vincent. Les sociétés AV et Vincent ont acheté respectivement 20 % et 15 % des titres de la société Fred. Jusqu'à présent, le groupe Yves utilisait la méthode de consolidation par palier. À la suite de l'acquisition de la société Fred, le consolidateur pense utiliser la méthode de consolidation directe.

ANNEXE 1 : État des participations

Sociétés	Capital social	Nombre de titres dans le capital	Société acquise par	Nombre de titres achetés	Prix payé
AV	1 000	10 000	Yves	6 000	1 410
Vincent	1 000	20 000	Yves	14 000	1 470
Fred	600	6 000	AV	1 200	280
Fred	600	6 000	Vincent	900	210

ANNEXE 2 : Capitaux propres des filiales

	Au 31/12/N		
	Vincent	AV	Fred
Capital social	1 000	1 000	600
Réserves	2 400	2 250	1 000
Résultat	300	450	160

	À l'acquisition au 30/03/N-12	À l'acquisition au 1/1/N-3	À l'acquisition au 1/6/N-2
	Vincent	AV	Fred
Capital social	1 000	1 000	600
Réserves	900	1 050	700
Résultat	200	300	100
Total capitaux propres	2 100	2 350	1 400

À partir des différentes annexes, Il vous demande de l'aider dans son travail en répondant aux questions suivantes.

1. **Quels sont les avantages et les inconvénients des méthodes de consolidation directe et par palier ?**
2. **Après avoir établi l'organigramme du groupe, déterminer pour chacune des sociétés du groupe le type de contrôle, la méthode de consolidation, le pourcentage d'intérêts des majoritaires et des minoritaires.**
3. **Présenter au 31/12/N, pour chacune des sociétés les tableaux de partage et les écritures de partage au bilan selon la méthode directe.**
4. **Présenter au 31/12/N, pour chacune des sociétés les tableaux de partage et les écritures de partage au bilan selon la méthode par palier.**
5. **Vérifier, sans établir les bilans consolidés, que les résultats obtenus selon les deux méthodes sont identiques.**
6. **En supposant que AV détienne 40 % de Fred au lieu de 20 %, présenter le tableau de partage de Fred selon les deux méthodes. Le prix payé des titres Fred par AV est bien sûr doublé.**

8 Cas de synthèse complexes

EXO 01.14 Cas Voltaire : structure complexe – écarts d'évaluation et d'acquisition sur intégration globale et mise en équivalence – ANC 2020-01 ou IFRS

À la suite à la prise de participation dans la société Sam en N-2 par deux filiales de la société Voltaire, le dirigeant de la société Voltaire souhaite établir pour la première fois des comptes consolidés au 31/12/N.

ANNEXE 1 : Structure du groupe

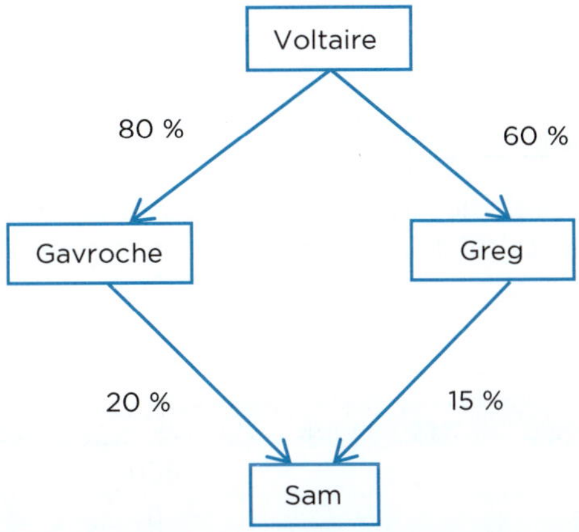

Sociétés	Capital social	Nombre de titres dans le capital	Société acquise par	Nombre de titres achetés	Prix payé
Gavroche	1 000	10 000	Voltaire	8 000	2 655
Greg	1 000	20 000	Voltaire	12 000	1 260
Sam	600	6 000	Gavroche	1 200	455
Sam	600	6 000	Greg	900	341

ANNEXE 2 : Capitaux propres des filiales en K €

	Au 31/12/N		
	Greg	Gavroche	Sam
Capital social	1 000	1 000	600
Réserves	2 400	2 250	1 000
Résultat	300	450	200

	à l'acquisition au 30/03/N-12	à l'acquisition au 1/1/N-3	à l'acquisition au 1/7/N-2
	Greg	**Gavroche**	**Sam**
Capital social	1 000	1 000	600
Réserves	900	1 050	700
Résultat	200	300	100
Total capitaux propres	**2 100**	**2 350**	**1 400**

ANNEXE 3 : Acquisition de Sam

Les sociétés Greg et Gavroche ont acquis le 1/7/N-2 des actions dans la société Sam. À cette date, à la suite de la réévaluation d'un immeuble, les capitaux propres comptables de Sam avaient été réestimés de 420.

ANNEXE 4 : Achat de Gavroche par Voltaire

Le 1/1/N-3, la société Voltaire a acquis 80 % de la société Gavroche. Voici l'ensemble des informations nécessaires au calcul de l'écart d'évaluation et *goodwill*.

Prix payé	2 655
Capitaux propres	2 350

	Valeur nette comptable	Valeur d'utilité
Bâtiment industriel	600	750
Brevet développé en interne	0	120

Les valeurs comptables des autres actifs et passifs constituent leur valeur d'utilité.

ANNEXE 5 : Informations complémentaires

	N-3	N-2	N-1	N
Dépréciation du goodwill sur l'achat de Sam chez Gavroche			9	14
Dépréciation du goodwill sur l'achat de Sam chez Greg			7	10
Dépréciation du goodwill sur l'achat de Gavroche par Voltaire	12	31	43	55

Taux IS	25 %
Écart d'évaluation sur le bâtiment amortissable sur (ans) pour toutes les sociétés	10
Écart d'évaluation sur le brevet amortissable sur (ans)	5

Le choix du référentiel IFRS ou règlement ANC 2020-01 n'a pas d'impact sur les réponses de l'exercice.

À partir des informations fournies dans les annexes.

1. **Présenter sous la forme d'un tableau synthétique et pour chacune des sociétés :**
   a. **le pourcentage de contrôle,**
   b. **la nature du contrôle,**
   c. **la méthode de consolidation,**
   d. **le pourcentage d'intérêts des majoritaires,**
   e. **le pourcentage d'intérêts des minoritaires.**
2. **Déterminer les écarts d'évaluation et d'acquisition à la suite de l'achat de Sam par Gavroche et Greg. Enregistrer les écritures nécessaires au 31/12/N dans les journaux de consolidation du bilan.**
3. **Déterminer les écarts d'évaluation et d'acquisition à la suite de l'achat de Gavroche. Enregistrer les écritures nécessaires au 31/12/N dans le journal de consolidation du bilan.**
4. **Selon la méthode de consolidation directe, présenter le tableau de partage des capitaux propres et d'élimination des titres de participation de Greg et enregistrer les écritures au bilan au 31/12/N.**

5. **Selon la méthode de consolidation directe, présenter le tableau de partage des capitaux propres et d'élimination des titres de participation de Sam et enregistrer les écritures au bilan 31/12/N.**
6. **Selon la méthode de consolidation directe, présenter le tableau de partage des capitaux propres et d'élimination des titres de participation de Gavroche et enregistrer les écritures au bilan 31/12/N.**
7. **En supposant que vous deviez refaire cette consolidation en respectant les normes IFRS. Quelles seraient la ou les différences ?**

EXO 01.15 Cas FFSK : goodwill négatif – retraitements d'homogénéisation

La société Estelle, leader dans la correction d'épreuves typographiques, s'est développée au cours de ces dernières années en prenant des participations directes et indirectes dans les sociétés Fabrice et Vianney. Souhaitant continuer son développement, notamment à l'international, la société Estelle hésite pour établir ses comptes consolidés entre le règlement ANC 2020-01 et le référentiel IFRS.

ANNEXE 1 : Structure du groupe

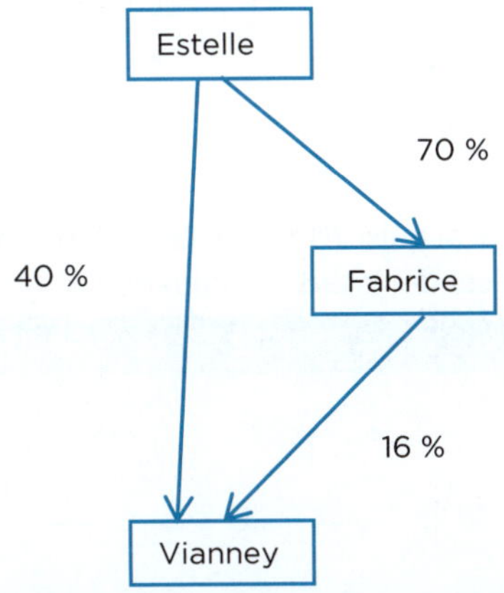

Sociétés	Capital social	Nb titres	acquises par	Nb titres achetés	Prix payé
Fabrice	10 000	10 000	Estelle	7 000	11 000
Vianney	6 000	6 000	Fabrice	960	2 014
Vianney	6 000	6 000	Estelle	2 400	5 035

ANNEXE 2 : Bilan des sociétés du groupe au 31/12/N

ANNEXE • Bilan Estelle

Immobilisations incorporelles	3 000	Capital	60 000
Immobilisations corporelles	82 028	Réserves	20 000
Immobilisations financières	25 000	Résultat	8 000
Stocks	5 000	Amortissement dérogatoire	1 450
Créances d'exploitation	8 000	Dettes financières	27 578
Trésorerie	1 000	Dettes d'exploitation	7 000
TOTAL	124 028	TOTAL	124 028

ANNEXE • Bilan Fabrice

Immobilisations incorporelles	1 000	Capital	10 000
Immobilisations corporelles	21 440	Réserves	6 000
Immobilisations financières	7 000	Résultat	450
Stocks	40	Dettes financières	14 000
Créances d'exploitation	1 200	Dettes d'exploitation	980
Trésorerie	750		
TOTAL	31 430	TOTAL	31 430

ANNEXE • Bilan Vianney

Immobilisations incorporelles	50	Capital	6 000
Immobilisations corporelles	12 768	Réserves	3 300
Immobilisations financières	10	Résultat	200
Stocks	87	Dettes financières	4 500
Créances d'exploitation	700	Dettes d'exploitation	800
Trésorerie	1 200	Écart conversion passif	15
TOTAL	14 815	TOTAL	14 815

ANNEXE 3 : Acquisition de Fabrice

Le 1/1/N-3, la société Estelle a acquis 70 % de la société Fabrice. Voici l'ensemble des informations nécessaires au calcul de l'écart d'évaluation et *goodwill*.

	À l'acquisition au 1/1/N-3
Capital social	10 000
Réserves	5 000
Résultat	250
Total capitaux propres	15 250
Prix payé	11 000

	Valeur nette comptable	Valeur d'utilité
Bâtiment industriel	600	750
Marque développée en interne	0	600
Terrains	200	150
Stocks	75	88,5

Les valeurs comptables des autres actifs et passifs constituent leur valeur d'utilité.
Des coûts de restructuration qui seront engendrés si l'acquisition est effective (changement des enseignes, agencements...) sont estimés à 900 par M. Alphonse.
Comme pour la plupart des sociétés du CAC 40, il n'y pas de dépréciation de l'écart d'acquisition.
L'écart d'évaluation est amortissable sur 25 ans.

ANNEXE 4 : Acquisition de Vianney

Les sociétés Estelle et Fabrice ont acquis le 1/3/N-2 des actions dans la société Vianney. Lors de la détermination de l'actif net comptable corrigé, l'évaluateur, M. Alphonse a uniquement réévalué l'immeuble parisien car sa valeur nette comptable était égale à 0. M. Alphonse a fixé à 990 la nouvelle valeur de cet actif.

	À l'acquisition au 1/3/N-2	
Capital social	6 000	
Réserves	2 500	
Résultat	580	
Total capitaux propres	9 080	
	N-1	N
Dépréciation du goodwill chez Fabrice sur l'achat de Vianney	44	66
Dépréciation du goodwill chez Estelle sur l'achat de Vianney	111	166

L'écart d'évaluation est amortissable sur 25 ans.

ANNEXE 5 : Retraitements à effectuer chez Estelle

Afin d'avancer au plus vite dans la consolidation et de répartir les différentes tâches, une partie des retraitements d'homogénéisation de la société mère n'ont pas encore été effectués. Vous êtes chargé de passer dans le livre journal du bilan les écritures d'homogénéisation concernant les opérations suivantes. Pour chaque retraitement vous préciserez s'il est « interdit », « autorisé » ou « obligatoire » selon les réglementations ANC 2020-01 et IFRS.

Retraitement 1 : Le 1/1/N-2, la société a émis un emprunt obligataire d'une valeur nominale de 500 000. Les obligations sont émises à 430 000 et seront remboursées au pair. La durée de l'emprunt est de 7 ans et le taux annuel de 2 % (intérêts payés en fin d'année). Les frais d'émission s'élèvent à 21 000 et sont étalés sur la durée de l'emprunt. La société applique la méthode du coût amorti.

Retraitement 2 : La société Estelle finance par contrat de location-financement un matériel industriel d'une valeur de 100 000. Le contrat a été signé le 1/04/N-2 pour une durée de 5 ans, moyennant des redevances annuelles de 20 000 payées fin mars, une valeur d'option de 10 000 et une valeur résiduelle de 10 000. La société Estelle souhaite faire apparaître cet actif dans le bilan. La durée d'amortissement retenue est égale à la durée du contrat.

Retraitement 3 : La société Estelle a acheté une Camaro SS au début de l'exercice N-2. Le PDG ne voulant pas faire un emprunt bancaire pour cet achat « particulier », il a négocié un étalement de paiement. La voiture est amortissable sur 5 ans et le taux d'emprunt pour un achat équivalent est de 4 %. Les procédures du groupe prévoient d'intégrer le coût financier du crédit trop long dans les charges financières.

Prix de la voiture	72 000,0
Paiement immédiat au 2/1/N-2	30 000,0
Paiement au 31/12/N-2	21 000,0
Paiement au 31/12/N-1	21 000,0

À partir des annexes, vous répondrez aux questions selon le règlement ANC 2020-01 en précisant les éventuelles différences par rapport au référentiel IFRS. Par convention, nous retenons un taux d'IS de 25 %.

1. Présenter sous la forme d'un tableau synthétique et pour chacune des sociétés :
   a. le pourcentage de contrôle,
   b. la nature du contrôle,
   c. la méthode de consolidation,
   d. le pourcentage d'intérêts des majoritaires,
   e. le pourcentage d'intérêts des minoritaires.
2. Déterminer les écarts d'évaluation et d'acquisition à la suite de l'achat de Vianney par Estelle et Fabrice. Enregistrer les écritures au 31/12/N dans les journaux de consolidation du bilan.
3. Déterminer les écarts d'évaluation et d'acquisition à la suite de l'achat de Fabrice.
4. Comment gérez-vous le *goodwill* négatif que vous venez de calculer ? Et pourquoi ? Montrer que si la marque est valorisée à 379,2, alors l'écart d'acquisition est égal à 0.
5. Enregistrer les écritures au 31/12/N dans le journal de consolidation du bilan en prenant 379,2 comme valeur de la marque et 0 en écart d'acquisition (règlement ANC 2020-01).
6. Quelles écritures devriez-vous enregistrer en cas d'écart d'acquisition négatif de 50 ? (ANC 2020-01 et IFRS)
7. Selon la méthode de consolidation directe, présenter le tableau de partage des capitaux propres et d'élimination des titres de participations de Vianney et enregistrer les écritures au bilan au 31/12/N.
8. Selon la méthode de consolidation directe, présenter le tableau de partage des capitaux propres et d'élimination des titres de participations de Fabrice et enregistrer les écritures au bilan 31/12/N (la marque est valorisée à 379,2 et l'écart d'acquisition est égal à 0).
9. À partir de l'annexe 5, présenter les écritures de retraitement d'homogénéisation au bilan.

Opérations de fusion, de scission et d'apport partiel d'actif

2

Partie

Opérations de fusion

1. Détermination de la valeur d'échange et calcul de la parité
2. Interventions du commissaire aux apports et du commissaire à la fusion
3. La détermination de la valeur d'apport et la comptabilisation des opérations
4. Le traitement comptable et fiscal de la fusion en présence d'une participation préalable de la société absorbante dans le capital de la société absorbée et compensation des apports
5. Cas de synthèse

Opérations de fusion, de scission et d'apport partiel d'actif

1 Détermination de la valeur d'échange et calcul de la parité

EXO 02.01 Quelques questions pour débuter

1. **Dans les opérations de fusions, de scissions et d'apports partiels d'actif, qu'est-ce que la valeur d'échange ? Existe-t-il une méthode imposée pour déterminer cette valeur ?**

2. **Pourquoi est-il nécessaire de déterminer la valeur d'échange de chaque société participant à une opération de fusions, de scissions et d'apports partiels d'actif ?**

3. **Comment et par qui est déterminée la valeur d'échange ?**

4. **Dans quelles situations n'est-il pas nécessaire de déterminer de valeur d'échange ?**

EXO 02.02 Fusion-absorption simple sans participation préalable

Dans le cadre du projet de fusion des sociétés ANNA et ELSA, les dirigeants des sociétés ont retenu les valeurs d'échange suivantes :
- la société ANNA vaut 1 200 000 euros (12 000 actions),
- la société ELSA vaut 600 000 euros (3 000 actions).

La société ANNA absorbe la société ELSA.

Déterminer la parité d'échange.

EXO 02.03 Fusion-absorption avec participation préalable de la société absorbante dans la société absorbée

Dans le cadre du projet de la fusion des sociétés OLAF et HANS, les dirigeants des sociétés ont retenu les valeurs d'échange suivantes :
- la société OLAF vaut 1 000 000 euros (10 000 actions) ;
- la société HANS vaut 500 000 euros (2 500 actions).

Étant précisé que ces valeurs ne tiennent pas compte de la participation de 500 actions que détient OLAF sur HANS souscrite lors de la création de la société pour 25 000 euros.

La société OLAF absorbe la société HANS.

Déterminer la parité d'échange.

EXO 02.04 Fusion-absorption avec participation préalable de la société absorbée dans la société absorbante

Dans le cadre du projet de la fusion des sociétés KRISTOFF et OAKEN, les dirigeants des sociétés ont retenu les valeurs d'échange suivantes :
- la société KRISTOFF vaut 2 500 000 euros (10 000 actions) ;
- la société OAKEN vaut 1 000 000 euros (5 000 actions).

Étant précisé que ces valeurs ne tiennent pas compte de la participation de 1 000 actions que détient OAKEN sur KRISTOFF souscrite lors de la création de la société pour 100 000 euros.

La société KRISTOFF absorbe la société OAKEN.

Déterminer la parité d'échange.

EXO 02.05 Fusion-absorption avec participation réciproque

Dans le cadre du projet de la fusion des sociétés SHREQUE et FIONA, les dirigeants des sociétés ont retenu les valeurs d'échange suivantes :
- la société SHREQUE vaut 4 800 000 euros (10 000 actions) ;
- la société FIONA vaut 500 000 euros (5 000 actions).

Étant précisé que ces valeurs ne tiennent pas compte de la participation de 1 000 actions que détient SHREQUE sur FIONA souscrite lors de la création de la société pour 10 000 euros et de la participation de 1 000 actions que détient FIONA sur SHREQUE acquise pour un prix de 150 000 euros.

La société SHREQUE absorbe la société FIONA.

1. **Déterminer la parité d'échange.**
2. **Calculer la parité d'échange dans le cas où l'opération serait inversée, c'est-à-dire que la société FIONA absorbe la société SHREQUE.**

EXO 02.06 Fusion-absorption simple – Existence d'une soulte

Dans le cadre du projet de la fusion des sociétés TANGLED et VLADAMIR, les dirigeants des sociétés ont retenu les valeurs d'échange suivantes :
- la société TANGLED vaut 2 000 000 euros (20 000 actions),
- la société VLADAMIR vaut 1 616 000 euros (8 000 actions).

La société TANGLED absorbe la société VLADAMIR.

1. **Déterminer la parité d'échange.**
2. **Comment résoudre la difficulté découverte à la question précédente ? Chiffrer.**
3. **Quelles sont les limites à l'utilisation de la soulte ?**

EXO 02.07 Fusion-réunion (ou fusion-création)

Dans le cadre du projet de la fusion des sociétés ALADDIN et JASMINE, les dirigeants des sociétés ont retenu les valeurs d'échange suivantes :
- la société ALADDIN vaut 2 000 000 euros (20 000 actions),
- la société JASMINE vaut 1 000 000 euros (5 000 actions).

Il a été décidé de recourir à une fusion avec création d'une personne morale nouvelle dénommée JAFAR. La valeur nominale la société JAFAR sera de 150 euros.

Déterminer la parité d'échange.

EXO 02.08 Scission

Dans le cadre du projet de la scission de la société BLEULERKRAEPELIN en deux sociétés, les dirigeants de la société ont retenu les valeurs d'échange suivantes :
- la société BLEULERKRAEPELIN vaut 6 750 000 euros (45 000 actions),
- la société EUGEN, préalablement existante, vaut 750 000 euros (10 000 actions) et va recevoir la moitié des actifs et des dettes de la société scindée,
- la société EMIL est nouvellement créée à l'occasion de la scission et va recevoir l'autre moitié des actifs et des dettes de la société scindée.

La valeur nominale d'une action EMIL est fixée à 100 euros.

Déterminer la parité d'échange.

2 Interventions du commissaire aux apports et du commissaire à la fusion

EXO 02.09 Fonction et rôle du commissaire aux apports et du commissaire à la fusion

1. **Qui est le commissaire aux apports et quel est son rôle ? Pourquoi le législateur impose-t-il l'intervention d'un commissaire aux apports dans certaines opérations de fusion, de scission et d'apport partiel d'actif ?**
2. **Qui est le commissaire à la fusion et quel est son rôle ? À quelle condition et pourquoi le législateur permet-il de ne pas recourir à l'intervention d'un commissaire à la fusion ?**

3 La détermination de la valeur d'apport et la comptabilisation des opérations

EXO 02.10 Quelques questions pour débuter

1. **Dans le cadre des opérations de fusions et de scissions, qu'entend-on par valeur d'apport ? Quelle(s) société(s) est (sont) concernée(s) ?**
2. **Les parties ont-elles le choix de la valeur à retenir ?**
3. **La valeur d'apport à utiliser a-t-elle une incidence sur l'applicabilité du régime fiscal de faveur (art. 210 et suivants du Code général des impôts) ? Quelles sont les incidences de la valeur d'apport utilisée sur les amortissements futurs ?**

EXO 02.11 Recherche de la valeur d'apport à retenir

La SA RADIUS détient 35 % de la SA CUBITUS.
La SA RADIUS absorbe la SA CUBITUS.
La SA RADIUS est évaluée à 1 000 000 euros (y compris la participation dans CUBITUS).
La SA CUBITUS est évaluée à 500 000 euros.
L'actionnaire détenant le plus de titres de la SA RADIUS est M. FLECTOR qui détient 80 % des titres.
L'actionnaire détenant le plus de titres de la SA CUBITUS est M. RECTUS qui détient 60 % des titres.
On présume que l'initiateur de l'opération est celui qui a la position capitalistique la plus importante.

1. **Déterminer la nature du contrôle.**
2. **Le cas échéant, déterminer le sens de l'opération.**
3. **Quelle valeur d'apport doit-on utiliser ?**

EXO 02.12 Recherche de la valeur d'apport à retenir

La SA RADIUS détient 25 % de la SA CUBITUS.
La SA RADIUS absorbe la SA CUBITUS.
La SA RADIUS est évaluée à 1 000 000 euros (y compris la participation dans CUBITUS).
La SA CUBITUS est évaluée à 500 000 euros.
L'actionnaire détenant le plus de titres de la SA RADIUS est M. FLECTOR qui détient 10 % des titres.
L'actionnaire détenant le plus de titres de la SA CUBITUS est M. RECTUS qui détient 70 % des titres.
On présume que l'initiateur de l'opération est celui qui a la position capitalistique la plus importante.

1. **Déterminer la nature du contrôle.**
2. **Le cas échéant, déterminer le sens de l'opération.**
3. **Quelle valeur d'apport doit-on utiliser ?**

EXO 02.13 Recherche de la valeur d'apport à retenir

La SA RADIUS détient 10 % de la SA CUBITUS.
La SA RADIUS absorbe la SA CUBITUS.
La SA TIBIA détient 47 % de la SA CUBITUS et 55 % de la SA RADIUS.
La SA RADIUS est évaluée à 1 000 000 euros (y compris la participation dans CUBITUS).
La SA CUBITUS est évaluée à 500 000 euros.

1. **Déterminer la nature du contrôle.**
2. **Le cas échéant, déterminer le sens de l'opération.**
3. **Quelle valeur d'apport doit-on utiliser ?**

EXO 02.14 Recherche de la valeur d'apport à retenir

La SA RADIUS détient 5 % de la SA CUBITUS.

La SA RADIUS absorbe la SA CUBITUS.

La SA RADIUS est évaluée à 1 000 000 euros (y compris la participation dans CUBITUS).

La SA CUBITUS est évaluée à 500 000 euros.

L'actionnaire détenant le plus de titres de la SA RADIUS est M. FLECTOR qui détient 90 % des titres.

L'actionnaire détenant le plus de titres de la SA CUBITUS est M. FLECTOR qui détient 90 % des titres.

On présume que l'initiateur de l'opération est celui qui a la position capitalistique la plus importante.

1. **Déterminer la nature du contrôle.**
2. **Le cas échéant, déterminer le sens de l'opération.**
3. **Quelle valeur d'apport doit-on utiliser ?**

EXO 02.15 Recherche de la valeur d'apport à retenir

La SA RADIUS détient 15 % de la SA CUBITUS.

La SA RADIUS absorbe la SA CUBITUS.

La SA RADIUS est évaluée à 500 000 euros (y compris la participation dans CUBITUS).

La SA CUBITUS est évaluée à 1 000 000 euros.

L'actionnaire détenant le plus de titres de la SA RADIUS est M. FLECTOR qui détient 80 % des titres.

L'actionnaire détenant le plus de titres de la SA CUBITUS est M. RECTUS qui détient 80 % des titres.

On présume que l'initiateur de l'opération est celui qui a la position capitalistique la plus importante.

1. **Déterminer la nature du contrôle.**
2. **Le cas échéant, déterminer le sens de l'opération.**
3. **Quelle valeur d'apport doit-on utiliser ?**

EXO 02.16 Recherche de la valeur d'apport à retenir

La société SA CARPEPYRAMIDAL envisage de scinder ses activités correspondant à deux branches distinctes et autonomes. Elle procéderait par voie d'apport partiel d'actif de la branche PYRAMIDAL à la société SA PISIFORME.

La SA CARPEPYRAMIDAL est évaluée à 6 000 000 euros.

La branche d'activité PYRAMIDAL est évaluée à 2 500 000 euros.

La SA CARPEPYRAMIDAL n'est pas contrôlée par la même société que la SA PISIFORME. Avant l'opération, il n'existe aucun lien capitalistique entre ces sociétés.

La SA PISIFORME est évaluée à 1 000 000 euros.

1. Déterminer le rapport d'échange.
2. Quelle serait la conséquence de cette opération en ce qui concerne le contrôle de la société PISIFORME ?
3. Quelle valeur d'apport devrait-on utiliser ?
4. En serait-il de même si le traité d'apport contenait une clause organisant la cession des titres par la SA CARPEPYRAMIDAL après l'opération d'apport partiel d'actif ?

4 Traitement du résultat de fusion réalisé en présence d'une participation préalable de la société absorbante dans le capital de la société absorbée et comptabilisation des opérations

EXO 02.17 Quelques questions pour débuter

1. Quelle est la difficulté que l'on rencontre lorsque la société absorbante détient des titres de la société absorbée préalablement à la fusion ?
2. Qu'appelle-t-on boni de fusion ? Qu'appelle-t-on mali de fusion ?
3. Comment traite-t-on le boni de fusion ?
4. Comment traite-t-on le mali de fusion ?
5. Que fait-on du mali technique porté en immobilisation ?

EXO 02.18 Détermination du résultat de fusion et écritures comptables

La SA TARSE détient 10 % de la SA ASTRAGALE souscrit à la constitution de la société.

La SA TARSE absorbe la SA ASTRAGALE.

La SA TARSE est évaluée à 1 000 000 euros. Le capital social est composé de 10 000 actions de 10 euros de valeur nominale.

La SA ASTRAGALE est évaluée à 500 000 euros (c'est la valeur réelle qui peut être retenue). La société ayant débuté son activité par voie de création, son fonds de commerce ne figure pas au bilan et est évalué à lui seul à 300 000 euros. Les capitaux propres de la société s'élèvent à 200 000 euros. La société a toujours distribué l'intégralité de ses bénéfices. Le capital social est composé de 5 000 actions de 10 euros de valeur nominale.

M. COCCYX détient 9 000 actions de la SA TARSE. M. TALUS détient 3 500 actions de la SA ASTRAGALE.

1. Déterminer :
   - la parité d'échange,
   - l'augmentation de capital,
   - la valeur d'apport,
   - la prime de fusion proprement dite.
2. Déterminer le résultat de fusion.
3. Enregistrer les écritures relatives aux capitaux propres.

EXO 02.19 Détermination du résultat de fusion et écritures comptables

La SA TARSE détient 10 % de la SA ASTRAGALE acquis 150 000 euros.

La SA TARSE absorbe la SA ASTRAGALE.

La SA TARSE est évaluée à 1 000 000 euros. Le capital social est composé de 10 000 actions de 10 euros de valeur nominale.

La SA ASTRAGALE est évaluée à 500 000 euros (c'est la valeur réelle qui peut être retenue). La société ayant débuté son activité par voie de création, son fonds de commerce ne figure pas au bilan et est évalué à lui seul à 300 000 euros. Les capitaux propres de la société s'élèvent à 200 000 euros. La société a toujours distribué l'intégralité de ses bénéfices. Le capital social est composé de 5 000 actions de 10 euros de valeur nominale.

M. COCCYX détient 9 000 actions de la SA TARSE. M. TALUS détient 3 500 actions de la SA ASTRAGALE.

1. **Déterminer :**
   - **la parité d'échange,**
   - **l'augmentation de capital,**
   - **la valeur d'apport,**
   - **la prime de fusion proprement dite.**
2. **Déterminer le résultat de fusion.**
3. **Enregistrer les écritures relatives aux capitaux propres.**

EXO 02.20 Détermination du résultat de fusion et écritures comptables

La SA TARSE détient 10 % de la SA ASTRAGALE acquis 150 000 euros.

La SA TARSE absorbe la SA ASTRAGALE.

La SA TARSE est évaluée à 1 000 000 euros. Le capital social est composé de 10 000 actions de 10 euros de valeur nominale.

La SA ASTRAGALE est évaluée à 500 000 euros (c'est la valeur réelle qui peut être retenue). La société ayant débuté son activité par voie de création, son fonds de commerce ne figure pas au bilan et est évalué à lui seul à 300 000 euros. Les capitaux propres de la société s'élèvent à 200 000 euros. La société a toujours distribué l'intégralité de ses bénéfices. Le capital social est composé de 5 000 actions de 10 euros de valeur nominale.

La SA FIBULA détient 55 % de la SA TARSE et 47 % de la SA ASTRAGALE.

1. **Déterminer :**
   - **la parité d'échange,**
   - **l'augmentation de capital,**
   - **la valeur d'apport,**
   - **la prime de fusion proprement dite.**
2. **Déterminer le résultat de fusion.**
3. **Enregistrer les écritures relatives aux capitaux propres.**

5 Cas de synthèse

EXO 02.21 Cas HANNIBAL LECTER

La société HANNIBAL, société anonyme à conseil d'administration au capital de 5 millions d'euros exploite plusieurs carrières en France. Son siège social se trouve à DANNES, près de BOULOGNE-SUR-MER. La société extrait du sol des roches calcaires et des argiles pour isoler les silicates et des aluminates de calcium, matières nécessaires à la fabrication du ciment Portland qu'elle réalise dans ses usines proches des sites d'extraction.

Pour des raisons stratégiques, en juillet 2006, HANNIBAL a pris une participation de 25 % dans la SAS LECTER, qui fabrique des emballages, pour un prix d'un million d'euros. Le reste du capital de la société LECTER est détenu par la famille CRAWFORD. Jacques, 57 ans, son président et actionnaire majoritaire (60 % du capital), pour des raisons de santé, entend ralentir son activité dans la société sans arrêter totalement. Ni lui, ni le reste de sa famille n'a besoin de réaliser son capital dès aujourd'hui.

Après plusieurs semaines de discussion, M. VERGER (PDG de HANNIBAL, détenant 48 000 des 50 000 actions) et L. CRAWFORD sont tombés d'accord sur les conditions du rapprochement. La société HANNIBAL absorbera la société LECTER au cours du second semestre 2019. Les conditions figurent en annexe 2. Le bilan de la SAS LECTER figure en annexe 2.

Précision : on ne tiendra compte ni de la fiscalité latente ni de la fiscalité différée.

ANNEXE 1 : Conditions de la fusion HANNIBAL / LECTER

Chez LECTER, au 1er juillet 2019 les valeurs réelles des actifs ont été fixées ainsi :

Éléments d'actifs	Valeurs réelles
Terrain	1 170 k €
Constructions	2 050 k €
Installations techniques	2 000 k €
Autres immobilisations corporelles	350 k €

Toutes les immobilisations ont été acquises depuis plus de deux ans.

Les autres éléments sont évalués à leur valeur nette comptable.

Les indemnités de fin de carrière ont été évaluées par un actuaire indépendant à un montant de 300 k €.

La valeur de l'action HANNIBAL a été estimée à 300 € (valeur nominale : 100 €).

Les parties ont décidé que la société LECTER sera valorisée sur la base de l'actif net comptable corrigé des plus-values identifiées et du passif non comptabilisé.

Séparément mais concomitamment, un pacte d'actionnaires de la SA HANNIBAL sera conclu et contiendra une clause instaurant un droit de préemption en cas de cession d'actions au profit des associés non cédants.

Les parties souhaitent placer l'opération sous le régime prévu à l'article 210 A du Code général des impôts.

Les parties souhaitent fixer la date d'effet au 1er juillet 2019

ANNEXE 2 : Bilan de la SAS LECTER

BILAN RÉSUMÉ DE LA SAS LECTER AU 30 JUIN 2019 APRÈS RÉPARTITION DES RÉSULTATS (en K €)					
Actif				Passif	
	Brut	Amortissements dépréciations	Net		
ACTIF IMMOBILISÉ				CAPITAUX PROPRES	
Terrains	600		600	Capital social (10 000 actions)	2 000
Constructions	2 500	900	1 600	Réserve légale	120
Installations techniques	3 600	1 700	1 900	Autres réserves	2 730
Autres immobilisations	800	500	300	Report à nouveau	50
Dépôts et cautionnement	20		20	Amortissements dérogatoires	230
Total 1	7 520	3 100	4 420	Total 1	5 130
				Provisions pour litiges (1)	200
				Total 2	200
ACTIF CIRCULANT				DETTES	
Stocks et en-cours	3 500	150	3 350	Emprunts et dettes assimilées	1 200
Créances	1 630	30	1 600	Emprunts et dettes diverses	120
Disponibilités	120		120	Fournisseurs	1 640
				Dettes fiscales et sociales	350
				Autres dettes	850
Total 2	5 250	180	5 070	Total 3	4 160
TOTAL GÉNÉRAL	12 770	3 280	9 490	TOTAL GÉNÉRAL	9 490

(1) Provision justifiée (contentieux commercial).

1. **Identifier les différentes raisons qui peuvent justifier le recours à une opération de fusion-acquisition plutôt qu'à un rachat pur et simple des actions de la société LECTER.**
2. **Quel serait le traitement comptable d'un rachat d'actions ?**
3. **M. STARLING, commissaire aux comptes de la SA HANNIBAL prétend que la désignation d'un commissaire à la fusion est obligatoire dans l'opération projetée. A-t-il raison ? Si oui, pourquoi ? Si non, pourquoi ?**
4. **Quelles sont les conséquences comptables d'une option pour l'application du régime fiscal de faveur prévu à l'article 210 A du Code général des impôts ?**
5. **Comment peuvent être comptabilisés les droits de mutation à payer au titre de cette opération ?**
6. **Déterminer la valeur d'échange de la SAS LECTER. En déduire la parité d'échange. Calculer le nombre d'actions HANNIBAL à émettre et l'augmentation de capital.**
7. **Déterminer la valeur d'apport de la SAS LECTER en la justifiant.**
8. **Déterminer le boni ou le mali de fusion.**

9. **Calculer la prime de fusion nette sachant que les frais liés à l'opération s'élèvent à 15 k € (net d'IS). La société a décidé d'utiliser la méthode de l'imputation sur la prime de fusion (ancienne méthode préférentielle).**

10. **Passer les écritures relatives à l'opération chez HANNIBAL.**

EXO 02.22 Cas FLAURENT ABC24

La société FLAURENT avait pris une participation au capital de la société ABC24 en juin 2011 afin d'aider au démarrage d'un sous-traitant travaillant en partie (8 % du chiffre d'affaires) avec des sociétés du groupe.

Le reste du capital de la société ABC24 est détenu par Monsieur DUFOUR et son épouse (1 200 actions) et Monsieur URTEVENT (600 actions). Monsieur DUFOUR est président et souhaite ralentir son activité en fin d'année 2019 sans pour autant exiger la réalisation de son capital dès maintenant.

L'activité de ce sous-traitant étant stratégique pour le groupe, le conseil d'administration de LYVES a demandé aux dirigeants de la société FLAURENT de procéder à un rapprochement avec la société ABC24.

Un compromis a pu être trouvé et un traité de fusion a été signé le 25 juin 2019.

On vous fournit en annexes 1 à 4 les informations dont vous avez besoin.

Par simplification, le taux d'impôt sur les sociétés à retenir est de 33 1/3 %. La société LYVES détient 65 % de la société FLAURENT.

ANNEXE 1 : Bilan de la SA FLAURENT au 31/12/2018 avant répartition du résultat (en K €)

ACTIF					PASSIF		
	Brut	Amortis. dépré-ciations	Net	Net			
		31/12/18		31/12/17		31/12/18	31/12/17
ACTIF IMMOBILISÉ					CAPITAUX PROPRES		
Fonds de commerce	50		50	50	Capital social (5 000 actions)	500	500
Terrains	200		200	200	Réserve légale	50	50
Constructions	2 000	300	1 700	1 850	Réserves facultatives	4 580	4 580
Installations techniques	350	80	270	300	Résultat	420	620
Autres immobilisations	140	40	100	120			
Titres ABC24 (1)	10		10	10	Total I	5 550	5 750
Dépôts et cautionnement	20		20	20			
Total I	2 770	420	2 350	2 550	PROVISIONS POUR RISQUES ET CHARGES		
					Total II (2)	150	90

ACTIF					PASSIF		
	Brut	Amortis. dépré-ciations	Net	Net			
	31/12/18			31/12/17		31/12/18	31/12/17
ACTIF CIRCULANT					DETTES		
Stocks et en-cours	3 200	120	3 080	3 150	Emprunts et dettes assimilées	800	850
Créances	430	20	410	395	Emprunts et dettes diverses	100	130
Disponibilités	3 040		3 040	2 845	Fournisseurs	1 930	1 950
					Dettes fiscales et sociales	310	120
					Autres Dettes	40	50
Total II	6 670	140	6 530	6 390	Total III	3 180	3 100
TOTAL GÉNÉRAL	3 040	560	8 880	8 940	TOTAL GÉNÉRAL	8 880	8 940

(1) 200 actions de la société absorbée souscrites lors de la création.
(2) Il s'agit d'une provision pour litiges à caractère commercial justifiée.

ANNEXE 2 : Bilan de la SAS ABC24 au 31/12/2018 avant répartition du résultat (en k €)

ACTIF					PASSIF		
	Brut	Amortis. dépré-ciations	Net	Net			
	31/12/18			31/12/17		31/12/18	31/12/17
ACTIF IMMOBILISÉ					CAPITAUX PROPRES		
Frais d'établissement	5	3	2	3	Capital social (2 000 actions)	100	100
Terrains	30		30	0	Réserve légale	10	10
Constructions	180	9	171	0	Réserves facultatives	420	385
Installations techniques	80	30	50	60	Acompte sur dividendes (1)	(200)	0
Autres immobilisations	50	30	20	30	Résultat de l'exercice (1)	410	350
					Provisions pour hausse de prix (2)	90	70
					Total I	830	915
					PROVISIONS POUR RISQUES ET CHARGES		
Total I	345	72	273	93	Total II (3)	10	0

ACTIF					PASSIF		
	Brut	Amortis. dépré-ciations	Net	Net			
		31/12/18		31/12/17		31/12/18	31/12/17
ACTIF CIRCULANT					DETTES		
Stocks et en-cours	7		7	9	Emprunts et dettes assimilées	301	0
Créances	474	20	454	281	Fournisseurs	27	35
Disponibilités	451		451	583	Dettes fiscales et sociales	13	10
					Autres Dettes	4	6
Total II	932	20	912	873	Total III	345	51
TOTAL GÉNÉRAL	1277	92	1185	966	TOTAL GÉNÉRAL	1185	966

(1) Le solde du résultat de l'exercice sera mis en réserve.
(2) Cette provision à caractère fiscal a été constatée uniquement pour bénéficier de ce dispositif.
(3) Il s'agit d'une provision pour litige à caractère prud'homal justifiée.

ANNEXE 3 : Renseignements relatifs à la fusion

Le traité de fusion prévoit que la société ABC24 sera absorbée par la société FLAURENT avec effet rétroactif au 1er janvier 2019. Les parties ont opté pour le régime fiscal de faveur prévu à l'article 210 A du Code général des impôts.

Après négociation, les parties ont fixé dans le traité les valeurs d'échange (unitaire) suivantes :

Absorbant → 1100 euros

Absorbé → 550 euros

Dans les travaux préparatoires à l'opération, vous disposez des renseignements suivants :

Analyse des valeurs des postes du bilan de la SAS ABC24 au 31/12/2018 (en €).

Éléments du bilan	VNC	Valeur réelle
Frais d'établissement	2	0
Terrains	30	40
Constructions	171	230
Installations techniques	50	50
Autres immobilisations	20	20
Stocks et en-cours	7	7
Créances	454	400
Disponibilités	451	451
Emprunts et dettes assimilées	301	301
Fournisseurs	27	27
Dettes fiscales et sociales	13	13
Autres dettes	4	4
Éléments ne figurant pas au bilan		**Valeur réelle**
Fonds de commerce		280
Engagements pour départ à la retraite		13

ANNEXE 4 : Affectation des résultats comptables de la SAS ABC24 depuis sa constitution (en k €)

Exercice clos le	Résultat comptable	Réserve légale	Réserves facultatives	Dividendes
31/12/2010	20	5	15	
31/12/2011	25	5	20	
31/12/2012	100		50	50
31/12/2013	75		50	25
31/12/2014	40		10	30
31/12/2015	60		30	30
31/12/2016	310		210	100
31/12/2017	350		35	315
31/12/2018	410		210	Acompte de 200

1. À quelles conditions la société ABC24 a-t-elle pu distribuer un acompte sur dividendes ? Quel organe a pris la décision ?

2. D'une manière générale, dans les opérations de fusions, les parties ont-elles le choix de la valeur d'apport à retenir ? Définir et justifier.

3. Les parties souhaitent retenir une valeur d'échange différente de la valeur d'apport. Y sont-elles autorisées ? Définir et justifier.

4. Déterminer :
- la parité d'échange,
- l'augmentation de capital,
- la valeur d'apport,
- la prime de fusion proprement dite.

5. Dans quels cas y a-t-il un boni ou un mali dans une opération de fusion ? Calculer le boni ou le mali de fusion. Procéder à son affectation en tenant compte des informations fournies en annexe 4.

6. Comptabiliser les opérations liées à cette fusion dans la comptabilité de la société absorbante.

7. Présenter le bilan de la société absorbante après fusion au 1er janvier 2019.

8. M. URTEVENT n'est pas favorable au rapprochement envisagé et préfèrerait céder ses titres. Comment peut-il manifester son refus ? Peut-il s'opposer à la réalisation de l'opération ?

9. Pourquoi les parties ont-elles convenu d'une clause dite de rétroactivité ?

EXO 02.23 Cas LUPUS

M. Jean-Marc PASCON vient récemment d'être désigné président du conseil d'administration et directeur général de la société CANIS. La société CANIS est une société anonyme spécialisée dans la production de matériaux de construction. C'est une société de droit français immatriculée au registre du commerce et des sociétés de Paris. Elle a, depuis quelques années, opté pour une stratégie de croissance externe afin d'atteindre la taille critique nécessaire pour se maintenir sur ce marché.

M. PASCON est aussi président du conseil d'administration de la SA LUPUS dont le siège social est également situé à Paris.

En 2010, dans le cadre de sa politique de croissance externe, la société CANIS a pris une participation de 70 % dans la société LUPUS, société de distribution de matériaux de construction. Aujourd'hui, les nouveaux dirigeants dont M. PACSON ont opté pour une forme plus poussée de concentration. Il est décidé d'absorber la société LUPUS au 1er janvier 2020.

Précision : on ne tiendra compte ni de la fiscalité latente ni de la fiscalité différée.

ANNEXE 1 : Bilans résumés des sociétés CANIS et LUPUS (en k €)

BILAN RÉSUMÉ DE LA SA CANIS AU 31/12/2019 APRÈS RÉPARTITION DES RÉSULTATS (en K €)					
Actif				Passif	
	Brut	Amortissements & dépréciations	Net		
ACTIF IMMOBILISÉ				CAPITAUX PROPRES	
Terrains	4 000		4 000	Capital social (150 000 actions) (2)	22 500
Constructions	5 100	900	4 200	Réserves	1 800
Matériels et outillages	2 800	700	2 100	Provisions réglementées (3)	700
Titres de participations (1)	13 500		13 500		
Total 1	25 400	1 600	23 800	Total 1	25 000
				Provisions pour litiges	100
				Total 2	100
ACTIF CIRCULANT				DETTES	
Stocks et en-cours	1 900	100	1 800	Dettes financières	7 500
Créances	8 050	50	8 000	Dettes d'exploitation	1 900
Disponibilités	1 400		1 400	Dettes diverses	500
Total 2	11 350	150	11 200	Total 3	9 900
TOTAL GÉNÉRAL	36 750	1 750	35 000	TOTAL GÉNÉRAL	35 000

(1) Le portefeuille de titres est composé uniquement de 70 000 titres LUPUS.
(2) Il s'agit d'une provision pour hausse de prix.
(3) L'actionnaire principal, la SAS DELTA, détient à elle seule 127 500 actions.

Les engagements de retraite ne sont pas provisionnés mais une information figure en annexe : montant de 260 k € au 31/12/2019.

BILAN RÉSUMÉ DE LA SA LUPUS AU 31/12/2019 APRÈS RÉPARTITION DES RÉSULTATS (en K €)					
Actif				Passif	
	Brut	Amortissements & dépréciations	Net		
ACTIF IMMOBILISE				CAPITAUX PROPRES	
Terrains	3 500		3 500	Capital social (100 000 actions)	10 000
Constructions	3 200	400	2 800	Réserves	4 000
Matériels et outillages	4 100	1 800	2 300	Provisions réglementées (1)	500
Total 1	10 800	2 200	8 600	Total 1	14 500
ACTIF CIRCULANT				DETTES	
Stocks et en-cours	1 400		1 400	Dettes financières	2 500
Créances	5 300		5 300	Dettes d'exploitation	800
Disponibilités	2 700		2 700	Dettes diverses	200
Total 2	9 400		9 400	Total 3	3 500
TOTAL GÉNÉRAL	20 200	0	18 000	TOTAL GÉNÉRAL	18 000

(1) Il s'agit d'une provision pour hausse de prix.

ANNEXE 2 : Informations complémentaires figurant dans le traité de fusion

La date d'effet rétroactif mentionnée dans le traité est le 1er janvier 2020.
Le traité de fusion-absorption indique l'option pour une fusion-renonciation.
La valorisation totale de la société CANIS, qui constitue la valeur d'échange, est le résultat de l'application de méthodes multicritères combinant approches patrimoniales et approches basées sur la capacité bénéficiaire. Elle s'élève à 54 000 k €.
La valeur de la société LUPUS (calculée sur les mêmes méthodes multicritères combinant approches patrimoniales et approches basées sur la capacité bénéficiaire) s'élève à 28 800 k €.
Diverses expertises portant sur les éléments transmis ont été effectuées. Elles ont permis d'obtenir les valeurs réelles suivantes :

Sur les éléments identifiables		Sur les éléments non identifiables
Actifs incorporels (marques)	1 340	Néant
Terrains	4 300	
Constructions	3 200	
Stocks	1 650	
Clients	5 200	
Engagements pour indemnité de départ à la retraite	190	

Les charges externes liées à l'opération s'élèvent à 38 k € et la société a décidé d'imputer ces frais sur la prime de fusion.

ANNEXE 3 : Test de dépréciation

Au 31/12/2020, un test de dépréciation indique les valeurs suivantes (en k €).

Éléments	Brut	Amortissements	Valeur d'usage	Valeur réelle
Terrains	3 500		2 960	3 100
Constructions	3 200	560	2 500	2 430

Aucune acquisition n'a été réalisée au cours de l'année 2020.

Analyse de l'opération de fusion

1. Déterminer et justifier la valeur d'apport à retenir dans le cadre de la fusion-absorption de la société LUPUS par la société CANIS.

2. Calculer le résultat de fusion et procéder à son analyse.

3. Déterminer la parité d'échange et les modalités de l'augmentation de capital (nombre de titres créés, prime de fusion).

Affectation du mali technique, écritures comptables et tests de dépréciation

4. Procéder à l'affectation du mali technique.

5. Passer l'ensemble des écritures relatives à l'opération chez CANIS.

6. Après avoir rappelé ce qu'est un test de dépréciation, indiquer les conséquences du test présenté en annexe 3 sur d'éventuelles dépréciations à constater et présenter les écritures comptables nécessaires au 31/12/2020.

Contrôle interne et audit

3

Partie

3

Cas-pratique

Contrôle interne et audit

1 Le cadre général de l'audit

EXO 03.01 Cas Imosem

DIFFICULTÉ 2

À la suite d'incohérences constatées lors de ses contrôles, le chef comptable de la société d'économie mixte locale IMOSEM a mis au jour un détournement de fonds par un comptable de l'entité. En complément de la mission récurrente qui le lie à la société, il a été demandé à votre cabinet d'effectuer l'évaluation du montant du détournement de fonds et l'impact sur les états comptables. La direction financière d'IMOSEM a consulté votre cabinet pour définir les limites de la mission et le budget y afférent. Ils seront consignés dans la lettre de mission. Il vous a été demandé :

- de déceler les incohérences sur la chaîne des encaissements de règlements de locataires du « secteur civil »,
- d'en rechercher l'origine et de proposer des corrections comptables,
- de chiffrer les fonds détournés et de présenter l'impact sur les états financiers,
- de vérifier la pertinence et le respect des procédures de contrôle interne et de faire des préconisations.

ANNEXE : Les missions d'audit

Dans le domaine des missions diverses qu'il est appelé à effectuer, l'expert-comptable doit exercer ses compétences dans le respect des normes professionnelles. Cependant, la diversité des situations et des besoins nécessite qu'une place soit laissée à des missions contractuellement définies. Face à de telles missions, un effort de formalisation de l'intervention est néanmoins nécessaire pour gérer au mieux le rapport coût-efficacité et pour valoriser la prestation.

Cette mission, abordée sous l'angle d'un audit de la chaîne des encaissements, permet de mettre en œuvre une méthodologie se référant aux normes professionnelles des experts-comptables et des commissaires aux comptes :

- prise de connaissance de l'environnement et des caractéristiques de l'activité,
- prise de connaissance et analyse des procédures de contrôle interne relatives à l'organisation et au traitement de l'information financière,
- incidences sur la mission et sur le programme de contrôle,
- phase de contrôle et de collecte des éléments probants,
- travaux de fin de mission,
- établissement du rapport.

Prise de connaissance de l'environnement et des caractéristiques de l'activité

La société a pour activité l'aménagement, la construction et la gestion locative, elle a subi de plein fouet les difficultés du secteur immobilier. Un contrôle fiscal difficile et un audit de la Caisse des dépôts et consignations ont perturbé le bon déroulement des travaux comptables durant l'année. Ces circonstances particulières ont provoqué un ensemble de demandes exceptionnelles au niveau du service comptable. Cette situation a occasionné des négligences, tant au niveau des tâches courantes qu'au niveau de l'encadrement. La réunion de ces éléments et la mise à pied du comptable concerné ont annoncé une période de bilan tendue.

Le service comptable est divisé en quatre secteurs correspondant aux diverses activités de la société. Le « secteur locatif civil » recoupe l'ensemble de la gestion comptable des encaissements et des décaissements rattachés à la gestion du parc de logement d'habitation.

Les comptes locataires sont gérés par un « service gestion ». Il effectue les quittancements qui sont interfacés sur le logiciel comptable dans les comptes clients. Il réceptionne les règlements des locataires. Le service gestion effectue l'imputation des règlements sur les comptes clients et les comptes de trésorerie sont mouvementés automatiquement.

Le service comptable réceptionne les règlements transmis par la gestion, prépare les remises bancaires des chèques et des espèces, remet les espèces aux convoyeurs et porte les chèques en banque. Les règlements clients sont complétés par le versement des allocations logement versées directement par la CAF. Le comptable est chargé de l'imputation des versements de la CAF, du lettrage des comptes clients et des rapprochements bancaires. Le comptable mis en cause est lui-même locataire de la société.

Une collecte de document complète cette prise de connaissance : textes législatifs et réglementaires applicables à l'activité locative, plan comptable professionnel, notes de procédure comptables, schémas comptables applicables à l'activité, contrat avec la CAF, contrat de bail type, manuel de procédures interne, rapport d'audit et du contrôle fiscal...

Prise de connaissance et appréciation du contrôle interne

La prise de connaissance permet d'obtenir une compréhension suffisante des particularités de l'entreprise et, plus spécialement, des services concernés par l'audit. Elle prend appui notamment sur :

- les informations obtenues par l'expert-comptable lors de la prise de connaissance de l'environnement,
- l'organisation des services liés au cycle des encaissements clients,
- l'existence des procédures de contrôle interne,
- l'examen analytique des documents de base du contrôle interne.

Et ceci à l'aide :

- d'entretien avec les intervenants,
- des diverses publications internes,
- des rapports précédents de l'expert-comptable.

Les **procédures de contrôle interne** relatives à la fonction comptable, de manière générale, ont pour but de contrôler :

- que toute l'information arrive et est enregistrée (critère d'exhaustivité),
- que les opérations sont réelles et concernent l'entreprise (critère de réalité et de propriété),
- que les opérations sont régulièrement enregistrées (pour le bon montant, dans la bonne période, et sous la bonne rubrique) notamment pour assurer la protection des actifs, du patrimoine et des ressources, la fiabilité et la qualité de l'information financière.

Les objectifs de l'audit portant essentiellement sur la chaîne des encaissements clients, seules les procédures concernant les cycles suivants sont étudiées :

- ventes-clients,

- trésorerie-recettes,
- banques-caisses.

L'analyse a essentiellement pour but de vérifier qu'il existe des procédures permettant de s'assurer que :

- les services rendus sont facturés et enregistrés,
- les créances sont recouvrées avec célérité,
- la séparation des fonctions est suffisante,
- toutes les recettes sont intégralement remises en banque,
- toutes les recettes sont comptabilisées, correctement imputées, totalisées, centralisées,
- tous les mouvements de trésorerie sont correctement comptabilisés,
- la sécurité des fonds est bien assurée.

Cette appréciation permet de repérer les faiblesses dans la conception ou le fonctionnement des procédures pour ensuite orienter les contrôles sur les activités et sur les traitements pour lesquels l'analyse aurait révélé des risques.

Dans le but de déterminer les points forts et les points faibles du système mis en place, l'analyse s'effectue sous l'angle des éléments suivants :

- définition des responsabilités et des fonctions,
- procédures écrites et support de l'information,
- preuves appropriées avec pré-numérotation et classement,
- moyens matériels de protection,
- qualification suffisante du personnel,
- supervision des organes de contrôle.

Une démarche en quatre temps est alors appliquée :

- prise de connaissance de l'organisation de la fonction,
- vérification de l'existence des procédures de contrôle interne,
- vérification de l'application des procédures,
- évaluation finale du contrôle interne.

Orientation de la mission et planification des contrôles

La synthèse des analyses précédentes permet de mettre en évidence les risques de détournements liés à l'activité encaissements du secteur locatif civil. Ces risques sont plus ou moins maîtrisés par les systèmes de contrôle interne. En fonction de la confiance obtenue lors de l'appréciation du contrôle interne, le programme de travail est adapté. Il s'appuie éventuellement sur les traitements mis en place dans le service.

Ce programme de travail doit exposer :

- l'objectif des contrôles,
- la liste des contrôles à effectuer,
- les documents et périodes à contrôler,
- les méthodes utilisées,
- la répartition des tâches et le calendrier.

Collecte et contrôle des éléments

Les contrôles ont pour but de repérer les anomalies susceptibles de matérialiser les manœuvres frauduleuses et de collecter les éléments de preuve. Ils permettent de nouveau de vérifier l'application des procédures de contrôles sur les traitements comptables et de nourrir les propositions d'amélioration du système. Pour fournir une force probante élevée, les conclusions de ces contrôles doivent être recoupées entre elles. Les éléments non recoupés sont centralisés en vue de recherches complémentaires.

Les techniques de contrôle utilisées sont essentiellement :
- les examens analytiques,
- les contrôles sur pièces,
- les contrôles arithmétiques,
- les rapprochements et recoupements.

Travaux de fin de mission

Les travaux concernent essentiellement la supervision et la synthèse de la mission et consistent à :
- vérifier que le programme de travail a été respecté,
- rapporter les problèmes rencontrés dans le déroulement de la mission,
- faire la synthèse des observations.

Notamment :
- synthèse et recoupement des différents travaux de contrôle,
- évaluation du détournement : identification précise et chiffrage par mode de règlement,
- liste des points non éclaircis et recherches complémentaires restant à effectuer,
- récapitulatif des points faibles du contrôle interne avec les propositions d'amélioration du système,
- synthèse de la mission récapitulant les événements importants de la mission et les problèmes rencontrés.

Rapport

Ce rapport établi à l'issue de la mission a pour objectif de :
- présenter la mission et le déroulement de l'intervention,
- exposer les conclusions,
- présenter les recommandations.

Il expose donc :
- les objectifs de la mission, la nature et l'étendue des interventions,
- l'évaluation chiffrée des malversations et la justification des conclusions,
- les lacunes du contrôle interne relevées et les propositions d'amélioration,
- les recherches complémentaires à effectuer.

1. **À l'aide de la typologie des missions d'audit, définir les caractéristiques de cette mission.**
2. **Quels sont les référentiels de normes qui s'imposent à l'auditeur et encadrent ses interventions ?**
3. **Quel est le produit audité, objet du contrôle ? Quels sont les critères de qualité qui seront appréciés par l'auditeur pour fonder son opinion ? En quoi consiste l'examen de l'auditeur dans cette mission ?**
4. **Quelles sont les étapes principales de cette mission et leurs objectifs ?**
5. **Quelle peut être l'utilité du seuil de signification dans cette mission ?**
6. **Quelle peut être l'utilité de l'approche par les risques dans cette mission ?**
7. **Quel niveau d'assurance donne l'auditeur sur les conclusions apportées ?**

2 Le contrôle interne

EXO 03.02 Quelques questions pour débuter

1. Qu'est-ce que le contrôle interne ? Pour quelles raisons le commissaire aux comptes s'intéresse au contrôle interne de l'organisation auditée ?

2. Qu'entend-on par approche par les risques ?

EXO 03.03 Grille de séparation des fonctions

Au cours de la prise de connaissance de l'entreprise, vous avez réalisé un entretien avec Mme PENNY, secrétaire de direction. Vous avez résumé votre entretien de la manière suivante.

Chaque jour, après ouverture du courrier, Mme PENNY adresse les factures provenant des fournisseurs au service « Achats ». Une employée de ce service les ventile, selon leur provenance, entre quatre acheteurs différents (tissus, teinture, accessoires, emballages).

Les acheteurs comparent les factures aux bons de commande émis et, le cas échant, aux bons de livraison (BL) qui leur ont été transmis par le réceptionniste-magasinier. Ce dernier a simplement daté et visé le BL si la livraison est conforme aux indications portées sur le BL et y a mentionné les anomalies si la livraison n'est pas conforme au BL.

Si la facture est conforme à la commande et à la livraison, l'acheteur y porte un code analytique destiné au service contrôle de gestion, y apporte son « Bon à payer » et son visa et transmet le document au service comptable pour enregistrement.

S'il existe un écart entre la facture et le BL et/ou le bon de commande, l'acheteur traite directement le problème avec le fournisseur concerné. Après règlement du différend, la facture est transmise au service comptable pour enregistrement. Statistiquement, 6 % en moyenne du nombre total de factures parvenues posent problème et le litige est généralement réglé dans le mois suivant la réception de la facture.

Au service comptable, l'enregistrement des factures d'achats est effectué quotidiennement par Mme SOPHIE.

Après contrôle arithmétique de la facture, Mme SOPHIE, comptable, remplit et agrafe à la facture un ticket d'imputation portant les mentions suivantes :

- comptes débit,
- code analytique achat,
- comptes crédit,
- date,
- numéro du journal.

Une fois enregistrée, la facture est aussitôt transmise à M. DYLAN qui a en charge le processus « Règlement fournisseurs ».

Les fournisseurs sont systématiquement réglés au comptant, sous escompte si possible, par chèque ou virement bancaire.

Après consultation du service « Trésorerie » pour le choix de la banque, M. DYLAN établit :

- soit un chèque qui est transmis avec la facture au directeur financier, M. JOLY, pour contrôle et signature ;

- soit un ordre de virement (protocole SEPA) qui est remis à la banque (procédure de transmission de fichier informatique), la confirmation de l'ordre de virement est faite à l'aide d'un certificat numérique par M. JOLY.

Après signature, M. DYLAN adresse le chèque ou une copie de la confirmation de l'ordre de virement au fournisseur par courrier, enregistre le règlement en comptabilité et classe la facture.

1. **Après avoir rappelé ce qu'est le principe de séparation des fonctions, établir la grille de séparation des fonctions pour le processus de traitement des factures fournisseurs de l'entreprise.**

2. **Identifier les forces et les faiblesses de ce processus. Quels sont les risques ?**

3. **La coexistence de deux moyens de paiement peut-elle être une cause de défaillance de contrôle interne ? Expliquer.**

EXO 03.04 Analyse des forces et des faiblesses dans un cycle ventes-clients

Dans le cadre d'une mission d'audit légal, lors de la phase d'intérim, vous avez réalisé l'étude des procédures du cycle clients-ventes.

Cette étude a notamment permis de relever les éléments suivants.

Lors de la livraison des produits aux clients, un bon de livraison est établi en deux exemplaires. L'un est classé au service expédition de la société, le second est remis au client et est conservé par ce dernier.

Les factures impayées font l'objet d'une relance téléphonique au coup par coup, en fonction des disponibilités de temps du service comptabilité.

Le service comptabilité n'est pas informé systématiquement des produits retournés, encore moins des autres litiges avec les clients.

1. **Rédiger une note de synthèse précisant les faiblesses du contrôle interne afférentes au cycle clients-ventes, les risques qu'elles génèrent et vos recommandations.**

2. **Quelle communication le commissaire aux comptes devra-t-il faire auprès de la société auditée ?**

3. **Intéressé par vos recommandations, la société auditée souhaite confier au cabinet une mission visant à l'aider à la mise en place des modifications prescrites. Le cabinet d'audit peut-il accepter cette mission ? Expliquer.**

4. **En quoi les progiciels de gestion intégrés permettent-ils d'améliorer la qualité du contrôle interne sur ce cycle clients-ventes ? À quelles conditions ?**

3 Le déroulement de la mission d'audit

EXO 03.05 Cas Sebimo : objectifs et étapes de la démarche d'audit légal

DIFFICULTÉ 1

Vous êtes commissaire aux comptes de la société anonyme SEBIMO. L'expert-comptable de SEBIMO vous a adressé en date du 5 février N+1 le projet de comptes annuels. Vous décidez, dès la réception de ce document, de démarrer vos travaux d'audit.

1. Quels sont les principaux objectifs de l'audit légal des comptes annuels ?

2. Quelles seront les principales étapes de la démarche d'audit légal ?

EXO 03.06 Cas Batimat : acceptation de la mission – diligences d'acceptation

DIFFICULTÉ 2

Monsieur BATS, président du conseil d'administration et directeur général de la société anonyme BATIMAT, vous propose de reprendre la mission de contrôle légal en remplacement d'un confrère dont le mandat arrive à expiration. BATIMAT SA est une société spécialisée dans le négoce de matériaux de construction pour les professionnels. BATIMAT SA est une filiale de BATEXPERT, principal fournisseur de BATIMAT, dont le siège est à Hong-Kong.

1. Quelles seront les principales diligences de la phase d'acceptation ?

2. Sur la base de la description de la société BATIMAT, identifiez les principaux facteurs de risques pouvant avoir une incidence sur la mission du commissaire aux comptes.

3. Quels sont le rôle et le contenu de la lettre de mission ?

4. Comment se concrétisent l'obligation de vigilance et l'identification du bénéficiaire effectif dans le cadre de la lutte contre le blanchiment et le terrorisme lors de l'acceptation du mandat ?

EXO 03.07 Cas Charlotte : acceptation de la mission – facteurs de risques

DIFFICULTÉ 3

Lors d'un rendez-vous avec Monsieur FENIKOS, président directeur général de CHARLOTTE SA, vous avez réuni les informations nécessaires sur la société dont il vous est proposé de reprendre le mandat, à la suite du non-renouvellement du prédécesseur.

CHARLOTTE SA encaisse, auprès de ses clients, des primes d'assurance qu'elle doit reverser aux compagnies. Seule lui reste acquise une commission sur la prime encaissée.

Sur l'exercice N, les résultats sont encourageants, bien qu'à nouveau déficitaires. La perte au 31/12/N est de 55 K €, elle était de 880 K € en N-1. La situation de trésorerie reste très tendue.

Monsieur FENIKOS, actionnaire majoritaire et PDG depuis sa création, constate en N, que de graves irrégularités ont entaché sa comptabilité. Monsieur LENON, comptable salarié de la société est soupçonné d'en être l'auteur.

Monsieur LENON, était chargé de la tenue de la comptabilité de CHARLOTTE SA, tout en étant administrateur de celle-ci. Il a démissionné de ses fonctions de salarié en N pour raison de santé. Depuis, certains documents comptables ont disparu.

D'autre part, Monsieur FENIKOS est gérant de la SCI DU SOUVENIR qui loue les locaux à CHARLOTTE SA. Une avance de trésorerie de 400 K € a été effectuée à la SCI cette année. Monsieur LENON était aussi comptable de la SCI.

Vous avez relevé les éléments suivants lors de votre première visite au mois de février :

Chiffre d'affaires : 14 800 K €. Compte d'attente débiteur pour 533 K €.

Produits à recevoir auprès des compagnies en fin d'exercice :

600 K € en N-2 ; 1 200 K € en N-1 ; 1 800 K € en N

1. **À l'aide des informations relatives à CHARLOTTE SA, renseignez le tableau sur l'analyse des facteurs de risques et les incidences possibles sur la mission du commissaire aux comptes.**

Tableau d'analyse des facteurs de risques et incidences sur la mission du commissaire aux comptes

Situation	Facteurs de risques	Incidences sur la mission
Première année de mandat Non renouvellement du prédécesseur		
Société anonyme		
Monsieur FENIKOS Actionnaire majoritaire, PDG depuis la création de CHARLOTTE SA		
Courtier en assurance		
Perte N : 55 k € Perte N-1 : 880 k €		
Pertes cumulées Trésorerie très tendue		
Irrégularités comptables : M. LENON, comptable salarié de Charlotte SA est démissionnaire. Documents comptables disparus M. LENON est aussi administrateur de Charlotte SA		
M. FENIKOS, PDG Charlotte SA est gérant de la SCI du souvenir bailleur de Charlotte SA ; M. LENON comptable de la SCI. Avance à la SCI de 400 k €.		
Comptes d'attente débiteurs : 533 K €		
Produits à recevoir : 600 k € N-2 1 200 k € N-1 1 800 K € N		

2. **Complétez le tableau des facteurs de risques du questionnaire d'acceptation du nouveau mandat.**

Tableau des facteurs de risques du questionnaire d'acceptation du nouveau mandat

Facteurs de risques	Élevé	Moyen	Faible	Commentaires / Précisions
A. Dirigeants				
Attitude et éthique des dirigeants				
Situation conflictuelle entre dirigeants				
B. Actionnariat				
Structure de l'actionnariat				

Facteurs de risques	Élevé	Moyen	Faible	Commentaires / Précisions
Conflits entre actionnaires				
C. Personnel				
Compétence du personnel				
Rotation du personnel				
D. Activité et environnement réglementaire				
Risques économiques				
Risques fiscaux				
Risques sociaux				
Risques juridiques				
E. Contrôle interne				
Politique des dirigeants en matière de contrôle interne				
Insuffisance du contrôle interne				
F. Situation financière de l'entité				
Équilibre de la structure financière				
Continuité de l'exploitation compromise				
G. Information financière				
Insuffisances dans la tenue de comptabilité				
Retard dans l'établissement des comptes annuels				
H. Mission du commissaire aux comptes				
Limitation des contrôles				
Autres obstacles à l'exécution de la mission				
I. Autres facteurs de risques				

3. Au regard de l'analyse des facteurs de risques, devez-vous accepter cette mission ?

EXO 03.08 Cas E. Télé : orientation et planification de la mission – risques inhérents

DIFFICULTÉ 2

Caractéristiques générales de l'entreprise E. Télé ou de son environnement :
- Secteur d'activité en difficulté
- Activité de négoce de matériel téléphonique
- Actionnariat familial
- Société multi-établissements
- Commerciaux rémunérés en fonction des ventes
- Acquisition d'une construction financée par emprunt
- Stocks suivis par inventaire permanent et inventaires physiques tournants
- Réclamations nombreuses des clients

1. Donnez une définition du risque d'audit et de ses composants.

2. Quels sont les objectifs principaux de la phase d'orientation et de planification de la mission ?

3. Pour chaque situation décrite, évaluez les principaux risques inhérents ou liés aux contrôles et précisez l'incidence sur la mission du CAC (sous forme de tableau).

EXO 03.09 Cas Batimat bis – orientation de la mission – identification inhérents

DIFFICULTÉ 2

BATIMAT est une société de taille moyenne, avec plusieurs établissements, spécialisée dans le négoce de matériaux de construction pour les professionnels. La comptabilité est saisie, au sein des établissements, sur le logiciel Pythagore, un nouvel ERP développé pour BATIMAT. Puis elle est centralisée et contrôlée au siège.

BATIMAT est une filiale de BATEXPERT, son principal fournisseur de marchandises, dont le siège est à Hong Kong. BATIMAT a financé un nouvel établissement par emprunt contracté auprès de la maison mère BATEXPERT. BATIMAT a récemment décidé de céder toutes ses factures clients auprès de la filiale BNP affacturage pour obtenir le règlement dès l'émission des factures.

Sur la base d'une analyse du descriptif de la société, évaluez les risques d'anomalies significatives propres à l'entité et l'incidence sur la mission du commissaire aux comptes (sous forme de tableau).

EXO 03.10 Cas Batimat ter : examen analytique – seuil de signification

DIFFICULTÉ 2

Vous êtes commissaire aux comptes de la société anonyme BATIMAT (suite du cas Batimat bis) et vous préparez le plan de mission pour le contrôle des comptes annuels de l'exercice clos le 31.12.N. Les chiffres caractéristiques du compte de résultat de BATIMAT SA sont les suivants en milliers d'euros :

Ventes de marchandises N :	7 570	Ventes de marchandises N-1 :	7 987
Achats marchandises N :	4 470	Achats marchandises N-1 :	4 127
Résultat N :	- 449	Résultat N-1 :	- 26

La structure du bilan de la société au 31.12.N en milliers d'euros, se présente de la manière suivante :

ACTIF	N	N-1	PASSIF	N	N-1
Immobilisations	2 982	1 960	Capitaux propres	1 470	1 657
Stocks	2 391	2 356	Dettes financières	3 172	2 460
Créances	1 807	1 677	Dettes d'exploitation	2 546	2 274
Disponibilités	8	398			
TOTAL	7 188	6 391		7 188	6 391

1. **Donnez une définition et préciser le rôle de l'examen analytique.**
2. **Sur la base des chiffres significatifs du bilan et du compte de résultat, quels pourraient être, pour BATIMAT, les risques d'anomalies et les principaux domaines et axes de contrôles ?**
3. **Vous avez prévu de contrôler le cycle « stocks ». Lors de la planification de la mission d'audit relative aux comptes de l'exercice N, vous avez fixé des seuils de signification à 5 % du résultat et 2 % de la valeur des stocks au bilan.**
   Définissez la notion de « seuil de signification ». Quand et comment le commissaire aux comptes utilise-t-il le seuil de signification ? Les seuils de signification vous paraissent-ils pertinents ?

EXO 03.11 Cas Batimat quater : plan de mission

DIFFICULTÉ 3

Vous êtes commissaire aux comptes de la société anonyme BATIMAT (suite des cas Batimat bis et ter) et vous préparez le plan de mission pour le contrôle des comptes annuels de l'exercice clos le 31.12.N.

À l'aide des informations présentées dans les exercices précédents (BATIMAT bis et ter) sur la société anonyme BATIMAT, complétez le plan de mission dont la structure est fournie en annexe.

ANNEXE : Plan de mission

I - NATURE DE LA MISSION
II - CONNAISSANCE GÉNÉRALE DE L'ENTITÉ
III - CHIFFRES-CLÉS

En euros	N	N-1
Chiffre d'affaires		
Marge commerciale		
Stocks		
Résultat net		
Total Bilan		
Capitaux propres		
Taux de marge nette		
Taux de marge commerciale / (CA HT)		

IV - COMPRÉHENSION DES SYSTÈMES COMPTABLES
V - RISQUE D'AUDIT ET SEUIL DE SIGNIFICATION
a) Principaux risques d'anomalies significatives
b) Seuils de signification
VI - PRINCIPAUX AXES DE CONTRÔLES
A - Appréciation du contrôle interne
B - Contrôle des comptes
VII - BUDGET ET PLANNING

Article R. 823-12 : Les diligences estimées nécessaires à l'exécution du programme de travail doivent comporter pour un exercice, en fonction du montant du bilan de la personne ou de l'entité, augmenté du montant des produits d'exploitation et des produits financiers, hors TVA, un nombre d'heures de travail normalement compris entre les chiffres suivants :

Montant total du bilan et des produits d'exploitation et des produits financiers, hors taxes, et nombre normal d'heures de travail :

- jusqu'à 305 000 euros : 20 à 35 heures ;
- de 305 000 à 760 000 euros : 30 à 50 heures ;
- de 760 000 à 1 525 000 euros : 40 à 60 heures ;
- de 1 525 000 à 3 050 000 euros : 50 à 80 heures ;
- de 3 050 000 à 7 622 000 euros : 70 à 120 heures ;
- de 7 622 000 à 15 245 000 euros : 100 à 200 heures ;
- de 15 245 000 à 45 735 000 euros : 180 à 360 heures ;
- de 45 735 000 à 122 000 000 euros : 300 à 700 heures.

Barème :
- Total Bilan :
- Total produits d'exploitation :
- Total produits financiers :

Base Barème :

Fourchette de temps :

Budget N en heures :

ANALYSE PAR PHASE	PÉRIODE D'INTERVENTION	BUDGET N en heures
Orientation Planification		
Appréciation du contrôle interne		
Contrôle des comptes		

ANALYSE PAR PHASE	PÉRIODE D'INTERVENTION	BUDGET N en heures
Travaux de fin de mission, rapports		
Réunions, CA, AG		
TOTAL TEMPS		

EXO 03.12 Cas Batimat quinquies : appréciation contrôle interne – risques – assertions

DIFFICULTÉ 2

BATIMAT est une société de taille moyenne qui gère plusieurs établissements spécialisés dans le négoce de matériaux de construction pour les professionnels. Les activités administratives et financières sont centralisées au siège.

Achats de marchandises

Les directeurs des établissements établissent des commandes de matériaux au fur et à mesure de leurs besoins à leurs fournisseurs habituels, puis ils transmettent les doubles des bons de commande au service comptable du siège pour que ce dernier paie les fournisseurs.

Réception des marchandises et enregistrement des factures

Les matériaux sont reçus par les établissements. Les factures correspondantes sont directement adressées par les fournisseurs au service comptable du siège. Le comptable compare la facture avec le double du bon de commande que l'établissement lui a adressé, puis il comptabilise la facture au journal des achats.

Règlement des factures fournisseurs

Après avoir comptabilisé la facture, le comptable établit un chèque (ou un ordre de virement ou une traite) à échéance ; puis il transmet le moyen de paiement au directeur financier pour signature.

1. **Donnez une définition et préciser les objectifs du contrôle interne.**
2. **Cernez les faiblesses du contrôle interne, les risques qui en découlent et proposez des recommandations.**
3. **Analysez, dans un tableau, les risques relatifs aux activités « enregistrement factures » et « paiement fournisseurs », classés par assertions comptables : exhaustivité, réalité, mesure, séparation des exercices, classification.**

EXO 03.13 Cas Batimat sexies : appréciation du contrôle interne – tests de procédures

DIFFICULTÉ 2

BATIMAT est une société de taille moyenne qui gère plusieurs établissements spécialisés dans le négoce de matériaux de construction pour les professionnels. En raison de l'importance du poste clients au bilan, vous avez prévu de contrôler le cycle ventes-clients.

Note d'entretien avec le responsable financier :

« Les réclamations clients sont reçues et traitées par le service commercial. Après analyse de la demande, le service adresse éventuellement des avoirs aux clients. Lorsque les

demandes ne sont pas justifiées, les réclamations sont classées par le service commercial. Le service comptable reçoit la copie des avoirs et procède à l'enregistrement. Les avoirs sont remboursés par le service comptable ».

1. **Rappelez le rôle du commissaire aux comptes dans l'appréciation du contrôle interne.**
2. **Donnez une définition et précisez le rôle des tests de procédures.**
3. **À travers un tableau synthétique, appréciez la conception et les faiblesses de la procédure, les risques de non contrôle et proposez des tests de procédure adaptés.**

EXO 03.14 Cas Rapid Transport : contrôle des comptes – axes de contrôles

DIFFICULTÉ 2

RAPID TRANSPORT SA est une société de taille moyenne spécialisée dans le transport de marchandises. Compte tenu de l'importance du poste au bilan, vous avez prévu de contrôler le cycle des immobilisations. L'entreprise a acquis récemment des camions. Les véhicules sont financés par emprunt et les frais d'acquisition sont élevés. Les camions non décomposés sont amortis sur 5 ans en linéaire et en dégressif au niveau fiscal. Compte tenu du niveau d'activité en baisse, une partie des véhicules est inutilisée.

1. **Précisez le rôle des contrôles de substance dans la collecte des éléments probants.**
2. **Comment le commissaire aux comptes choisit-il ses axes de contrôles et contrôles de substance ?**
3. **D'après les informations présentées dans l'énoncé, quels sont les risques principaux et les axes prioritaires de contrôles du cycle immobilisations ?**

EXO 03.15 Cas Batimat septies : contrôle des comptes – sélection en audit – confirmation directe

DIFFICULTÉ 2

BATIMAT est une société de taille moyenne qui gère plusieurs établissements spécialisés dans le négoce de matériaux de construction pour les professionnels. En raison de l'importance du poste fournisseurs au bilan, vous avez prévu de contrôler le cycle « Achats-Dettes fournisseurs ». Vous avez décidé, avec l'accord de la direction, de circulariser les fournisseurs (confirmation directe des tiers). Vous disposez d'un extrait de la balance valorisée en euros qui retrace les mouvements de l'exercice, pour chaque fournisseur.

ANNEXE : Balance fournisseurs

Intitulé	Solde N-1	Balance de l'exercice N au 31-12-N			
	Solde crédit	Cumul Débit	Cumul Crédit	Solde Débit	Solde Crédit
Valoplus	2 025	28 500	35 200		8 725
Amapomme	2 106	23 800	24 200		2 506
Edefi	3 285	18 863	2 542	13 036	

Intitulé	Solde N-1	Balance de l'exercice N au 31-12-N			
	Solde crédit	Cumul Débit	Cumul Crédit	Solde Débit	Solde Crédit
Bateco		25 508	25 508		
Kulego	128	152 300	153 520		1 348
Batexpert	358 236	651 504	593 268		300 000
Afilba	128 026	256 286	358 253		229 993
Solubelle		2 596	10 269		7 673
Materas	23 258	35 808	28 623		16 073
Matebelle		75 036	105 203		30 167
Mercilux	124 536	258 203	228 206		94 539
Solubelle		2 596	10 269		7 673
Miserere		15 623	15 623		
Alegri	10 258				10 258
Soldateck		2 862	2 862		
Totaux	651 858	1 549 485	1 593 546	13 036	708 955

1. **Dans un tableau synthétique, présentez la liste et décrivez les contrôles de substance à votre disposition.**
2. **Quelles sont les techniques de sélection des éléments à contrôler en audit ?**
3. **Quels fournisseurs allez-vous circulariser ? Justifiez votre choix.**
4. **Précisez les modalités de mise en œuvre de la confirmation directe.**

EXO 03.16 Cas Batimat octies : contrôle des comptes – examen analytique – contrôle de substance

DIFFICULTÉ 2

BATIMAT est spécialisée dans le négoce de matériaux de construction pour les professionnels. Son principal fournisseur est la société BATEXPERT. Vous avez réalisé les constatations suivantes sur les marchandises BATEXPERT.

Montant en €	Décembre	Novembre	Octobre	Septembre	Août	Juillet
Achats	22 865	26 285	28 242	31 252	28 242	27 265
Stocks Fin de mois	58 235	45 256	39 129	32 835	27 124	23 252

1. **Le commissaire aux comptes peut-il utiliser les procédures analytiques lors du contrôle des comptes ?**
2. **Présentez votre analyse chiffrée des constations effectuées.**
3. **Présentez dans un tableau les risques d'anomalies comptables associés et quelques contrôles substantifs adaptés.**

EXO 03.17 Cas Batimat nonies : contrôle des comptes – contrôles de substance

DIFFICULTÉ 2

À la suite de nouveaux accords avec son fournisseur BATEXPERT, la Société Batimat a supprimé, au second semestre, le contrôle qualité sur les marchandises qui lui sont livrées. Le service commercial vous a informé que :

- Le nombre de réclamations des clients a augmenté de 14 % par rapport au premier semestre.
- Des avoirs ont dû être établis à la demande de clients sur des livraisons retournées.

Dans un tableau synthétique, présentez :
- **les postes comptables concernés par ces constatations ;**
- **pour chaque poste, les principaux risques d'anomalies comptables ;**
- **un contrôle substantif adapté pour chaque risque.**

EXO 03.18 Cas Chandelier, seuil de signification – rapport général

DIFFICULTÉ 2

Vous êtes commissaire aux comptes de la société anonyme CHANDELIER depuis le 4 mai N-1. Les comptes de l'exercice clos le 31.12 N ont été arrêtés le 3 avril N+1 par le conseil d'administration.

Vous avez détecté une erreur qui majore l'évaluation de la provision pour litige de 22 000 €. La provision est actuellement constatée à hauteur de 5 000 € et ne couvre que les frais de procédures. Les dommages et intérêts réclamés par le client s'élèvent à 22 000 € et vous semblent justifiés. Le taux d'impôt sur les sociétés est de 28 %.

Vous avez également contrôlé le traitement des autres provisions pour risques et charges de l'entreprise. Vos travaux ont consisté à apprécier les hypothèses et méthodes d'évaluation retenues pour l'évaluation de la provision et à apprécier le caractère approprié du traitement comptable ainsi que de l'information donnée dans l'annexe à ce sujet.

Le traitement comptable de ces provisions vous semble approprié. Il n'y a pas d'autres points clés de l'audit à communiquer.

Pour vos travaux de révision, vous avez fixé un seuil de signification au niveau des comptes annuels pris dans leur ensemble égal à 8 % du résultat net et un autre seuil pour le contrôle du cycle comptable des provisions pour risques et charges de 6 % du montant total du poste au bilan.

Résultat net : 300 000 €

Provisions pour risques et charges au bilan : 300 000 €

1. **Précisez la définition et la finalité d'un seuil de signification.**
2. **Donnez la définition d'une anomalie comptable significative.**
3. **L'erreur sur la provision pour litige est-elle significative ?**
4. **Pourquoi l'auditeur a-t-il fixé un seuil de signification plus faible pour le cycle comptable des provisions ?**
5. **Complétez l'extrait du rapport général du commissaire aux comptes présenté en annexe.**

ANNEXE : Rapport du commissaire aux comptes sur les comptes annuels – SA CHANDELIER

En exécution de la mission qui nous a été confiée par ... *[préciser l'organe appelé à statuer sur les comptes]*, nous avons effectué l'audit des comptes annuels de la société *[X]* relatifs à l'exercice clos le ... *[date de clôture de l'exercice]*, tels qu'ils sont joints au présent rapport. Les comptes annuels ont été arrêtés par le .... *[préciser l'organe compétent]*. Il nous appartient, sur la base de notre audit, d'exprimer une opinion sur ces comptes.

- **Opinion avec réserve**

  Sous la réserve décrite dans la partie « Fondement de l'opinion avec réserve », nous certifions que les comptes annuels sont, au regard des règles et principes comptables français, réguliers et sincères et donnent une image fidèle du résultat des opérations de l'exercice écoulé ainsi que de la situation financière et du patrimoine de la société à la fin de cet exercice.

- **Fondement de l'opinion avec réserve**

  [préciser le motif de la réserve pour désaccord, et quantifier au mieux les incidences sur les comptes des anomalies significatives identifiées et non corrigées]

- **Référentiel d'audit**

  Nous avons effectué notre audit selon les normes d'exercice professionnel applicables en France. Nous estimons que les éléments que nous avons collectés sont suffisants et appropriés pour fonder notre opinion. Les responsabilités qui nous incombent en vertu de ces normes sont indiquées dans la partie « Responsabilités du commissaire aux comptes relatives à l'audit des comptes annuels » du présent rapport.

- **Indépendance**

  Nous avons réalisé notre mission d'audit dans le respect des règles d'indépendance qui nous sont applicables, sur la période du 1er janvier ... à la date d'émission de notre rapport, et notamment nous n'avons pas fourni de services interdits par le code de déontologie de la profession de commissaire aux comptes.

- **Justification des appréciations**

En application des dispositions des articles L. 823-9 et R. 823-7 du Code de commerce relatives à la justification de nos appréciations, outre le point décrit dans la partie « Fondement de l'opinion avec réserve », nous portons à votre connaissance les appréciations suivantes qui, selon notre jugement professionnel, ont été les plus importantes pour l'audit des comptes annuels de l'exercice.

Les appréciations ainsi portées s'inscrivent dans le contexte de l'audit des comptes annuels pris dans leur ensemble et de la formation de notre opinion exprimée ci-avant. Nous n'exprimons pas d'opinion sur des éléments de ces comptes annuels pris isolément.

[Formulation de chaque appréciation complémentaire].

4 Le commissariat aux comptes

QCM 03.19 L'audit et l'exercice de l'audit

1. L'audit ne concerne que les états financiers.

A. ☐ non

B. ☐ oui

2. L'audit comptable et financier est un domaine réglementé en France.

A. ☐ oui

B. ☐ non

3. **L'audit comptable et financier peut être exercé par un professionnel de l'expertise comptable.**

A. □ oui

B. □ non

4. **L'audit comptable et financier peut être exercé par un commissaire aux comptes.**

A. □ oui

B. □ non

5. **L'audit comptable légal s'appelle le commissariat aux comptes.**

A. □ oui

B. □ non

6. **Toutes les entreprises sont concernées par le commissariat aux comptes.**

A. □ non

B. □ oui

7. **Seules les sociétés sont concernées par le commissariat aux comptes.**

A. □ non

B. □ oui

8. **La mission du commissaire aux comptes est réalisée selon des procédures normées.**

A. □ oui

B. □ non

9. **Le commissariat aux comptes se substitue au contrôle interne.**

A. □ non

B. □ oui

10. **N'importe qui peut être commissaire aux comptes en France.**

A. □ non

B. □ oui

11. **L'expert-comptable en mission dans une entité peut être le commissaire aux comptes en même temps.**

A. □ non

B. □ oui

12. **Une entité qui choisit de désigner volontairement un commissaire aux comptes peut prévoir un mandat d'un seul exercice.**

A. □ non

B. □ oui

13. **Une entité qui désigne un commissaire aux comptes doit en désigner deux : un titulaire et un suppléant.**

A. □ non

B. □ oui

14. **Une SAS est toujours dotée d'un commissaire aux comptes.**

A. □ non

B. □ oui

15. **La SARL est toujours dotée d'un commissaire aux comptes.**

A. □ non

B. □ oui

16. **Le commissaire aux comptes peut refuser d'entrer en mission sur un dossier.**

A. □ oui

B. □ non

17. Le commissaire aux comptes rend compte de ses travaux à travers un rapport.

A. ☐ oui
B. ☐ non

18. La responsabilité pénale du commissaire aux comptes peut être engagée dans le cadre de l'exercice de ses missions.

A. ☐ oui
B. ☐ non

19. Dans les entités qui présentent des comptes consolidés, il est obligatoire de faire désigner deux commissaires aux comptes (deux titulaires et deux suppléants).

A. ☐ oui
B. ☐ non

20. Le commissaire doit tenir un dossier de travail.

A. ☐ oui
B. ☐ non

EXO 03.20 Cas Lenor : cadre légal et normatif du commissariat aux comptes

DIFFICULTÉ 1

Vous êtes commissaire aux comptes de la société anonyme LENOR depuis le 4 mai N.

Quels sont les principaux textes légaux, réglementaires et normatifs qui encadrent la mission du commissaire aux comptes ?

EXO 03.21 Cas Instit : cadre institutionnel et contrôle de la profession

DIFFICULTÉ 1

Vous êtes commissaire aux comptes de la société anonyme INSTIT depuis le 4 avril N.

1. **Quel est le rôle des principales institutions qui encadrent la profession de commissaires aux comptes ?**
2. **Qui est chargé des inspections et contrôles d'activité des cabinets de commissariat aux comptes ?**

EXO 03.22 Cas YAS, nomination-démission-récusation

DIFFICULTÉ 2

Madame REZZA est présidente de la société par actions simplifiée YAS. Le total du bilan et du chiffre d'affaires s'élève respectivement à 500 000 € et 2 500 000 € fin N (chiffres équivalents en N-1). La société emploie 15 salariés. Le capital social de YAS est réparti entre Madame REZZA et la société BABYLONE qui est majoritaire.

À l'occasion de l'assemblée générale, Madame REZZA propose que M. MINA, en devienne le commissaire aux comptes à compter de l'exercice N+1.

1. La nomination d'un commissaire aux comptes est-elle obligatoire pour la SAS YAS ?
2. Quelles sont les modalités de nomination du commissaire aux comptes ?
3. Monsieur MINA peut-il devenir commissaire aux comptes de la SAS YAS ? Quelle pourrait être la durée de son mandat.
4. Monsieur Haberberg, actionnaire minoritaire, peut-il demander la récusation de Monsieur MINA ?
5. Monsieur MINA a accepté le mandat. Peut-il présenter sa démission à la prochaine assemblée générale ?
6. Quelles sont les conséquences pour la société YAS en cas de démission de Monsieur MINA et d'absence de nomination d'un commissaire aux comptes ?

EXO 03.23 Cas Haberberg : règles d'indépendance et incompatibilités

DIFFICULTÉ 1

Dans la SAS YAS, Monsieur HABERBERG est actionnaire minoritaire. Il ne fait pas partie du conseil d'administration.

Monsieur HABERBERG peut-il devenir commissaire aux comptes de la SAS YAS ?

EXO 03.24 Cas Kreutz : règles d'indépendance et incompatibilités

DIFFICULTÉ 1

Dans la SAS YAS, Madame REZZA, présidente de la société, propose à son cousin germain, M. KREUTZ, le mandat de commissaire aux comptes.

Monsieur Kreutz peut-il devenir commissaire aux comptes de la société ?

EXO 03.25 Cas Klavier : règles d'indépendance et incompatibilités

DIFFICULTÉ 1

M. KLAVIER est commissaire aux comptes de la SAS YAS et expert-comptable de la SA REZZA. Madame REZZA est à la fois présidente de YAS SAS et présidente de la SA REZZA. La SAS YAS est une petite entreprise et la SA REZZA est une entreprise de taille intermédiaire.

Monsieur KLAVIER peut-il conserver son mandat de commissaire aux comptes de la société YAS ?

EXO 03.26 Cas Brocéliande : responsabilité du commissaire aux comptes

DIFFICULTÉ 2

Le commissaire aux comptes de la société anonyme BROCELIANDE SA est en désaccord sur l'évaluation des produits à recevoir qui majorent le résultat de 150 000 €. De plus, il constate que l'encaissement de ces produits semble nécessaire à la continuité d'exploitation en N+1. Le commissaire aux comptes le signale par écrit au président directeur général en demandant la correction des anomalies significatives. La direction de BROCELIANDE SA conteste l'appréciation du commissaire aux comptes et confirme par écrit l'évaluation des produits en indiquant qu'ils résultent de contrats en cours. Le commissaire aux comptes ne met pas en œuvre de contrôle complémentaire et établit un rapport sans réserve.

1. **La responsabilité civile du commissaire aux comptes peut-elle être engagée ?**
2. **La responsabilité pénale du commissaire aux comptes peut-elle être engagée ?**
3. **La responsabilité disciplinaire du commissaire aux comptes peut-elle être engagée ?**

EXO 03.27 Cas Souvenir d'un jour : secret professionnel et responsabilité

DIFFICULTÉ 2

Le commissaire aux comptes de l'association SOUVENIR D'UN JOUR est en désaccord sur l'application d'un texte exonérant l'entité de TVA. La direction de SOUVENIR D'UN JOUR conteste l'appréciation du commissaire aux comptes et confirme par écrit l'exonération. Le commissaire aux comptes fait appel à un fiscaliste. Pour remplir sa mission, le fiscaliste se rapproche des services fiscaux pour obtenir leur avis sur l'activité de l'association.

1. **Quelle est l'étendue du secret professionnel du commissaire aux comptes ?**
2. **Dans le cas présent, la responsabilité civile du commissaire aux comptes peut-elle être engagée ?**

EXO 03.28 Cas Charlot : irrégularités – révélation des faits délictueux – procédures d'alerte

DIFFICULTÉ 2

Vous êtes commissaire aux comptes de la société CHARLOT SA, spécialisée dans le courtage en assurance. Vous avez découvert que M. FENIKOS, président directeur général, a détourné, pour un montant significatif, les primes d'assurance versées par ses clients. Il a dissimulé ces malversations sous l'aspect de faux remboursements de primes. La société subit actuellement de fortes tensions de trésorerie qui peuvent remettre en cause la continuité d'exploitation.

Quelles doivent être les diligences du commissaire aux comptes ?

EXO 03.29 Cas Dora : secret professionnel – déclaration de soupçons – révélation des faits délictueux– responsabilité

DIFFICULTÉ 3

Monsieur MODIANO est commissaire aux comptes de la société DORA. Il a fait une déclaration de soupçons à TRACFIN (Traitement du renseignement et action contre les circuits financiers clandestins) relative à un montage de blanchissement de fraude fiscale découvert chez DORA et opéré par l'intermédiaire d'emprunts auprès d'une société établie dans un paradis fiscal.

M. LANE, expert-comptable de la société DORA, sollicite M. MODIANO pour obtenir des renseignements concernant ce montage et la déclaration établie auprès de TRACFIN.

1. **M. MODIANO a-t-il le droit d'échanger oralement avec M. LANE à propos de l'existence et le contenu de sa déclaration à TRACFIN ?**
2. **M. MODIANO a-t-il le droit de transmettre des documents complémentaires à la demande de TRACFIN ?**
3. **M. MODIANO a-t-il le droit de transmettre à M. LANE, les éléments de preuve qu'il a collectés pour sa déclaration à TRACFIN ?**
4. **Qu'encourt Monsieur MODIANO pour le non-respect du secret professionnel ?**
5. **Quelles sont les obligations de déclarations de Monsieur Modiano à TRACFIN et éventuellement au procureur de la République ?**
6. **Le commissaire aux comptes peut-il engager sa responsabilité en cas de non déclaration et de non révélation ?**

EXO 03.30 Cas Epc : rapport général – événements postérieurs à la clôture

DIFFICULTÉ 2

Vous êtes commissaire aux comptes de la société anonyme EPC depuis le 4 mai N. Les comptes de l'exercice clos le 31.12.N sont arrêtés le 3 avril N+1.

1. **Vous avez identifié un événement postérieur à la clôture significatif, survenu avant la date d'arrêté des comptes. La société ne souhaite pas modifier les comptes annuels. Quelle est l'incidence sur l'opinion du commissaire aux comptes ?**
2. **Vous avez identifié un événement postérieur significatif survenu après la date d'arrêté des comptes. La société ne souhaite pas procéder à un nouvel arrêté des comptes. Quelle est l'incidence sur la mission du commissaire aux comptes ?**

EXO 03.31 Cas Candélabre : rapport général – changement de méthode comptable

DIFFICULTÉ 2

Vous êtes commissaire aux comptes de la société anonyme CANDELABRE depuis le 4 mai N-1. Les comptes de l'exercice clos le 31.12.N ont été arrêtés le 3 avril N+1.

Lors de vos contrôles, vous avez relevé que la note « immobilisation corporelles et incorporelles » de l'annexe exposait correctement le changement de méthode relatif à l'activation des frais de recherche et développement. Vos travaux ont consisté à apprécier le caractère approprié du changement de méthode comptable ainsi que de la pertinence de l'information donnée dans l'annexe à ce sujet. L'information a été correctement reprise dans le rapport de gestion.

Par contre, vous avez relevé que la note « stocks et encours » de l'annexe ne justifie pas et ne décrit pas le changement de méthode relatif à la valorisation des stocks. L'entreprise a adopté durant l'exercice N la méthode du premier entré premier sorti à la place de la méthode du coût moyen unitaire pondéré.

Vos travaux ont consisté à apprécier le caractère approprié du changement de méthode comptable, ainsi que de la pertinence de l'information donnée dans l'annexe à ce sujet. Le changement de méthode est justifié, le traitement comptable au bilan est approprié mais l'information sur le changement de méthode comptable n'a pas été portée ni en annexe ni dans le rapport de gestion.

ANNEXE : RAPPORT AVEC RÉSERVE ET OBSERVATIONS

En exécution de la mission qui nous a été confiée par ... *[préciser l'organe appelé à statuer sur les comptes]*, nous avons effectué l'audit des comptes annuels de la société ... *[à renseigner]* relatifs à l'exercice clos le ... *[à renseigner]*, tels qu'ils sont joints au présent rapport.

I. Opinion sur les comptes annuels

Sous la réserve décrite dans la partie « Fondement de l'opinion avec réserve », nous certifions que les comptes annuels sont, au regard des règles et principes comptables français, réguliers et sincères et donnent une image fidèle du résultat des opérations de l'exercice écoulé ainsi que de la situation financière et du patrimoine de la société à la fin de cet exercice.

Fondement de l'opinion avec réserve

[Préciser le motif de la réserve pour désaccord, et quantifier au mieux les incidences sur les comptes des anomalies significatives identifiées et non corrigées ou bien indiquer les raisons pour lesquelles elles ne peuvent être quantifiées.]

Référentiel d'audit

Nous avons effectué notre audit selon les normes d'exercice professionnel applicables en France. Nous estimons que les éléments que nous avons collectés sont suffisants et appropriés pour fonder notre opinion. Les responsabilités qui nous incombent en vertu de ces normes sont indiquées dans la partie « Responsabilités du (des) commissaires aux comptes relatives à l'audit des comptes annuels » du présent rapport.

Indépendance

Nous avons réalisé notre mission d'audit dans le respect des règles d'indépendance prévues par le Code de commerce et par le code de déontologie de la profession de commissaire aux comptes, sur la période du ... *[date du début de l'exercice]* à la date d'émission de notre rapport.

II. Observation

Sans remettre en cause l'opinion exprimée ci-dessus, nous attirons votre attention sur le point suivant, exposé dans l'annexe des comptes annuels : ... *[Mentionner les observations sur les changements de méthodes comptables décrits en annexe]*.

Justification des appréciations

En application des dispositions des articles L.823-9 et R.823-7 du Code de commerce relatives à la justification de nos appréciations, outre le(s) point(s) décrit(s) dans la partie « Fondement de l'opinion avec réserve », nous portons à votre connaissance les appréciations suivantes qui, selon notre jugement professionnel, ont été les plus importantes pour l'audit des comptes annuels de l'exercice. Les appréciations ainsi portées s'inscrivent dans le contexte de l'audit des comptes annuels pris dans leur ensemble et de la formation de notre opinion exprimée ci-avant. Nous n'exprimons pas d'opinion sur des éléments de ces comptes annuels pris isolément.

[À compléter des autres points que ceux ayant conduit le CAC à émettre la réserve formulée ci-avant. La description du sujet et la référence et un résumé des diligences effectuées pour fonder son appréciation]

III. Vérifications spécifiques

Nous avons également procédé, conformément aux normes d'exercice professionnel applicables en France, aux vérifications spécifiques prévues par les textes légaux et réglementaires.

En application de la loi, nous vous signalons les faits suivants : ... *[à compléter]*

À l'exception de l'incidence du point décrit dans la partie « Fondement de l'opinion avec réserve », nous n'avons pas d'observation à formuler sur la sincérité et la concordance avec les comptes annuels des informations données dans les documents sur la situation financière et les comptes annuels adressés aux ... *[préciser les membres de l'organe appelé à statuer sur les comptes]*.

Rapport sur le gouvernement d'entreprise

Nous attestons de l'existence, dans le rapport du ... *[préciser l'organe compétent]* sur le gouvernement d'entreprise, des informations requises par l'article L.225-37-4 du Code de commerce.

1. **L'entité ne souhaite modifier ni l'annexe ni le rapport de gestion. Quelle est l'incidence sur l'opinion du CAC ?**

2. **Complétez le rapport du commissaire aux comptes en annexe avec les informations à votre disposition.**

EXO 03.32 La fusion et le commissaire aux comptes (d'après DSCG 2015)

Dans le cadre d'une opération de fusion, le dirigeant de la société absorbante souhaite que Monsieur ANCELIN, commissaire aux comptes de la société absorbante, intervienne. Le dirigeant lui propose deux missions :

- celle de commissaire à la fusion ;
- celle d'audit d'acquisition.

1. **Un commissaire à la fusion est-il obligatoire dans toutes les opérations de fusions ?**

2. **Après avoir rappelé les modalités de désignation du commissaire à la fusion et avoir précisé le contenu des rapports qu'il doit établir, vous expliquerez si Monsieur ANCELIN peut accepter cette mission.**

3. **Monsieur MARAT, commissaire aux comptes de la société absorbée peut-il accepter la mission ?**

4. **Sachant que Monsieur ANCELIN a été nommé lors de l'assemblée générale de mai 2012, pourra-t-il être à nouveau désigné pour un nouveau mandat ?**

5. **Est-ce que Monsieur MARAT peut devenir commissaire aux comptes de la société absorbée ?**

6. **Qu'entend-on par normes d'exercice professionnel (NEP) en audit légal en France ? Par qui et comment sont-elles établies et rendues publiques ? Quelle est la force juridique de ce type de texte ?**

7. **Qu'est-ce qu'un avis technique du CNCC ? Qu'est-ce qui le différencie d'une NEP ? Quelle est sa force juridique ?**

5 L'expert-comptable

EXO 03.33 Le référentiel normatif des experts-comptables

1. Quel texte normatif présenté par le gouvernement et relevant normalement du domaine de la loi, encadre les missions de l'expert-comptable ?
2. Quelles missions de l'expert-comptable font l'objet d'un monopole ?
3. Quelles missions de conseil peuvent réaliser les experts-comptables ?
4. Quelle est la structure du cadre de référence normatif et déontologique de l'expert-comptable ?
5. Quelles sont les institutions qui encadrent l'exercice de l'activité de l'expert-comptable ?

EXO 03.34 Normes de comportement, missions interdites et missions autorisées

1. Quelles sont les principales normes de comportement de l'expert-comptable ?
2. Quelles sont les missions interdites ou les situations d'incompatibilités prévues par l'ordonnance de 1945 ?
3. Dans la liste ci-dessous, quelles sont les situations compatibles avec la mission principale de l'expert-comptable ?

   Activité commerciale accessoire.
   Mandat social auprès de l'entité cliente.
   Honoraires à succès (au résultat).
   Agent d'affaires.
   Consultation juridique.
   Secrétariat juridique.
   Emploi salarié.
   Services de paie.
   Représentation auprès des tribunaux.
   Mandat de recevoir des fonds.
   Détention d'une part substantielle du capital de l'entité cliente.
   Mission d'externalisation comptable.
   Paiement des dettes sociales d'un client.
   Recouvrement amiable de créances d'un client.
   Démarchage de clientèle.
   Établissement des déclarations sociales d'un client.

EXO 03.35 Cadre de référence des missions de l'expert-comptable

Un expert-comptable a signé une lettre de mission intitulée « accompagnement dans l'établissement des comptes annuels ». L'objet principal de la mission a pour but de recueillir, de classer les informations financières et d'établir les comptes annuels sans attestation et sans contrôler les déclarations sur lesquelles s'appuient ces informations.

1. Dans quel cadre normatif s'inscrit cette mission et quel est le niveau d'assurance délivré dans cette mission ?
2. L'expert-comptable doit-il réaliser des contrôles de matérialité (réalité-existence) ?

EXO 03.36 Devoir de conseil et responsabilité civile de l'expert-comptable

Un artisan s'est placé sous le régime de la franchise de TVA sur les conseils de son expert-comptable. L'administration fiscale lui notifie un redressement de 32 920 € après avoir constaté qu'il avait dépassé les seuils de la franchise.

1. **Qu'est-ce que le devoir de conseil de l'expert-Comptable ?**

2. **Quelles sont les caractéristiques de la responsabilité civile de l'expert-comptable ?**

3. **Dans le cas présent, la responsabilité civile de l'expert-comptable peut-elle être engagée ?**

EXO 03.37 Secret professionnel et responsabilité de l'expert-comptable

L'expert-comptable de l'association SECRET D'UN JOUR est en désaccord sur l'application d'un texte exonérant l'entité de TVA. La direction de SECRET D'UN JOUR conteste l'opinion de l'expert-comptable et confirme par écrit l'exonération. L'expert-comptable fait appel à un avocat fiscaliste. Pour remplir sa mission, le fiscaliste se rapproche des services fiscaux pour obtenir leur avis sur l'activité de l'association.

1. **Quelle est l'étendue du secret professionnel de l'expert-comptable ?**

2. **Dans quel cas l'expert-comptable est dispensé de son obligation de secret professionnel ?**

3. **Dans le cas présent, la responsabilité de l'expert-comptable peut-elle être engagée ?**

Corrigés

1 Consolidation

EXO 01.01 Cas Perimator : détermination du périmètre de groupes de sociétés en ANC 2020-01 et divergences par rapport aux IFRS

La détermination du périmètre du groupe se fait en deux étapes. La première étape consiste à déterminer le **pourcentage de droit de vote** de la société mère dans la société concernée. Ce pourcentage permet de déterminer le type de contrôle et la méthode de consolidation. Ensuite, nous calculons le **pourcentage d'intérêts** de la société mère dans la société concernée.

Les résultats sont parfois différents selon le référentiel comptable choisi (ANC 2020-01 ou IFRS). Les deux principales divergences sont :

- la méthode de consolidation à appliquer dans le cadre d'un contrôle conjoint,
- le calcul du pourcentage d'intérêts dans le cas d'une détention indirecte passant par une société mise en équivalence ou en contrôle conjoint.

Nous présentons ici les résultats en ANC 2020-01 et les divergences éventuelles avec les IFRS.

Schéma 1				
Sociétés	% de contrôle	Type de contrôle	Méthode de consolidation	% d'intérêts
A	60	Contrôle exclusif	Intégration globale	60
B	70	Contrôle exclusif	Intégration globale	70
C	20	Influence notable	Mise en équivalence	12

Schéma 2				
Sociétés	% de contrôle	Type de contrôle	Méthode de consolidation	% d'intérêts
A	80	Contrôle exclusif	Intégration globale	80
B	70	Contrôle exclusif	Intégration globale	70
C	60	Contrôle exclusif	Intégration globale	48

Schéma 3				
Sociétés	% de contrôle	Type de contrôle	Méthode de consolidation	% d'intérêts
A	20	Influence notable	Mise en équivalence	20
B	70	Contrôle exclusif	Intégration globale	70
C	0	Hors périmètre		

Schéma 4				
Sociétés	% de contrôle	Type de contrôle	Méthode de consolidation	% d'intérêts
A	60	Contrôle exclusif	Intégration globale	60
B	60	Contrôle exclusif	Intégration globale	48

Schéma 5				
Sociétés	% de contrôle	Type de contrôle	Méthode de consolidation	% d'intérêts
A	20	Influence notable	Mise en équivalence	20
B	30	Influence notable	Mise en équivalence	36 ou 30

Le pourcentage d'intérêts de la société mère dans une société se calcule en additionnant les pourcentages de capitaux propres que la mère détient de façon directe ou indirecte dans la société concernée.

Dans le cas de participation indirecte, nous observons des divergences dans le calcul des intérêts selon le référentiel comptable choisi et le type de contrôle. Le règlement ANC 2020-01 propose deux possibilités.

	Type de contrôle	ANC 2020-01 - choix 1	ANC 2020-01 - choix 2	IFRS
Prise en compte de la part des capitaux propres détenus indirectement par l'intermédiaire d'une société sous	Contrôle exclusif	Oui	Oui	Oui
	Contrôle conjoint	Oui	Oui	Non
	Influence notable	Oui	Non	Non

La société A est sous influence notable. Le pourcentage d'intérêts de M dans B sera donc de : 36 % ou 30 % en ANC 2020-01 et de 30 % en IFRS.

Schéma 6				
Sociétés	% de contrôle	Type de contrôle	Méthode de consolidation	% d'intérêts
A	20	Contrôle conjoint	Intégration proportionnelle (1)	20
B	30	Influence notable	Mise en équivalence	36 (2)

(1) Selon le règlement ANC 2020-01, dans le cas d'un contrôle conjoint, la méthode de consolidation à appliquer est l'intégration proportionnelle. En IFRS, la méthode de l'intégration proportionnelle a été supprimée et elle a été remplacée par la mise en équivalence, dans le cas d'une co-entreprise et par la comptabilisation d'une quote-part dans les actifs, passifs, produits et charges dans le cas d'une opération faite en commun. À la différence d'une intégration proportionnelle où le pourcentage d'intérêts est le même pour tous les actifs, passifs, charges et produits, dans une opération faite en commun, la quote-part de la mère dans les actifs (produits) peut être différente de la quote-part de la mère dans les passifs (charges).

(2) Le pourcentage d'intérêts de la société mère dans une société se calcule en additionnant les pourcentages de capitaux propres que la société mère détient de façon directe ou indirecte dans la société concernée. Dans le cas de participation indirecte, nous observons des divergences dans le calcul des intérêts selon le référentiel comptable choisi et le type de contrôle. Contrairement au schéma 5, où la détention indirecte de B se fait via une mise en équivalence, dans le schéma 6, le contrôle indirect de B se fait via un contrôle conjoint.

	Type de contrôle	ANC 2020-01 - choix 1	ANC 2020-01 - choix 2	IFRS
Prise en compte de la part des capitaux propres détenus indirectement par l'intermédiaire d'une société sous	Contrôle exclusif	Oui	Oui	Oui
	Contrôle conjoint	Oui	Oui	Non

La société A est sous contrôle conjoint. Le pourcentage d'intérêts de M dans B sera donc de : 36 % en ANC 2020-01 et de 30 % en IFRS.

Schéma 7				
Sociétés	% de contrôle	Type de contrôle	Méthode de consolidation	% d'intérêts
A	44	Contrôle exclusif présumé (1)	Intégration globale	44
B	70	Contrôle exclusif	Intégration globale	70
C	20	Influence notable	Mise en équivalence	8,8

(1) Selon le règlement ANC 2020-01, le contrôle de fait est présumé lorsque la société mère dispose, pendant deux exercices d'un pourcentage de contrôle supérieur à 40 % et qu'aucun autre actionnaire ne détient une fraction de capital supérieure à celle de la mère. En IFRS, aucun seuil n'est fixé, mais c'est la notion de pouvoir qui est dominante.

Schéma 8				
Sociétés	% de contrôle	Type de contrôle	Méthode de consolidation	% d'intérêts
A	20	Influence notable	Mise en équivalence	20
B	44	Contrôle exclusif démontré (1)	Intégration globale	55 ou 40 (2)

(1) Selon le règlement ANC 2020-01, le contrôle de fait est démontré quand la société mère désigne, pendant deux exercices consécutifs, la majorité des membres des organes de direction, d'administration, de surveillance. Les IFRS évoquent le droit de nommer, de réaffecter ou de révoquer les principaux dirigeants de l'entité.

(2) Le pourcentage d'intérêts de la société mère dans une société se calcule en additionnant les pourcentages de capitaux propres que la société mère détient de façon directe ou indirecte dans la société concernée. Dans le cas de participation indirecte, nous observons des divergences dans le calcul des intérêts selon le référentiel comptable choisi et le type de contrôle. Le règlement ANC 2020-01 propose deux possibilités.

	Type de contrôle	ANC 2020-01 – choix 1	ANC 2020-01 – choix 2	IFRS
Prise en compte de la part des capitaux propres détenus indirectement par l'intermédiaire d'une société sous	Contrôle exclusif	Oui	Oui	Oui
	Contrôle conjoint	Oui	Oui	Non
	Influence notable	Oui	Non	Non

La société A est sous influence notable. Le pourcentage d'intérêts de M dans B sera donc de : 50 % ou 44 % en ANC 2020-01 et de 44 % en IFRS.

Schéma 9				
Sociétés	% de contrôle	Type de contrôle	Méthode de consolidation	% d'intérêts
A	60	Contrôle exclusif	Intégration globale	60
B	70	Contrôle exclusif	Intégration globale	70
C	80	Contrôle exclusif	Intégration globale	50

Schéma 10				
Sociétés	% de contrôle	Type de contrôle	Méthode de consolidation	% d'intérêts
A	20	Influence notable	Mise en équivalence	20
B	70	Contrôle exclusif	Intégration globale	70
C	20	Influence notable	Mise en équivalence	26 ou 14 (1)

(1) Le pourcentage d'intérêts de la société mère dans une société se calcule en additionnant les pourcentages de capitaux propres que la société mère détient de façon directe ou indirecte dans la société concernée.

Dans le cas de participation indirecte, nous observons des divergences dans le calcul des intérêts selon le référentiel comptable choisi et le type de contrôle. Le règlement ANC 2020-01 propose deux possibilités.

	Type de contrôle	ANC 2020-01 - choix 1	ANC 2020-01 - choix 2	IFRS
Prise en compte de la part des capitaux propres détenus indirectement par l'intermédiaire d'une société sous	Contrôle exclusif	Oui	OUI	Oui
	Contrôle conjoint	Oui	Oui	Non
	Influence notable	Oui	Non	Non

La société A est sous influence notable. Le pourcentage d'intérêts de M dans C sera donc de : 26 % ou 14 % en ANC 2020-01 et de 14 % en IFRS.

EXO 01.02 Cas Structurator : détermination du périmètre de groupes de sociétés en ANC 2020-01 et divergences par rapport aux IFRS

La détermination du périmètre du groupe se fait en deux étapes. La première étape consiste à déterminer le **pourcentage de droit de vote** de la société mère dans la société concernée. Ce pourcentage permet de déterminer le type de contrôle et la méthode de consolidation. Ensuite, nous calculons le **pourcentage d'intérêts** de la société mère dans la société concernée.

Les résultats sont parfois différents selon le référentiel comptable choisi (ANC 2020-01 ou IFRS).

Les deux principales divergences sont :

- la méthode de consolidation à appliquer dans le cadre d'un contrôle conjoint ;
- le calcul du pourcentage d'intérêts dans le cas d'une détention indirecte passant par une société mise en équivalence ou en contrôle conjoint.

Nous présentons ici les résultats en ANC 2020-01 et les divergences éventuelles avec les IFRS.

Schéma 1				
Sociétés	% de contrôle	Type de contrôle	Méthode de consolidation	% d'intérêts
A	60	Contrôle exclusif	Intégration globale	60
B	20	Influence notable	Mise en équivalence	20
C	15	Influence notable (1)	Mise en équivalence	9

(1) L'influence notable est le pouvoir de participer aux politiques financière et opérationnelle d'une entreprise sans en détenir le contrôle. L'influence notable peut notamment résulter d'une représentation dans les organes de direction ou de surveillance, de la participation aux décisions stratégiques, de l'existence d'opérations interentreprises importantes, de l'échange de personnel de direction, de liens de dépendance technique. L'influence notable est présumée dès lors que la société mère détient au moins 20 % du contrôle de l'entreprise.

Schéma 2				
Sociétés	% de contrôle	Type de contrôle	Méthode de consolidation	% d'intérêts
A	60	Contrôle exclusif	Intégration globale	60
B	Possibilité d'exclure la société du groupe, ou mise en équivalence avec 20 % de contrôle et d'intérêts (ANC 2020-01 et IFRS (1))			
C	70	Contrôle exclusif	Intégration globale	42

(1) Cette exclusion facultative n'est pas écrite dans la norme IFRS 10, mais fait partie du cadre conceptuel des normes IFRS.

Schéma 3				
Sociétés	% de contrôle	Type de contrôle	Méthode de consolidation	% d'intérêts
A	60	Contrôle exclusif	Intégration globale	60
B	20	Influence notable	Mise en équivalence	20
C	70	Contrôle exclusif	Intégration globale	42
D	0	Hors périmètre		

Malgré les apparences, il n'y a pas de participation circulaire car la société C ne contrôle pas la société D. Il faut donc négliger la participation de société D dans la société A.

Schéma 4				
Sociétés	% de contrôle	Type de contrôle	Méthode de consolidation	% d'intérêts
A	60	Contrôle exclusif	Intégration globale	62,63
B	20	Influence notable	Mise en équivalence	20
C	70	Contrôle exclusif	Intégration globale	43,84
D	60	Contrôle exclusif	Intégration globale	26,3

Nous sommes en présence d'une participation circulaire car A contrôle C et C contrôle D. Mais cette participation circulaire ne passe pas par la société mère.

Il convient de calculer les pourcentages d'intérêts en tenant compte de cette participation circulaire.

Pourcentage d'intérêts de M dans A = 0,6 / (1 – 0,7 × 0,6 × 0,1) = 62,63 %

Pourcentage d'intérêts de M dans C = 0,6 / (1 – 0,7 × 0,6 × 0,1) × 0,7 = 43,84 %

Pourcentage d'intérêts de M dans D = 0,6 / (1 – 0,7 × 0,6 × 0,1) × 0,7 × 0,6 = 26,3 %

Schéma 5				
Sociétés	% de contrôle	Type de contrôle	Méthode de consolidation	% d'intérêts
B	20	Influence notable	Mise en équivalence	18,78
C	70	Contrôle exclusif	Intégration globale	65,76
D	60	Contrôle exclusif	Intégration globale	39,45

Nous sommes en présence d'une participation circulaire car A contrôle C et C contrôle D.

Par rapport au schéma 4, la participation circulaire passe par la société mère. Le pourcentage d'intérêts de la société M dans la société B est impacté par cette participation circulaire. En effet, le résultat de B qui remonte à la société M, va impacter le résultat de D, qui va impacter le résultat de C pour enfin impacter le résultat de M.

Pourcentage d'intérêts de M dans M = (1 – 0,1) / (1 – 0,7 × 0,6 × 0,1) = 93,78 %

Pourcentage d'intérêts de M dans B = (1 – 0,1) / (1 – 0,7 × 0,6 × 0,1) × 0,2 = 18,78 %

Pourcentage d'intérêts de M dans C = (1 – 0,1) / (1 – 0,7 × 0,6 × 0,1) × 0,7 = 65,76 %

Pourcentage d'intérêts de M dans D = (1 – 0,1) / (1 – 0,7 × 0,6 × 0,1) 0,7 × 0,6 = 39,45 %

Schéma 6				
Sociétés	% de contrôle	Type de contrôle	Méthode de consolidation	% d'intérêts
A	57 (1)	Contrôle exclusif	Intégration globale	40
B	40	Influence notable	Mise en équivalence	16

(1) Si le nombre d'actions de la société A est de 100, alors, la société M dispose de 40 actions et de 80 droits de vote. 140 (100 + 40) droits de vote sont représentés lors de l'assemblée de la société A.

Pourcentage de contrôle de M sur A : 80 / (100 + 40) = 57 %.

Schéma 7				
Sociétés	% de contrôle	Type de contrôle	Méthode de consolidation	% d'intérêts
A	80	Contrôle exclusif	Intégration globale	80
B	25 (10 + 15) (1)	Influence notable	Mise en équivalence	15 (2)
C	60	Contrôle exclusif	Intégration globale	48

(1) La banque d'affaires agit pour le compte de M, donc les droits de vote qu'elle détient peuvent être ajoutés à ceux détenus par la société M.

(2) Tant que les titres sont détenus par la banque d'affaires, les intérêts financiers ne remontent pas chez la société M. Une convention de portage consiste à mandater un tiers pour acheter des titres d'une société cible.

Schéma 8				
Sociétés	% de contrôle	Type de contrôle	Méthode de consolidation	% d'intérêts
A	53 (1)	Contrôle exclusif	Intégration globale	42
B	75	Contrôle exclusif	Intégration globale	40,2

(1) Les actions à dividende prioritaire sont privées de droit de vote. M détient 42 % du capital de A et seulement 80 % du capital de A peut voter.

Pourcentage de droit de vote de M sur A : 42 / 80 = 53 %.

Schéma 9				
Sociétés	% de contrôle	Type de contrôle	Méthode de consolidation	% d'intérêts
A	52 (1)	Contrôle exclusif	Intégration globale	40
B	0	Hors périmètre		
C	60	Contrôle exclusif	Intégration globale	24

(1) Une action peut être décomposée en un certificat de droit de vote et un certificat d'investissement. C'est une forme de démembrement du droit de la propriété, à l'instar de l'usufruit et de nue-propriété. Le certificat d'investissement peut être côté sur un marché financier.

Nombre de droit de vote pour M sur A : 400 + 120 = 520

Nombre d'actions pouvant voter : 850 + 150 = 1 000

% de droit de vote de M sur A : 520 / 1 000 = 52 %

Schéma 10				
Sociétés	% de contrôle	Type de contrôle	Méthode de consolidation	% d'intérêts
A	40	Influence notable	Mise en équivalence	40
B	Exclusion obligatoire du périmètre en ANC 2020-01 / Exclusion impossible en IFRS			
C	0	Hors périmètre		

EXO 01.03 Cas Barolux : les trois méthodes de consolidation en ANC 2020-01

1. Périmètre de consolidation

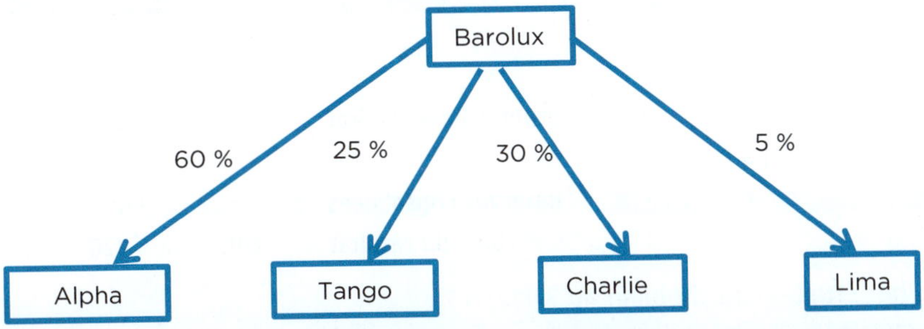

Sociétés	Nbr actions détenues	Nbr d'actions dans le capital social	% de contrôle	Type de contrôle	Méthode de consolidation	% d'intérêts
Alpha	6 000	10 000	60 %	Contrôle exclusif	Intégration globale	60 %
Tango	2 500	10 000	25 %	Contrôle conjoint	Intégration proportionnelle	25 %
Charlie	6 000	20 000	30 %	Influence notable	Mise en équivalence	30 %
Lima	550	12 000	5 %	Pas de contrôle	Hors périmètre	

2. Établissement du bilan consolidé

L'établissement du bilan consolidé nécessite l'élaboration du tableau de partage des capitaux propres pour chacune des sociétés du groupe. Dans la pratique, on n'établit pas de bilan consolidé intermédiaire après la consolidation de chacune des sociétés. Dans cet exercice, nous adoptons une démarche « pas à pas » en consolidant une société à la fois et en élaborant un bilan consolidé intermédiaire après chaque consolidation. Cette méthode permet de vérifier plus facilement les calculs (après chaque étape, le bilan doit être équilibré) et de mettre en évidence l'impact de chacune des méthodes de consolidation sur le bilan consolidé. Car n'oublions pas qu'un des objectifs de la consolidation est de fournir une information financière pertinente.

Dans le tableau de partage des capitaux propres, quelle que soit la méthode de consolidation retenue, les titres de participation sont éliminés en les soustrayant à la quote-part de la société mère dans la valeur des capitaux propres hors résultat. Nous obtenons ainsi les réserves consolidées. Le résultat de la filiale revenant à la mère est égal à la quote-part de la société mère dans le résultat de la filiale.

Étape 1 : Tableau de partage d'Alpha, écritures au bilan à la suite du partage, puis élaboration du bilan consolidé Barolux + Alpha

Postes	Total	60 %	40 %
Capital	3 000	1 800	1 200
Réserves	800	480	320
Capitaux propres hors résultat		**2 280**	**1 520**
Élimination des titres de participation		1 200	
Réserves consolidées		**1 080**	
Partage du résultat	**200**	**120**	**80**

Écritures de retraitement du bilan au 31/12/N

Capital Alpha		3 000	
Réserves Alpha		800	
Résultat Alpha		200	
	Titres participations Alpha		1 200
	Réserves consolidées		1 080
	Résultat consolidé		120
	Intérêts minoritaires		1 600

BILAN consolidé Barolux + Alpha

Postes	Avant retraitements	Retraitements	Après retraitements	Postes	Avant retraitements	Retraitements	Après retraitements
Immobilisations corporelles	10 000	4 000	**14 000**	Capital	7 000		**7 000**
Titres de participation	2 030	- 1 200	**830**	Réserves	4 200	1 080	**5 280**
Actifs circulants	7 790	2 000	**9 790**	Résultat	620	120	**740**
				Intérêts minoritaires			**1 600**
				Dettes	8 000	2 000	**10 000**
Total	**19 820**	**4 800**	**24 620**	**Total**	**19 820**	**3 200**	**24 620**

Quelle que soit la méthode de consolidation retenue, les titres de participation sont éliminés en les soustrayant à la quote-part de la société mère dans la valeur des capitaux propres hors résultat. Nous obtenons ainsi les réserves consolidées. Le résultat de la filiale revenant à la mère est égal à la quote-part de la société mère dans le résultat de la filiale.

En intégration globale, 100 % du bilan de la société consolidée est intégré dans le bilan de la mère et des intérêts minoritaires apparaissent au passif. Ils représentent la quote-part de la filiale n'appartenant pas à la société mère, soit ici 40 % de la valeur des capitaux propres au 31/12/N (40 % (3 000 + 800 + 200)).

Étape 2 : Tableau de partage de Tango, écritures au bilan à la suite du partage, puis élaboration du bilan consolidé Barolux + Alpha + Tango

Postes	Total	25 %
Capital	1 000	250
Réserves	350	88
Capitaux propres hors résultat		**338**
Élimination des titres de participation		300
Réserves consolidées		**38**
Partage du résultat	**80**	**20**

Écritures de retraitement du bilan au 31/12/N

Capital Tango	250	
Réserves Tango	88	
Résultat Tango	20	
Titres participations Tango		300
Réserves consolidées		38
Résultat consolidé		20

BILAN consolidé Barolux + Alpha + Tango

Postes	Avant retraitements	Retraitements	Après retraitements	Postes	Avant retraitements	Retraitements	Après retraitements
Immobilisations corporelles	14 000	150	**14 150**	Capital	7 000		**7 000**
Titres de participation	830	- 300	**530**	Réserves	5 280	38	**5 318**
Actifs circulants	9 790	225	**10 015**	Résultat	740	20	**760**
				Intérêts minoritaires	1 600		**1 600**
				Dettes	10 000	18	**10 018**
Total	**24 620**	**75**	**24 695**	**Total**	**24 620**	**75**	**24 695**

Quelle que soit la méthode de consolidation retenue, les titres de participation sont éliminés en les soustrayant à la quote-part de la société mère dans la valeur des capitaux propres hors résultat. Nous obtenons ainsi les réserves consolidées. Le résultat de la filiale revenant à la mère est égal à la quote-part de la société mère dans le résultat de la filiale.

En intégration proportionnelle, seule la quote-part de la société mère dans la société consolidée est intégrée dans le bilan de la mère. Il n'y a pas d'intérêts minoritaires.

Étape 3 : Tableau de partage de Charlie, écritures au bilan à la suite du partage, puis élaboration du bilan consolidé Barolux + Alpha + Tango + Charlie

Postes	Total	30 %
Capital	1 000	300
Réserves	200	60
Capitaux propres hors résultat		360
Élimination des titres de participation		310
Réserves consolidées		50
Partage du résultat	**140**	**42**

Écritures de retraitement du bilan au 31/12/N

Titres mis en équivalence		402	
	Titres participation Charlie		310
	Réserves consolidées		50
	Résultat consolidé		42

BILAN consolidé Barolux + Alpha + Tango + Charlie

Postes	Avant retraitements	Retraitements	Après retraitements	Postes	Avant retraitements	Retraitements	Après retraitements
Immobilisations corporelles	14 150		**14 150**	Capital	7 000		**7 000**
Titres de participation	530	- 310	**220**	Réserves	5 318	50	**5 368**
Titres mis en équivalence F3		402	**402**	Résultat	760	42	**802**
Actifs circulants	10 015		**10 015**	Intérêts minoritaires	1 600		**1 600**
				Dettes	10 018		**10 018**
Total	**24 695**	**92**	**24 787**	**Total**	**24 695**	**92**	**24 787**

Quelle que soit la méthode de consolidation retenue, les titres de participation sont éliminés en les soustrayant à la quote-part de la société mère dans la valeur des capitaux propres hors résultat. Nous obtenons ainsi les réserves consolidées. Le résultat de la filiale revenant à la mère est égal à la quote-part de la société mère dans le résultat de la filiale.

Dans la méthode de la mise en équivalence, le bilan de la société consolidée n'est pas intégré dans le bilan de la mère. La méthode consiste à réévaluer, à la date de la consolidation, la quote-part de la société mère dans la société consolidée. La réévaluation se fait sur la base du dernier bilan comptable de la société consolidée. C'est une réévaluation **à la valeur comptable**. Pour ces titres, le poste comptable « titres de participation » est remplacé par « titres de participation mis en équivalence ». Ce changement de libellé permet au lecteur de l'information financière de distinguer les titres évalués au coût historique à la date d'achat (pour les sociétés hors périmètre), des titres réévalués à la date de la consolidation à partir de la dernière valeur nette comptable de l'entreprise (pour les sociétés dans le périmètre et consolidées selon la méthode de la mise en équivalence).

EXO 01.04 Cas Benco : retraitements d'homogénéisation au bilan et compte de résultat en ANC 2020-01 et IFRS

Conditions d'établissement des comptes consolidés – ANC 2020-01 et IFRS

Dès lors qu'une société commerciale contrôle de manière exclusive ou conjointe une ou plusieurs autres entreprises, elle doit établir des comptes consolidés. Sauf si deux des critères suivants sont respectés :

Nombre de salariés	< 250
Chiffre d'affaires	< 48 millions
Total bilan	< 24 millions

Selon le référentiel IFRS, toute entreprise cotée en bourse sur un marché réglementé doit établir des comptes consolidés selon le référentiel IFRS. En France, le marché réglementé est encadré et contrôlé sur un marché unique appelé EUROLIST. Sur ce marché, les sociétés sont réparties dans 3 compartiments selon leur capitalisation boursière (compartiment A, B et C).

Sur option, une société devant établir ses comptes selon le règlement ANC 2020-01 peut choisir d'établir ses comptes selon le référentiel IFRS.

Dossier 1 : frais d'établissement

	ANC 2020-01	IFRS
Frais d'établissement comptabilisés en charges	Obligatoire	Obligatoire

L'objectif du retraitement est d'annuler la comptabilisation des frais d'établissement et de leur amortissement à l'actif et d'enregistrer l'opération en charges. L'opération ayant eu lieu en N-3, les comptes « résultat » et « réserves » seront impactés.

Amortissements pratiqués en comptes sociaux : 16 000

Écritures de retraitement du bilan au 31/12/N (première possibilité)

Amortissements		64 000,0	
Réserves Benco		32 000,0	
	Résultat Benco		16 000,0
	Frais d'établissement		80 000,0
Résultat Benco		4 000	
Impôts différés actif		4 000	
	Réserves Benco		8 000

Écritures de retraitement du bilan au 31/12/N (deuxième possibilité)

Réserves Benco		80 000,0	
	Frais d'établissement		80 000,0
Amortissements		64 000,0	
	Réserves Benco		48 000,0
	Résultat Benco		16 000,0
Résultat Benco		4 000	
Impôts différés actif		4 000	
	Réserves Benco		8 000

■ **Écritures de retraitement du compte de résultat au 31/12/N**

Résultat global		12 000	
Impôts sur les bénéfices		4 000	
	Dotations aux amortissements		16 000,0

Dossier 2 : durée d'amortissement

	ANC 2020-01	IFRS
Changement de durée d'amortissement	Autorisé	Autorisé

L'objectif du retraitement est de modifier la durée d'amortissement de l'actif. L'achat ayant eu lieu en N–2, les comptes « résultat » et « réserves » seront impactés.

Amortissement dans les comptes sociaux	26 250
Amortissement dans les comptes consolidés	35 000
Différence	**8 750**

■ **Écritures de retraitement du bilan au 31/12/N**

Résultat Benco		8 750,0	
Réserves Benco		17 500,0	
	Amortissements		26 250,0
Impôts différés actif		6 562,5	
	Résultat Benco		2 187,5
	Réserves Benco		4 375

■ **Écritures de retraitement du compte de résultat au 31/12/N**

Dotations aux amortissements		8 750,0	
	Résultat global		8 750,0
Résultat global		2 187,5	
	Impôts sur les bénéfices		2 187,5

Dossier 3 : coûts de développement

	ANC 2020-01	IFRS
Coûts de développement comptabilisés à l'actif	Obligatoire	Obligatoire

Situation inverse au dossier 1. L'objectif du retraitement est d'annuler la comptabilisation des coûts de développement en charges et de les enregistrer à l'actif, sans oublier les amortissements. L'opération ayant eu lieu en N–2, les comptes « résultat » et « réserves » seront impactés.
Amortissement en comptes sociaux : 24 000

■ **Écritures de retraitement du bilan au 31/12/N**

N - 2

Résultat Benco		24 000	
Coûts de développement		120 000	
	Amortissements		60 000
	Réserves Benco		84 000

Rlat Banco 18 000
Coût dupnt 120 000
Amortissements cumulés 60 000
IDP (120000 - 60000) x 0,25 15 000
Réserves (120000 - (24000/2) - 2400) x 0,75 63 000

Réserves Benco		21 000	
	Résultat Benco		6 000
	Impôts différés passif		15 000

Écritures de retraitement du compte de résultat au 31/12/N

Dotations aux amortissements		24 000	
	Résultat global		18 000
	Impôts sur les bénéfices		6 000

Dossier 4 : amortissements dérogatoires

	ANC 2020-01	IFRS
Comptabilisation d'amortissements dérogatoires	Interdit	Interdit

L'objectif du retraitement est de supprimer les amortissements dérogatoires car ils résultent d'un choix fiscal de la société. L'objectif des comptes consolidés en ANC 2020-01 et en IFRS est d'avoir une vision économique, financière du groupe.

Années	Base amortissement	Amortissement fiscal	Amortissement économique comptes sociaux	Amortissement dérogatoire	Amortissement économique compte consolidés	Différences amortissement économique
N-1	225 000,0	65 625,0	37 500	28 125,0	45 000	7 500
N	159 375,0	46 484,4	37 500	8 984,4	45 000	7 500
N+1	112 890,6	32 926,4	37 500	- 4 573,6	45 000	7 500
N+2	79 964,2	26 654,7	37 500	- 10 845,3	45 000	7 500
N+3	53 309,5	26 654,7	37 500	- 10 845,3	45 000	7 500
N+4	26 654,7	26 654,7	37 500	- 10 845,3		- 37 500
Total		225 000,0	225 000	0,0	225 000	0

Écritures de retraitement du bilan au 31/12/N

Amortissements dérogatoires		37 109,4	
	Résultat Benco		8 984,4
	Réserves Benco		28 125,0
Élimination de l'amortissement dérogatoire			
Résultat Benco		2 246,0	
Réserves Benco		7 031,3	
	Impôts différés passif		9 277,3
Prise en compte des impôts différés			
Résultat Benco		7 500,0	
Réserves Benco		7 500,0	
	Amortissements		15 000,0
Correction de la durée d'amortissement			

CORRIGÉS

Impôts différés actif		3 750	
	Résultat Benco		1 875
	Réserves Benco		1 875
Prise en compte des impôts différés			

Écritures de retraitement du compte de résultat au 31/12/N

Résultat global		8 984,4	
	Dotations aux amortissements dérogatoires		8 984,4
Élimination de l'amortissement dérogatoire			
Impôts sur les bénéfices		2 246	
	Résultat global		2 246
Dotations aux amortissements dérogatoires		7 500,0	
	Résultat global		7 500,0
Correction de la durée d'amortissement			
Résultat Global		1 875	
	Impôts sur les bénéfices		1 875

Dossier 5 : valorisation des stocks

	ANC 2020-01	IFRS
Changement de méthode comptable	Autorisé	Autorisé

L'objectif du retraitement est d'harmoniser les règles de valorisation des stocks pour pouvoir additionner par exemple, un stock de chocolat blanc de l'entreprise Galac avec le même stock de chocolat blanc de l'entreprise Benco. Le changement de méthode de valorisation des stocks modifie le coût d'achat des produits finis et donc le résultat et/ou les réserves.

Écritures de retraitement du bilan au 31/12/N

Réserves Benco		1 500,0	
	Résultat Benco		1 500,0
Correction du stock initial			
Résultat Benco		375	
	Réserves Benco		375
Prise en compte des impôts différés			
Stock		1 000,0	
	Résultat Benco		1 000,0
Correction du stock final			
Résultat Benco		250	
	Impôts différés passif		250
Prise en compte des impôts différés			

Écritures de retraitement du compte de résultat au 31/12/N

Résultat global		1 500,0	
	Variation de stocks		1 500,0
Correction du stock initial			
Impôts sur les bénéfices		375	
	Résultat global		375
Résultat global		1 000,0	
	Variation de stocks		1 000,0
Correction du stock final			
Impôts sur les bénéfices		250	
	Résultat global		250

Dossier 6 : provision pour hausse des prix

	ANC 2020-01	IFRS
Comptabilisation d'une provision réglementée	Interdit	Interdit

La constitution d'une provision pour hausse des prix est un choix fiscal, qui n'existe pas dans tous les pays et toutes réglementations. L'objectif du retraitement est de supprimer ce choix fiscal afin de rendre comparable les états financiers de sociétés qui n'ont pas fait le même choix.

Écritures de retraitement du bilan au 31/12/N

Résultat Benco		60 000	
	Réserves Benco		60 000
Annulation de la reprise de la provision			
Réserves Benco		15 000	
	Résultat Benco		15 000
Prise en compte des impôts différés			

Écritures de retraitement du compte de résultat au 31/12/N

Reprise sur provision réglementée		60 000	
	Résultat global		60 000
Résultat global		15 000	
	Impôts sur les bénéfices		15 000

■ **Écritures de retraitement du bilan au 31/12/N**

Provision pour hausse des prix		90 000	
	Réserves Benco		90 000
Annulation de la provision			
Réserves Benco		22 500	
	Impôts différés passif		22 500
Prise en compte des impôts différés			

Écritures de retraitement du compte de résultat au 31/12/N : il n'y a pas d'écritures de retraitement au compte de résultat car le résultat n'est pas affecté par ce retraitement.

Dossier 7 : participation des salariés

	ANC 2020-01	IFRS
Alignement sur la même année des déductions comptables et fiscales	Obligatoire	Obligatoire

La participation des salariés au titre de l'exercice N est déductible en comptabilité en N, alors qu'en fiscalité, elle est déductible en N+1. Il y a donc un décalage permanent entre le résultat comptable et le résultat fiscal. L'objectif du retraitement est d'aligner la déduction fiscale sur la déduction comptable.

■ **Écritures de retraitement du bilan au 31/12/N**

N

Impôts différés actif 66 000 × 0,25		16 500	
	Résultat Benco		16 500
Impôt différé sur la participation N			
Résultat Benco		18 000	
	Réserves Benco		18 000
Annulation de l'économie d'impôt sur la participation N–1			

■ **Écritures de retraitement du compte de résultat au 31/12/N**

Résultat global sera déduit en N+1		16 500	
	Impôts sur les bénéfices		16 500
Impôts sur les bénéfices		18 000	
	Résultat global		18 000

Dossier 8 : écarts de conversion

	ANC 2020-01	IFRS
Écart de conversion actif et passif comptabilisés au résultat	Interdit	Obligatoire

Les écarts de conversion actif et passif matérialisent des pertes et gains de change **potentiels**. L'objectif du retraitement est de rendre définitif les pertes et gains de change afin de rendre comparables les sociétés ayant des politiques différentes en matière de créances clients et dettes fournisseurs.

Écritures de retraitement du bilan au 31/12/N

Provisions pour perte de change		12 000	
	Écart de conversion actif		12 000
Écart de conversion passif		14 560	
	Résultat Benco (gain de change)		14 560

Il n'y a pas de retraitement d'impôts différés à la suite de la transformation de l'écart de conversion passif en résultat car l'écart de conversion passif a déjà été fiscalisé (il a été ajouté au résultat comptable pour déterminer le résultat fiscal).

Écritures de retraitement du compte de résultat au 31/12/N

Perte de change		12 000	
	Dotations aux provisions		12 000
Résultat global		14 560	
	Gain de change		14 560

Dossier 9 : location-financement

	ANC 2020-01	IFRS
Contrat de location au bilan	contrat de crédit bail et assimilé	Contrat de location d'une durée supérieure à 1 an

De plus en plus de sociétés ont recours au crédit bail, à la location-financement ou à la location simple comme une alternative à l'acquisition financée par un emprunt bancaire. Malheureusement, dans les comptes sociaux, ces actifs et leur contrepartie en dettes n'apparaissent pas dans le bilan. La rentabilité et le niveau d'endettement de la société sont donc impactés. Comme en analyse financière, le consolidateur va retraiter les contrats de location en inscrivant un actif et une dette dans le bilan.

La première étape consiste à déterminer le taux d'emprunt implicite de l'opération. Le taux d'emprunt implicite est le taux qui égalise les flux en période 0 avec la somme des flux futurs actualisés au taux implicite. Ce taux se calcule très facilement avec excel (fonction TRI) ou avec une calculatrice financière.

Détermination du taux d'emprunt implicite

	0	1	2	3	4	5
Flux	800 000					
Flux	- 170 000	- 170 000	- 170 000	- 170 000	- 170 000	- 12 050
Somme des flux	**630 000**	- 170 000	- 170 000	- 170 000	- 170 000	- 12 050
Taux d'emprunt implicite calculé	3,8 %					

La deuxième étape consiste à établir l'échéancier de « l'emprunt équivalent » à partir des données suivantes :

Emprunt : 800 000

Taux : 3,8 %

Flux : 170 000, donc le premier versement à la signature
Valeur de l'option : 12 050
Durée : 5 ans

■ Calcul des intérêts, de l'amortissement du capital et de la dotation aux amortissements du bien

Date	Flux	Capital restant avant échéance	Intérêts	Remboursement capital	Capital restant après échéance
1/10/N-2	170 000,0	800 000,0	0,0	170 000,0	630 000,0
30/09/N-1	170 000,0	630 000,0	23 940,8	146 059,2	483 940,8
30/09/N	170 000,0	483 940,8	18 390,4	151 609,6	332 331,1
30/09/N+1	170 000,0	332 331,1	12 629,0	157 371,0	174 960,1
30/09/N+2	170 000,0	174 960,1	6 648,7	163 351,3	11 608,8
30/09/N+3	12 050,0	11 608,8	441,2	11 608,8	0,0

Enfin, nous calculons le montant de la dotation aux amortissements en tenant compte de la valeur résiduelle au bout de 5 ans.
Dotations aux amortissements : 157 590 = (800 000 – 12 050) / 5

■ Écritures de retraitement du bilan au 31/12/N

Immobilisation		800 000,0	
	Emprunt		800 000,0
Comptabilisation de l'actif et de la dette			
Réserves Benco		196 987,5	
Résultat Benco		157 590,0	
	Amortissements		354 577,5
Comptabilisation des amortissements comptables			
Impôts différés actif		88 644,4	
	Réserves Benco		49 246,9
	Résultat Benco		39 397,5
Prise en compte des impôts différés			
Emprunt (170 000 + 146 059,2 + 151 609,6)		467 668,8	
Résultat Benco (intérêts courus) (12 629 × 3/12) (1)		3 157,2	
Résultat Benco (intérêts) (18 390 × 9/12)		13 792,8	
Réserves Benco (intérêts) (23 941 + 18 390 × 3/12)		28 538,4	
	Résultat Benco (redevances)		170 000,0
	Réserves Benco (redevances) (170 000 + 170 000 × 3/12)		212 500,0
	Dettes (Intérêts courus)		3 157,2
	Charges constatées d'avance (170 000 × 9/12) (2)		127 500,0
Amortissement financier de l'emprunt et élimination des redevances			

Résultat Benco		38 262,5	
Réserves Benco		45 990,4	
	Impôts différés passif		84 252,9
Prise en compte des impôts différés			

(1) Les annuités de l'emprunt sont de fin de période et payées le 30/09. Nous devons donc recourir aux postes « intérêts courus » avec un prorata de 3/12.
(2) En comptes sociaux, des charges constatées d'avance ont été comptabilisées car les redevances sont payées d'avance le 30/09. Le prorata appliqué est de 9/12. Ces charges constatées d'avance sont supprimées car les redevances de début de période sont remplacées par des annuités de fin de période.

Écritures de retraitement du compte de résultat au 31/12/N

Dotations aux amortissements		157 590,0	
Charges d'intérêts (3 157,25 + 13 792,77)		16 950,0	
	Résultat global		4 540,0
	Redevance CB		170 000,0
Résultat global		1 135,0	
	Impôts sur les bénéfices		1 135,0

Dossier 10 : engagements de retraite

	ANC 2020-01	IFRS
Comptabilisation des engagements de retraite	Méthode de référence	Obligatoire

Les engagements de retraite apparaissent dans l'annexe des comptes sociaux, mais pas dans le bilan et le compte de résultat. Or, il s'agit d'une dette future de la société. L'objectif du retraitement est de matérialiser cette dette future dans les comptes de la société.

Écritures de retraitement du bilan au 31/12/N

Résultat Benco		20 000,0	
Réserves Benco		130 000,0	
	Provision engagement de retraite		150 000,0
Impôts différés actif		37 500,0	
	Résultat Benco		5 000,0
	Réserves Benco		32 500,0

Écritures de retraitement du compte de résultat au 31/12/N

Dotation aux provisions engagement de retraite		20 000,0	
	Résultat global		20 000,0
Résultat global		5 000,0	
	Impôts sur les bénéfices		5 000,0

EXO 01.05 Cas GALAC : retraitements d'homogénéisation au bilan et compte de résultat en ANC 2020-01 et IFRS

Dossier 1 : gros entretien

	ANC 2020-01	IFRS
Comptabilisation à l'actif des grandes révisions (approche par composant)	Autorisé	Obligatoire

L'objectif du retraitement est de remplacer la provision pour grosses réparations par l'approche par composants, qui permet d'obtenir pour l'actif une valeur nette comptable plus proche de la réalité économique.

Dans les comptes sociaux	Amortissement de la machine	9 000	
	Provision	6 000	
TOTAL comptes sociaux			**15 000**
Dans les comptes consolidés	Amortissement 1	7 500	
	Amortissement 2	6 000	
TOTAL comptes consolidés			**13 500**
Différence			**1 500**

Écritures de retraitement du bilan au 31/12/N

Machine-composant 1		150 000	
Immobilisation galets-composant 2		30 000	
	Machine		180 000
Amortissements machine (4 × 9 000)		36 000	
Provisions (4 × 6 000)		24 000	
	Amortissements machine (4 × 7 500)		30 000
	Amortissement galets (4 × 6 000)		24 000
	Réserves Galac (3 × 1 500)		4 500
	Résultat Galac		1 500
Réserves Galac		1 125	
Résultat Galac		375	
	Impôts différés passif		1 500

Écritures de retraitement du compte de résultat au 31/12/N

Dotations aux amortissements		4 500	
Résultat global		1 125	
Impôts sur les bénéfices		375	
	Dotations aux provisions		6 000

Dossier 2 : crédit fournisseur trop long

	ANC 2020-01	IFRS
Retraitement d'un crédit fournisseur trop long	Interdit	Obligatoire

L'objectif de la méthode est d'extraire le coût financier de l'opération et de l'affecter aux différents exercices comptables.
Dans un premier temps, il convient de déterminer la juste valeur de la Mustang. Pour cela, il suffit d'actualiser les flux de trésorerie au taux de 5 %.

Détermination de la juste valeur de la Mustang

	1/1/N	31/12/N	31/12/N+1
Flux	22 000	10 000	10 000
Flux actualisés	22 000	9 523,8	9 070,3
Somme des flux actualisés	40 594,1		

La différence entre 42 000 et 40 594,1 soit 1 405,9 correspond au coût financier de l'opération.
Ensuite, nous devons faire un échéancier de l'emprunt pour affecter le coût financier de l'opération aux différents exercices comptables.

Échéancier de l'emprunt

	Avant échéance	Intérêts	Échéance	Remboursement capital	Capital restant dû
1/1/N	40 594,1	0,0	22 000	22 000,0	18 594,1
31/12/N	18 594,1	929,7	10 000	9 070,3	9 523,8
31/12/N+1	9 523,8	476,2	10 000	9 523,8	0,0

Dernier point, le retraitement des amortissements car la valeur comptable d'entrée de la voiture est différente selon le référentiel comptable choisi.

Amortissement comptable

	Base 42 000	Base 40 594,1	Différence
Fin N	8 400	8 118,8	281,2
Fin N+1	8 400	8 118,8	281,2
Fin N+2	8 400	8 118,8	281,2

Écritures de retraitement du bilan au 31/12/N

		Débit	Crédit
Dettes fournisseurs		476,2	
Résultat Galac		929,7	
	Matériels (42 000 – 40 594,1)		1 405,9
Amortissements		281,2	
	Résultat Galac		281,2
Impôts différés actif		162,1	
	Résultat Galac		162,1

Écritures de retraitement du compte de résultat au 31/12/N

Charges financières		929,7	
	Résultat global		929,7
Résultat global		281,2	
	Dotations aux amortissements		281,2
Résultat global		162,1	
	Impôts sur les bénéfices		162,1

Dossier 3 : subvention d'investissement

	ANC 2020-01	IFRS
Subvention d'investissement en produits constatés d'avance	Interdit	Autorisé
Subvention d'investissement dans le compte de résultat	Autorisé	Interdit
Subvention d'investissement dans les capitaux propres	Autorisé	Interdit
Subvention d'investissement en déduction de la valeur de l'actif	Interdit	Autorisé

Écritures de retraitement du bilan au 31/12/N

Subvention d'investissement		200 000	
	Produits constatés d'avance		200 000

Écritures de retraitement du compte de résultat au 31/12/N

Quote-part des subventions virée au résultat		30 000	
	Produits des subventions		30 000

Dossier 4 : contrat à long terme

	ANC 2020-01	IFRS
Comptabilisation des contrats à long terme à l'avancement ou l'achèvement	Autorisé	Autorisé selon les caractéristiques du contrat

L'objectif du retraitement est de prendre en compte, exercice comptable après exercice comptable, les impacts financiers des contrats en cours.

Détermination des pourcentages d'avancement

Coût prévisionnel par année (1)	100,0	250,0	90,0
Coût prévisionnel total (2)	440,0	440,0	440,0
Coût réel par année (3)	110,0	242,0	
% d'avancement (3) / (2)	25 %	55 %	
% d'avancement cumulé	25 %	80 %	

Le pourcentage d'avancement se calcule au début du contrat, en divisant le coût réel d'une année par le coût prévisionnel total.

Écritures de retraitement du bilan au 31/12/N-1

Clients, facture à établir (580 × 25 %)		145,0	
	En cours de production		110,0
	Résultat Galac		35,0
Résultat Galac		8,8	
	Impôts différés passif		8,8

Écritures de retraitement du compte de résultat au 31/12/N-1

Résultat global		35,0	
Variation de stocks		110,0	
	Vente du matériel		145,0
Impôts sur les bénéfices		8,8	
	Résultat global		8,8

Écritures de retraitement du bilan au 31/12/N

Clients, facture à établir (580 80 %)		464,0	
	En cours de production (110 + 242)		352,0
	Résultat Galac (580 × 55 % - 242)		77,0
	Réserves Galac (580 × 25 % - 110)		35,0
Résultat Galac		19,3	
Réserves Galac		8,8	
	Impôts différés passif		28,1

Écritures de retraitement du compte de résultat au 31/12/N

Résultat global		77,0	
Variation de stocks		242,0	
	Vente du matériel (580 × 55 %)		319,0
Impôts sur les bénéfices		19,3	
	Résultat global		19,3

Écritures de retraitement du bilan au 31/12/N+1

Résultat Galac (580 × 80 % - 110-252)		112,0	
	Réserves Galac		112,0
Réserves Galac		28,0	
	Résultat Galac		28,0

Écritures de retraitement du compte de résultat au 31/12/N+1

Vente du matériel (580 × 80 %)		464,0	
	Production stockée (110 + 242)		352,0
	Résultat global		112,0
Résultat global		28	
	Impôts sur les bénéfices		28

Dossier 5 : emprunt coût amorti

	ANC 2020-01	IFRS
Application de la méthode du coût amorti	Interdit	Obligatoire

Le coût d'un emprunt ne se résume pas au taux d'intérêts. Il faut prendre en compte l'ensemble des frais annexes pour déterminer le vrai coût de l'emprunt. La méthode du coût amorti permet de calculer un taux d'emprunt équivalent qui synthétise l'ensemble des charges liées à l'emprunt.

1) Calcul du montant de l'annuité sans prendre en compte les frais de dossier

Emprunt	15 000
Taux	5 %
Durée	6

Nous sommes face à un emprunt souscrit le 1/1/N-2, avec des échéances annuelles de fin de période au 31/12 (annuités constantes). L'application de la formule de mathématiques financières suivante (annuités constantes) avec les données ci-avant, permet de déterminer la valeur de l'annuité.

$$C = a \times \frac{1 - (1 + t) - n}{t}$$

Soit, une annuité de 2 955,3

2) Tableau d'amortissement de l'emprunt

Échéancier PCG	31/12/N-2	31/12/N-1	31/12/N	31/12/N+1	31/12/N+2	31/12/N+3
Capital avant échéance	15 000,0	12 794,7	10 479,2	8 047,9	5 495,0	2 814,5
Flux	2 955,3	2 955,3	2 955,3	2 955,3	2 955,3	2 955,3
Intérêts	750,0	639,7	524,0	402,4	274,8	140,7
Amortissement capital	2 205,3	2 315,5	2 431,3	2 552,9	2 680,5	2 814,5
Capital après échéance	12 794,7	10 479,2	8 047,9	5 495,0	2 814,5	0,0

3) Taux d'emprunt implicite (méthode du cout amorti)

Le taux d'emprunt implicite est le taux qui égalise les flux en période 0 avec la somme des flux futurs actualisés au taux implicite. Ce taux se calcule très facilement avec excel (fonction TRI) ou avec une calculatrice financière.

	1/1/N-2	31/12/N-2	31/12/N-1	31/12/N	31/12/N+1	31/12/N+2	31/12/N+3
	15 000	- 2 955,3	- 2 955,3	- 2 955,3	- 2 955,3	- 2 955,3	- 2 955,3
Frais	- 500						
Total flux	14 500	- 2 955,3	- 2 955,3	- 2 955,3	- 2 955,3	- 2 955,3	- 2 955,3
Taux implicite	6,07 %						

En période 0 (au 1/1/N-2), il faut déduire de la somme empruntée les 500 de frais de dossier car la société n'aura à disposition que : 15 000 - 500 = 14 500.

4) Tableau d'amortissement de l'emprunt selon la méthode du coût amorti

Le tableau d'amortissement de l'emprunt s'établit en prenant 14 500 (somme nette perçue) et le taux d'emprunt implicite (6,07 %).

Échéancier IFRS	31/12/N-2	31/12/N-1	31/12/N	31/12/N+1	31/12/N+2	31/12/N+3
Capital avant échéance	14 500,0	12 424,9	10 223,9	7 889,2	5 412,8	2 786,1
Flux	2 955,3	2 955,3	2 955,3	2 955,3	2 955,3	2 955,3
Intérêts	880,2	754,2	620,6	478,9	328,6	169,1
Amortissement capital	2 075,1	2 201,0	2 334,7	2 476,4	2 626,7	2 786,1
Capital après échéance	12 424,9	10 223,9	7 889,2	5 412,8	2 786,1	0,0

5) Tableau comparant année par année et jusqu'au 31/12/N+1, les charges comptabilisées en PCG avec les charges comptabilisées en IFRS

	31/12/N-2	31/12/N-1	31/12/N	31/12/N+1	31/12/N+2	31/12/N+3
Charges comptabilisées en PCG (1)	833,3	723,1	607,3	485,7	358,1	224,1
Charges comptabilisées en IFRS (2)	880,2	754,2	620,6	478,9	328,6	169,1
Différence	- 46,8	- 31,1	- 13,3	6,8	29,5	54,9
Cumul des différences	- 46,8	- 78,0	- 91,3	- 84,5	- 54,9	0,0

(1) Les charges comptabilisées en PCG sont égales aux intérêts calculés dans le premier tableau + l'étalement des frais de dossier sur 6 ans. Soit pour l'année N-2 : 750 + 500/6 = 833,3.

(2) Les charges comptabilisées en IFRS sont égales aux intérêts calculés dans le deuxième tableau.

6) Écritures de retraitement de pré-consolidation aux 31/12/N, au bilan et au compte de résultat

Avant de procéder aux écritures de retraitement, présentons les postes concernés du bilan et du compte de résultat selon le référentiel PCG et IFRS.

- **Vue des postes du Bilan au 31/12/N selon le référentiel PCG**

	ACTIF	PASSIF
Résultat		- 607,3
Réserves (833,3 + 723,1)		- 1 556,4
Emprunt		8 047,9
Charges à répartir (500 - 500/6 × 3)	250,0	

- **Vue des postes du Compte résultat au 31/12/N selon le référentiel PCG**

	CHARGES	PRODUITS
Charges d'intérêts	524,0	
Dotations aux amortissements des charges à répartir	83,3	

- **Vue des postes du Bilan au 31/12/N selon le référentiel IFRS**

	ACTIF	PASSIF
Résultat		- 620,6
Réserves (880,2 + 754,2)		- 1 634,4
Emprunt		7 889,2

Vue des postes du Compte de résultat au 31/12/N selon le référentiel IFRS

	CHARGES	PRODUITS
Charges d'intérêts	620,6	

Écritures de retraitement du bilan au 31/12/N

Emprunt		158,7	
Résultat F (620,6 - 607,3)		13,3	
Réserves F (1634,4 - 1556,4)		78,0	
	Charges à répartir		250,0
Impôts différés actif		22,82	
	Résultat F (13,3 x 25 %)		3,32
	Réserves F (78 x 25 %)		19,5

Charges financières		96,6	
	Dotations aux amortissements des charges à répartir		83,3
	Résultat Global		13,3
Résultat Global		3,32	
	Impôts sur les bénéfices		3,32

Dossier 6 : paiement en actions

Le processus de paiement en actions peut se découper en trois phases :

- l'attribution de l'option,
- l'achat des actions par la société,
- l'exercice de l'option par les salariés.

Dans cet exercice, chacune des phases se déroule dans un exercice comptable différent. Ainsi, chaque retraitement est clairement identifié et leur compréhension est plus facile.
Exceptionnellement, dans cet exercice, vous devez enregistrer les écritures de retraitement de pré-consolidation au bilan et au compte de résultat **pour les exercices N-2, N-1 et N afin de mettre en évidence les 3 phases de l'opération**.

	PCG ou ANC 2020-01	IFRS
À l'attribution de l'option	Pas de comptabilisation	Option d'achat inscrite en prime d'émission et la contrepartie en charges de personnel
Les actions rachetées par l'entreprise	- Comptabilisation à l'actif - Différence entre prix rachat et prix d'exercice est passée en dépréciation	Diminution des capitaux propres pour le prix payé
Exercice de l'option de souscription	Comptabilisation comme une augmentation de capital	Différence entre prix rachat et prix d'exercice est passée en capitaux propres
Exercice de l'option d'achat	Différence entre prix rachat et prix d'exercice est passée en charges	

Avant d'enregistrer les écritures, nous vous proposons des représentations schématiques de ces opérations dans les comptes selon le référentiel PCG et le référentiel IFRS.

Première phase : à l'attribution de l'option

Selon le référentiel PCG-ANC 2020-01 : aucune écriture, donc aucun chiffre au bilan et au compte de résultat.

Selon le référentiel IFRS : en IFRS, l'attribution de l'option est considérée comme un avantage donné au personnel, d'où le compte « charges de personnel ». La contrepartie passe dans le compte « prime d'émission » car il y a une différence dans la valorisation des titres.

Écriture au journal en IFRS

Charges de personnel (300 × 24)		7 200	
	Prime d'émission		7 200

Vue au bilan IFRS au 31/12 /N-2

Prime d'émission	7 200
Résultat (charges de personnel)	- 7 200

Écriture de retraitement du bilan au 31/12/N-2

Résultat Galac		7 200	
	Prime d'émission		7 200

Écriture de retraitement du compte de résultat au 31/12/N-2

Charges de personnel		7 200	
	Résultat global		7 200

Deuxième phase : à l'achat des actions

Selon le référentiel PCG-ANC 2020-01 : une société peut acheter des actions d'une autre société ou racheter ses propres actions. En normes françaises, la comptabilisation de ces achats est identique.

La valeur de rachat des titres est supérieure au prix qui sera payé par les salariés lors de l'exercice de l'option. Comme les salariés n'ont pas encore exercé l'option, la société est face à une perte potentielle.

Écriture au journal en PCG – ANC 2020-01

VMP (300 400)		120 000	
	Banque		120 000
Dotation aux dépréciations ((400-370) 300)		9 000	
	Dépréciation		9 000

Vue au bilan PCG au 31/12 /N-1

VMP	120 000	Résultat (dépréciations)	- 9 000
Dépréciations	- 9 000		
Banque	- 120 000		

Selon le référentiel IFRS : le rachat de ses propres actions par une société est comptabilisé dans les capitaux propres (baisse des capitaux propres).

- **Écriture au journal en IFRS**

Capitaux propres (actions propres)		120 000	
	Banque		120 000

- **Vue au bilan IFRS au 31/12 /N-1**

Banque	- 120 000	Capitaux propres (actions propres)	- 120 000
		Prime d'émission	7 200
		Réserves (charges de personnel)	- 7 200

- **Écriture de retraitement du bilan au 31/12/N-1**

Capitaux propres (actions propres)		120 000	
Dépréciation		9 000	
Réserves Galac		7 200	
	VMP		120 000
	Prime d'émission		7 200
	Résultat Galac		9 000

- **Écriture de retraitement du compte de résultat au 31/12/N-1**

Résultat global		9 000	
	Dotations aux dépréciations		9 000

Troisième phase : à l'exercice de l'option

Selon le référentiel PCG-ANC 2020-01 : lors de l'exercice de l'option, les actions sont attribuées aux salaries. Le poste VMP est soldé, la dépréciation est reprise et une perte réelle est comptabilisée. En effet, les salariés paient 370, une action que la société a racheté 400.

- **Écriture au journal en PCG-ANC 2020-01**

Banque		111 000	
Dépréciation		9 000	
	VMP		120 000
Charges sur cessions de VMP		9 000	
	Reprise sur dépréciations		9 000

- **Vue au bilan PCG au 31/12 /N**

Réserves	-9 000

Selon le référentiel IFRS : la différence entre le prix d'exercice et le prix de rachat des actions par la société est comptabilisé en moins dans les capitaux propres.

Banque		111 000	
Capitaux propres (réserves)		9 000	
	Capitaux propres (actions propres)		120 000

Vue au bilan IFRS au 31/12 /N

Prime d'émission	7 200
Capitaux propres (réserves)	- 9 000
Réserves (charges de personnel)	- 7 200

Écriture de retraitement du bilan au 31/12/N

Capitaux propres (réserves)		9 000	
	Prime d'émission		7 200
	Réserves		1 800

Écriture de retraitement du compte de résultat au 31/12/N

Reprise sur dépréciations		9 000	
	Charges sur cessions de VMP		9 000

Dossier 7 : achat d'obligations avec prime de remboursement

Tous les tableaux et écritures seront présentés en K euros.

	ANC 2020-01	IFRS
Application de la méthode du coût amorti	Interdit	Obligatoire

La rentabilité d'un placement ne se mesure pas qu'au taux d'intérêts versés. Il faut tenir compte de l'ensemble des flux. Ici, l'obligation est émise à 1 900 et elle est remboursable à 2 040, soit une prime de 140 qui va venir s'ajouter au 2 % d'intérêts. Nous allons donc déterminer le taux d'emprunt implicite.

1) Taux d'emprunt implicite (méthode du coût amorti)

	01/05/N-1	30/04/N	30/04/N+1	30/04/N+2	30/04/N+3	30/04/N+4	30/04/N+5	30/04/N+6	30/04/N+7
	- 1 900								
	- 30								2 040
Coupon		40	40	40	40	40	40	40	40
Total flux	**- 1 930**	40	40	40	40	40	40	40	2 080
Taux d'emprunt implicite	2,72 %								

2) Tableau d'amortissement de l'emprunt selon la méthode du coût amorti

Ce tableau vous permet d'obtenir le montant des charges financières et l'amortissement du capital.

	01/05/N-1	30/04/N	30/04/N+1	30/04/N+2	30/04/N+3	30/04/N+4	30/04/N+5	30/04/N+6	30/04/N+7
Capital avant échéance	1 930	1 930,0	1 942,5	1 955,3	1 968,5	1 982,1	1 996,0	2 010,2	2 024,9
Flux		40,0	40,0	40,0	40,0	40,0	40,0	40,0	40,0
Intérêts		52,5	52,8	53,2	53,5	53,9	54,3	54,7	55,1
Amortissement capital		- 12,5	- 12,8	- 13,2	- 13,5	- 13,9	- 14,3	- 14,7	- 15,1
Capital après échéance		1 942,5	1 955,3	1 968,5	1 982,1	1 996,0	2 010,2	2 024,9	2 040,0

L'intérêt d'établir le tableau d'amortissement de l'emprunt jusqu'à l'échéance est de vérifier ses calculs. Au 30/04/N+7, le capital après échéance a atteint 2 040, soit le prix de remboursement.

3) Tableau comparant année par année et jusqu'au 31/12/N+1, les charges comptabilisées en PCG avec les charges comptabilisées en IFRS

	31/12/N-1	31/12/N	31/12/N+1	31/12/N+2	31/12/N+3	31/12/N+4	31/12/N+5	31/12/N+6	31/12/N+7
Frais	- 30,0								
Intérêts PCG	0,0	13,3	13,3	13,3	13,3	13,3	13,3	13,3	13,3
Intérêts courus PCG	26,7	26,7	26,7	26,7	26,7	26,7	26,7	26,7	0,0
Résultat comptabilisé en PCG	**- 3,3**	**40,0**	**40,0**	**40,0**	**40,0**	**40,0**	**40,0**	**40,0**	**13,3**
Intérêts IFRS	0,0	17,5	17,6	17,7	17,8	18,0	18,1	18,2	18,4
Intérêts courus IFRS	35,0	35,2	35,5	35,7	35,9	36,2	36,5	36,7	0,0
Résultat comptabilisé en IFRS	**35,0**	**52,7**	**53,1**	**53,4**	**53,8**	**54,2**	**54,5**	**54,9**	**18,4**
Différence	- 38,3	- 12,7	- 13,1	- 13,4	- 13,8	- 14,2	- 14,5	- 14,9	- 5,0
Cumul des différences	- 38,3	- 51,0	- 64,1	- 77,5	- 91,3	- 105,5	- 120,0	- 135,0	- 140,0

4) Écritures de retraitement de pré-consolidation aux 31/12/N, au bilan et au compte de résultat

Avant de procéder aux écritures de retraitement, présentons les postes concernés du bilan et du compte de résultat selon le référentiel PCG et IFRS.

- **Vue des postes du Bilan au 31/12/N selon le référentiel PCG**

Titres immobilisés	1 900,0	Réserves	- 3,3
Titres immobilisés (intérêts courus)	26,7	Résultat (intérêts courus)	26,7
		Résultat	13,3

- **Vue des postes du Compte résultat 31/12/N selon le référentiel PCG**

Produits financiers	40,00

- **Vue des postes du Bilan au 31/12/N selon le référentiel IFRS**

Titres immobilisés	1 942,5	Réserves	35,0
Titres immobilisés (intérêts courus)	35,2	Résultat (intérêts courus)	35,2
		Résultat	17,5

- **Vue des postes du Compte résultat 31/12/N selon le référentiel IFRS**

Produits financiers	52,7

- **Écritures de retraitement du bilan au 31/12/N**

Titres immobilisés (1942,5 - 1 900)	42,5	
Titres immobilisés (intérêts courus) (35,2 - 26,7)	8,6	
Résultat Galac (intérêts courus)		8,6
Réserves Galac		38,3
Résultat Galac		4,2

Réserves Galac		9,6	
Résultat Galac (intérêts courus)		2,1	
Résultat Galac		1,0	
	Impôts différés passif		12,7

Écritures de retraitement du compte de résultat au 31/12/N

Résultat global		12,7	
	Produits financiers		12,7
Impôts sur les bénéfices		3,1	
	Résultat global		3,1

Dossier 8 : location financement avec dépôt de garantie

	ANC 2020-01	IFRS
Contrat de location au bilan	Contrat de crédit bail et assimilé	Contrat de location d'une durée supérieure à 1 an

De plus en plus de sociétés ont recours au crédit bail, à la location-financement ou à la location simple comme une alternative à l'acquisition financée par un emprunt bancaire. Malheureusement, dans les comptes sociaux, ces actifs et leur contrepartie en dettes n'apparaissent pas dans le bilan. La rentabilité et le niveau d'endettement de la société sont donc impactés. Comme en analyse financière, le consolidateur va retraiter les contrats de location en inscrivant un actif et une dette dans le bilan.

Détermination du taux d'emprunt implicite

La première étape consiste à déterminer le taux d'emprunt implicite de l'opération. Le taux d'emprunt implicite est le taux qui égalise les flux en période 0 avec la somme des flux futurs actualisés au taux implicite. Ce taux se calcule très facilement avec excel (fonction TRI) ou avec une calculatrice financière.

Pour déterminer le taux d'emprunt implicite, il faut prendre en compte l'ensemble des flux financiers qui impacte le projet. Parmi ces flux, nous avons les flux habituels comme la valeur du matériel, les redevances et la valeur finale. Il ne faudra pas oublier de prendre en compte le dépôt de garantie qui impacte à la hausse le taux d'emprunt implicite.

	2/01/N-1	2/01/N	2/01/N+1	2/01/N+2	2/01/N+3	2/01/N+4
Matériel	100 000					
Dépôt de garantie	- 20 000					
Redevance	- 18 000	- 18 000	- 18 000	- 18 000	- 18 000	
Valeur finale						- 15 000
Récupération du dépôt de garantie						20 000
Flux	**62 000**	**- 18 000**	**- 18 000**	**- 18 000**	**- 18 000**	**5 000**
Taux emprunt implicite	**3,431 %**					

Calcul des intérêts, de l'amortissement du capital et de la dotation aux amortissements du bien

La deuxième étape consiste à établir l'échéancier de « l'emprunt équivalent ».

Date	Flux	Capital restant avant échéance	Intérêts	Remboursement du capital	Capital restant après échéance
02/01/N-1	38 000	100 000,0	0,0	38 000	62 000,0
02/01/N	18 000	62 000,0	2 127,2	15 872,8	46 127,2
02/01/N+1	18 000	46 127,2	1 582,6	16 417,4	29 709,8
02/01/N+2	18 000	29 709,8	1 019,3	16 980,7	12 729,1
02/01/N+3	18 000	12 729,1	436,7	17 563,3	- 4 834,1
02/01/N+4	- 5 000	- 4 834,1	- 165,9	- 4 834,1	0,0

Enfin, nous calculons le montant de la dotation aux amortissements en tenant compte de la valeur résiduelle au bout de 5 ans.

Dotations aux amortissements (100 000 - 15 000)/5 = 17 000

Écritures de retraitement du bilan au 31/12/N

Immobilisation		100 000,0	
	Emprunt		100 000,0
Résultat Galac		17 000,0	
Réserves Galac		17 000,0	
	Amortissements		34 000,0
Impôts différés actif		8 500	
	Résultat Galac		4 250
	Réserves Galac		4 250
Emprunt		53 872,8	
Résultat Galac (intérêts courus) (2)		1 582,6	
Réserves Galac (intérêts)		2 127,2	
	Dépôt de garantie (1)		20 000,0
	Résultat Galac (redevances)		18 000,0
	Résultat Galac (redevances)		18 000,0
	Intérêts courus (2)		1 582,6
Résultat Galac		4 104,3	
Réserves Galac		3 968,2	
	Impôts différés passif		8 072,6

(1) Le dépôt de garantie a été comptabilisé en compte sociaux. Il n'a pas lieu d'exister en IFRS car nous considérons que la société a acheté le matériel. Il faut donc l'éliminer.

(2) Les redevances sont de début de période et sont payées le 2/01. En revanche, les annuités de l'emprunt sont de fin de période. Nous devons donc recourir aux postes « intérêts courus ».

Écritures de retraitement du compte de résultat au 31/12/N

Dotation aux amortissements		17 000,0	
Charges d'intérêts		1 582,6	
	Résultat global		582,6
	Redevance CB		18 000,0
Résultat global		145,7	
	Impôts sur les bénéfices		145,7

Dossier 9 : frais d'acquisition

Méthode comptable	PCG	ANC 2020-01	IFRS
Frais d'acquisition ou frais connexes au regroupement d'entreprises (honoraires, commissions, conseils...)	Méthode de référence : intégrés pour le montant BRUT à l'actif avec économie d'impôts étalée sur 5 ans *via*amortissement dérogatoire Méthode autorisée : intégrés dans les charges, avec économie d'impôts étalée sur 5 ans *via* amortissement dérogatoire	Intégrés pour le montant NET d'impôts dans la valeur des titres à l'actif	Intégrés dans les charges avec économie d'impôts immédiate

Le retraitement des frais d'acquisition est fastidieux principalement à cause de la fiscalité qui n'est pas alignée sur les règles PCG.
Ainsi, en comptes sociaux, un amortissement dérogatoire va être pratiqué à hauteur de 4 000 (20 000 / 5) par an. Cet amortissement dérogatoire va générer une économie d'impôts de 1 000 (4 000 × 25 %) par an.
Dans les comptes consolidés, nous devons tout de suite prendre en compte l'économie d'impôts sur la totalité des frais d'acquisition soit 5 000 (20 000 × (1 - 25 %)).
Les frais d'acquisition étant déjà enregistrés à l'actif, nous allons uniquement faire un retraitement fiscal.

Écritures de retraitement du bilan au 31/12/N

Amortissement dérogatoire (4 × 4 000)		16 000	
	Résultat Galac (4 000 × 3/4)		3 000
	Réserves Galac (3 × 4 000 × 3/4)		9 000
	IDP (16 000 x 25 %)		4 000
Annulation de l'étalement de l'économie d'impôt			
IDA (20 000 x 25 %)		5 000	
	Titres de participation		5 000
Prise en compte de la totalité de l'économie d'impôt			

Écriture de retraitement du compte de résultat au 31/12/N

Résultat global		3 000	
IDP		1 000	
	Dotation aux provisions : amortissement dérogatoire		4 000

EXO 01.06 Cas Eliminator : élimination des opérations réciproques et des résultats internes

1) Escompte de 21 000

Un escompte diminue le poste clients et dans le cas d'une opération réciproque, la dette fournisseurs réciproque ne peut pas être éliminée. L'objectif du retraitement est de supprimer l'escompte afin de remettre le poste clients à sa valeur d'origine.

Écritures de retraitement du bilan au 31/12/N

Clients		21 000	
	Dettes (solde créditeurs de banque)		21 000

2) La société A a vendu des marchandises à B.

Aucun retraitement à réaliser car la société B est consolidée par mise en équivalence. Aucun cumul de poste n'est réalisé, donc aucune opération d'élimination n'est à réaliser.

3) La société A a vendu des marchandises à FFBC.

Dans le cadre d'une relation entre la mère et une société en intégration globale ou une relation entre deux sociétés en intégration globale, il n'y a pas de plafonnement à appliquer. On élimine directement la prestation réciproque à 100 %.

Écritures de retraitement du compte de résultat au 31/12/N

Vente de marchandises		500 000	
	Achat de marchandises		500 000

4) La société FFBC a vendu des marchandises à C.

Écritures de retraitement du bilan au 31/12/N

Fournisseurs		27 000	
	Clients		27 000

Le compte fournisseurs « réciproques » est intégré pour 90 000 × 30 % = 27 000. Nous éliminons l'opération réciproque à hauteur de 27 000.

Écritures de retraitement du compte de résultat au 31/12/N

Vente de marchandises		135 000	
	Achat de marchandises		135 000

Le compte achats « réciproques » est intégré à hauteur de 450 000 × 30 % = 135 000. Nous éliminons l'opération réciproque à hauteur de 135 000.

5) La société FFBC a prêté 180 000 à sa filiale A.

Dans le cadre d'une relation entre la mère et une société en intégration globale ou une relation entre deux sociétés en intégration globale, il n'y a pas de plafonnement à appliquer. On élimine directement la prestation réciproque à 100 %.

Écritures de retraitement du bilan au 31/12/N

Dettes financières		180 000	
	Prêts		180 000

Écritures de retraitement du compte de résultat au 31/12/N

Produits financiers		3 600	
	Charges financières		3 600

6) La société A a acheté des marchandises à C.

Écritures de retraitement du bilan au 31/12/N

Fournisseurs		12 000	
	Clients		12 000

Le compte fournisseurs "réciproques" chez A est de 40 000. Il est intégré pour 12 000 (40 000 x 30 %). Nous éliminons donc les 12 000.

Écritures de retraitement du compte de résultat au 31/12/N

Vente de marchandises		240 000	
	Achat de marchandises		240 000

Le compte achat "réciproques" chez A est de 800 000. Il est intégré pour 24 000 (800 000 x 30 %). Nous éliminons donc les 24 000.

7) La société A loue à la société FFBC des entrepôts pour 250 000 par an.

Écritures de retraitement du compte de résultat au 31/12/N

Loyers perçus		250 000	
	Loyers versés		250 000

8) La société A a versé 15 000 de dividendes à la société mère.

Écritures de retraitement du bilan au 31/12/N

Résultat FFBC		15 000	
	Réserves FFBC		15 000

Pas d'écriture d'impôts différés car absence de fiscalité sur la distribution de dividendes intra-groupe.

Écritures de retraitement du compte de résultat au 31/12/N

Produits financiers		15 000	
	Résultat global		15 000

9) Le 1/1/N-1, la société FFBC a vendu une voiture à sa filiale A.

Prix de vente de la voiture : 14 000

Valeur nette comptable à la vente : 20 000 – 20 000/5 2 = 12 000

Plus-value : 14 000 – 12 000 = 2 000

Amortissement avant la vente : 20 000 / 5 = 4 000

Amortissement après la vente : 14 000 / 4 = 3 500

Écritures de retraitement du bilan au 31/12/N

Immobilisations (20000 – 14 000)		6 000,0	
Réserves FFBC		2 000,0	
	Amortissements		8 000,0
Annulation de la plus-value			
Impôts différés actif		500	
	Réserves FFBC		500
Réserves A		500,0	
Résultat A		500,0	
	Amortissements		1 000,0
Correction de l'amortissement			
Impôts différés actif		250	
	Réserves A		125
	Résultat A		125

Écritures de retraitement du compte de résultat au 31/12/N

Dotations aux amortissements		500,0	
	Résultat global		500,0
Résultat global		125	
	Impôts sur les bénéfices		125

10) En juillet N, la société C a vendu à FFBC un terrain pour 15 000, alors qu'elle l'avait acheté 10 000.

Plus-value : 15 000 – 10 000 = 5 000

Plus-value intégrée dans les comptes de FFBC : 5 000 × 30 % = 1 500

Écritures de retraitement du bilan au 31/12/N

Résultat C		1 500	
	Terrain		1 500
Annulation de la plus-value au prorata de la détention			
Impôts différés actif		375	
	Résultat C		375

Écritures de retraitement du compte de résultat au 31/12/N

Produits de cessions d'éléments d'actif		4 500	
	Valeur comptable des éléments d'actif cédés (10 000 × 30 %)		3 000
	Résultat global		1 500
Résultat global		375	
	Impôts sur les bénéfices		375

11) La société A vend des marchandises à FFBC avec une marge de 10 %.

Écritures de retraitement du bilan au 31/12/N

Réserves A		8 000	
	Résultat A		8 000
Correction marge stock initial			
Résultat A		2 000,0	
	Réserves A		2 000,0
Prise en compte impôts différés			
Résultat A		1 000,0	
	Stock		1 000,0
Correction marge sur stock final			
Impôts différés actif		250,0	
	Résultat A		250,0
Prise en compte impôts différés			

Écritures de retraitement du compte de résultat au 31/12/N

Résultat global		8 000,0	
	Variation de stocks		8 000,0
Correction du stock initial			
Impôts sur les bénéfices		2 000,0	
	Résultat global		2 000,0
Variation de stocks		1 000,0	
	Résultat global		1 000,0
Correction du stock final			
Résultat global		250	
	Impôts sur les bénéfices		250

12) La société C vend des marchandises à A avec une marge de 15 %.

Écritures de retraitement du bilan au 31/12/N

Réserves C (7 500 × 30 %)		2 250	
	Résultat C		2 250
Correction marge stock initial			
Résultat C		562,5	
	Réserves C		562,5
Prise en compte impôts différés			
Résultat C (10 500 × 30 %)		3 150	
	Stock		3 150
Correction marge sur stock final			

Impôts différés actif		787,5	
	Résultat C		787,5
Prise en compte impôts différés			

■ **Écritures de retraitement du compte de résultat au 31/12/N**

Résultat global		2 250	
	Variation de stocks		2 250
Correction du stock initial			
Impôts sur les bénéfices		562,5	
	Résultat global		562,5
Variation de stocks		3 150	
	Résultat global		3 150
Correction du stock final			
Résultat global		787,5	
	Impôts sur les bénéfices		787,5

EXO 01.07 Cas Comprehensor : comprendre la consolidation de A à Z

1. Organigramme et périmètre de consolidation

Première étape de la consolidation : définition du périmètre du groupe.

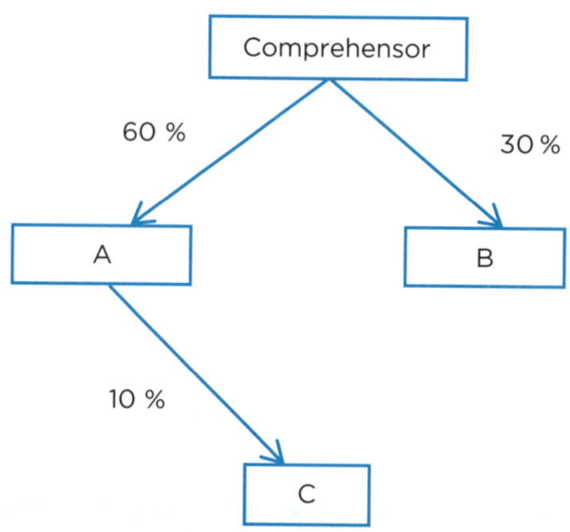

Sociétés	% de contrôle	Type de contrôle	Méthode de consolidation	% d'intérêts
A	60	Contrôle exclusif	Intégration globale	60
B	30	Influence notable	Mise en équivalence	30
C	10	Hors périmètre		

2. Journal de pré-consolidation du bilan pour les sociétés Comprehensor et A

Deuxième étape de la consolidation : pour chacune des sociétés, il faut procéder aux retraitements d'homogénéisation des comptes selon les règles comptables du groupe. L'objectif est d'appliquer à l'ensemble des sociétés du groupe les mêmes méthodes d'évaluation.

Les retraitements d'homogénéisation sont effectués pour la société mère et pour toutes les sociétés du groupe **sauf celles mises en équivalence**.

Avant de procéder à ces retraitements, il faut reprendre au journal de pré-consolidation le bilan de la mère et des sociétés consolidées selon la méthode de l'intégration globale ou proportionnelle.

Reprise du bilan de la société Comprehensor au journal de pré-consolidation

Actifs		1 800	
Titres A		260	
Titres B		70	
Stocks		500	
	Amortissements		670
	Capital Comprehensor		1 600
	Réserves Comprehensor		100
	Résultat Comprehensor		10
	Dettes fournisseurs		250

Écritures d'homogénéisation pour la société Comprehensor

Retraitement de la durée d'amortissement

Amortissements		10,0	
	Résultat Comprehensor		5,0
	Réserves Comprehensor		5,0
Résultat Comprehensor		1,25	
Réserves Comprehensor		1,25	
	IDP		2,5

Retraitement du stock final

Résultat Comprehensor		50,0	
	Stock		50,0
IDA		12,5	
	Résultat Comprehensor		12,5

Retraitement du stock initial

Réserves Comprehensor		20,0	
	Résultat Comprehensor		20,0
Résultat Comprehensor		5	
	Réserves Comprehensor		5

Reprise du bilan de la société A au journal de pré-consolidation

Actifs		950	
Titres C		10	
Créances Clients		80	
	Amortissements		415
	Capital A		400
	Réserves A		80
	Résultat A		5
	Dettes fournisseurs		140

Écritures d'homogénéisation pour la société A

Retraitement des frais d'établissement

Amortissement des frais d'établissement		60,0	
Réserves A		60,0	
	Frais d'établissement		100,0
	Résultat A		20,0
Résultat A		5	
IDA		10	
	Réserves A		15

Retraitement de la participation des salariés

IDA		0,25	
	Résultat A		0,25
Résultat A		0,75	
	Réserves A		0,75

3. Cumul des comptes du bilan au 31/12/N

Troisième étape de la consolidation : après les retraitements d'homogénéisation, les comptes de la société mère et des sociétés consolidées en intégration globale et proportionnelle sont établis selon les mêmes règles et principes comptables. Nous pouvons donc procéder au cumul de ces comptes. Les comptes de la société mère et des sociétés en intégration globale sont cumulés à 100 %. Les comptes des sociétés en intégration proportionnelle sont cumulés à hauteur du pourcentage d'intérêts de la société mère.

Avant de cumuler les comptes, vérifiez que les postes « réserves » et « résultat » sont clairement identifiés pour chacune des sociétés (réserves A, résultat Comprehensor...). En effet, si ces postes ne sont pas clairement identifiés avant le cumul, vous ne pourrez pas réaliser les tableaux de partage des capitaux propres car vous ne serez pas capable de distinguer les modifications apportées aux comptes de la société Comprehensor de celles apportées aux comptes de la société A.

Journal cumulé du bilan de la société Comprehensor et de la société A

Actifs		1 800,0	
Titres A		260,0	
Titres B		70,0	
Stocks		500,0	
	Amortissements		670,0
	Capital Comprehensor		1 600,0
	Réserves Comprehensor		100,0
	Résultat Comprehensor		10,0
	Dettes fournisseurs		250,0
Amortissements		10,0	
	Résultat Comprehensor		5,0
	Réserves Comprehensor		5,0

Résultat Comprehensor		1,25	
Réserves Comprehensor		1,25	
	IDP		2,5
Résultat Comprehensor		50,0	
	Stock		50,0
IDA		12,5	
	Résultat Comprehensor		12,5
Réserves Comprehensor		20,0	
	Résultat Comprehensor		20,0
Résultat Comprehensor		5,0	
	Réserves Comprehensor		5,0
Actifs		950,0	
Titres C		10,0	
Créances Clients		80,0	
	Amortissements		415,0
	Capital A		400,0
	Réserves A		80,0
	Résultat A		5,0
	Dettes fournisseurs		140,0
Amortissements des frais d'établissement		60,0	
Réserves A		60,0	
	Frais d'établissement		100,0
	Résultat A		20,0
Résultat A		5,0	
IDA		10,0	
	Réserves A		15,0
IDA		0,25	
	Résultat A		0,25
Résultat A		0,75	
	Réserves A		0,75

4. Élimination des opérations réciproques au bilan

Quatrième étape de la consolidation : les comptes étant cumulés, nous pouvons maintenant éliminer les opérations réciproques qui impactent automatiquement deux sociétés du groupe.

Élimination de la créance – dettes réciproque

Dettes fournisseurs chez Comprehensor		50,0	
	Créances Clients chez A		50,0

■ **Élimination du dividende versé – reçu**

Résultat Comprehensor		2,0	
	Réserves Comprehensor		2,0

Ces écritures comptables viennent s'ajouter aux écritures comptables de cumul, établies à la question précédente.

5. Tableaux de partage et écritures de partage pour les sociétés A et B

Cinquième étape de la consolidation : partage des capitaux propres et élimination des titres de participation.

Que la consolidation soit simple ou complexe, le tableau de partage des capitaux propres sera toujours le même. Mais, les montants des postes comptables à partager seront parfois difficiles à obtenir. Dans le cas présent, nous avons quelques retraitements pour la société A et aucun pour la société B. Le travail sera donc relativement simple.

Tableau de partage des capitaux propres de la société A au 31/12/N

Pour la société A, nous allons déterminer le montant des réserves et du résultat à partager. À partir du journal de consolidation, nous cumulons les écritures comptables affectant les postes « Résultat A » et « Réserves A ». Si nous avions présenté des comptes en « T », cela équivaudrait à prendre le solde des comptes « Réserves A » et « Résultat A ».

En passant en revue l'ensemble des écritures, nous obtenons :

Réserves A = 80 - 60 + 15 + 0,75 = 35,75

Résultat A = 5 + 20 - 5 + 0,25 - 0,75 = 19,5

Postes	Total	60 %	40 %
Capital	400,0	240,0	160,0
Réserves	35,75	21,45	14,30
Capitaux propres hors résultat		**261,45**	**174,30**
Élimination des titres de participation		260,0	
Réserves consolidées		**1,45**	
Partage du résultat	**19,50**	**11,70**	**7,80**

■ **Écritures au 31/12/N de partage des capitaux propres de la société A**

Capital		400,0	
Réserves A		35,75	
Résultat A		19,50	
	Titres de participation A		260,0
	Réserves consolidées		1,45
	Résultat consolidé		11,70
	Intérêts minoritaires		182,10

Cette écriture comptable vient bien sûr se rajouter aux écritures précédentes.

Tableau de partage des capitaux propres de la société B au 31/12/N

La société B est consolidée selon la méthode de la mise en équivalence et aucune écriture d'élimination des opérations réciproques n'a été réalisée. Le montant des réserves et du résultat à partager est donc égal au montant figurant au bilan social au 31/12/N.

Postes	Total	30 %
Capital	250,0	75,0
Réserves	67,0	20,1
Capitaux propres hors résultat		**95,1**
Élimination des titres de participation		70,0
Réserves consolidées		**25,1**
Partage du résultat	**5,0**	**1,5**

Écritures au 31/12/N de partage des capitaux propres de la société B

Titres B mis en équivalence (95,1 + 1,5)		96,6	
	Titres de participation B		70,0
	Réserves consolidées		25,1
	Résultat consolidé		1,5

Cette écriture comptable vient bien sûr se rajouter aux écritures précédentes.

6. Bilan consolidé au 31/12/N

Pour établir le bilan consolidé, il suffit de prendre le journal cumulé de consolidation et pour chaque poste comptable, calculer le solde du compte et le reporter dans le bilan consolidé. Ce travail est long et fastidieux. De plus, la moindre erreur dans un retraitement ou la moindre erreur de report de chiffres conduit à un bilan erroné. Voilà pourquoi, l'établissement du bilan consolidé est une question rarement posée.

Voici, par exemple, comment nous déterminons la valeur de trois postes du bilan consolidé.

Total des immobilisations : 1 800 + 950 – 100 = 2 650

Total des stocks : 500 - 50 = 450

Total des impôts différés actif : 12,5 + 10 + 0,25 = 22,75

Bilan consolidé au 31/12/N

Immobilisations	2 650,0	Capital Comprehensor	1 600,0
Amortissements	- 1 015,0	Réserves consolidées	117,3
Titres A (60 %)		Résultat consolidé	2,45
Titres B (30 %)			
Titres B mis en équivalence	96,6		
Titres C (10 %)	10,0		
Stocks	450,0	Intérêts minoritaires	182,1
Créances Clients	30,0	Dettes fournisseurs	340,0
IDA	22,75	IDP	2,5
TOTAL Actif	**2 244,35**	**TOTAL Passif**	**2 244,35**

7. Présentation de l'approche par tableau

Nous obtenons des résultats similaires en utilisant l'approche par tableau.

Postes	Société Comprehensor	Retraitement Immeuble	Retraitement Stock	Société A	Retraitement Frais établissement	Participation des salariés	Bilans cumulés avant élimination	Élimination dettes-créances	Elimination dividende	Bilans cumulés après élimination	Partage de A	Partage de B	Bilan consolidé	Postes
Immobilisations	1 800,0			950,0	- 100,0		**2 650,0**			**2 650,0**			**2 650,0**	Immobilisations
Amortissements	- 670,0	10,0		- 415,0	60,0		**- 1 015,0**			**- 1 015,0**			**- 1 015,0**	Amortissements
Titres A (60 %)	260,0						**260,0**			**260,0**	- 260,0			Titres A (60 %)
Titres B (30 %)	70,0						**70,0**			**70,0**		- 70,0		Titres B (30 %)
Titres B mis en équivalence												96,6	**96,6**	Titres B mis en équivalence
Titres C (10 %)				10,0			**10,0**			**10,0**			**10,0**	Titres C (10 %)
Stocks	500,0		- 50,0				**450,0**			**450,0**			**450,0**	Stocks
Créances Clients				80,0			**80,0**	-50,0		**30,0**			**30,0**	Créances Clients
IDA			12,5		10	0,25	**22,8**			**22,8**			**22,75**	IDA
TOTAL Actif	**1 960,0**	**10,0**	**- 37,5**	**625,0**	**- 30**	**0,25**	**2 527,8**	**- 50,0**	**0,0**	**2 477,8**	**- 260,0**	**26,6**	**2 244,35**	**TOTAL Actif**
Capital	1 600,0						**1 600,0**			**1 600,0**			**1 600,0**	Capital Comprehensor
Réserves Consolidées	100,0	3,75	- 15,0				**88,8**		2,0	**90,8**	1,4	25,1	**117,3**	Réserves Comprehensor
Résultat Consolidé	10,0	3,75	- 22,5				**-8,8**		- 2,0	**- 10,8**	11,7	1,5	**2,45**	Résultat Comprehensor
Capital A				400,0			**400,0**			**400,0**	- 400,0			Capital A
Réserves A				80,0	- 45,0	0,75	**35,8**			**35,8**	- 35,8			Réserves A
Résultat A				5,0	15,0	- 0,5	**19,5**			**19,5**	- 19,5			Résultat A
Intérêts minoritaires											182,1		**182,10**	INT Minoritaires
Dettes fournisseurs	250,0			140,0			**390,0**	-50,0		**340,0**			**340,0**	Dettes fournisseurs
IDP		2,5					**2,5**			**2,5**			**2,5**	IDP
TOTAL Passif	**1 960,0**	**10,0**	**- 37,5**	**625,0**	**- 30,0**	**0,25**	**2 527,8**	**- 50,0**	**0,0**	**2 477,8**	**- 260,0**	**26,6**	**2 244,35**	**TOTAL Passif**

EXO 01.08 Cas Fokstrot : retraitements d'homogénéisation – élimination d'opérations réciproques et résultats internes – tableaux de partage des capitaux propres

1. Retraitements d'homogénéisation

a) Provision pour grosses réparations

Dans les comptes sociaux	Amortissements de la machine	6 666,7
	Provision	4 000
TOTAL comptes sociaux		**10 666,7**
Dans les comptes consolidés	Amortissements 1	5 333,3
	Amortissements 2	4 000
TOTAL comptes consolidés		**9 333,3**
Différence		**1 333,4**

Écritures de retraitement du bilan au 31/12/N

Machine-composant 1		80 000	
Immobilisation composant 2		20 000	
	Machine		100 000
Amortissements machine (2 × 6 666,7)		13 333,3	
Provisions (2 × 4 000)		8 000	
	Amortissements composant 1 (2 × 5 333,3)		10 666,7
	Amortissement composant 2 (2 × 4 000)		8 000
	Réserves Alpha		1 333,4
	Résultat Alpha		1 333,4
Réserves Alpha		333,35	
Résultat Alpha		333,35	
	Impôts différés passif		666,70

b) Coûts de développement

Amortissement en comptes sociaux : 40 000

Écritures de retraitement du bilan au 31/12/N

Résultat Fokstrot		40 000	
Coûts de développement		200 000	
	Amortissements		120 000
	Réserves Fokstrot		120 000
Réserves Fokstrot		30 000	
	Résultat Fokstrot		10 000
	Impôts différés passif		20 000

c) Valorisation des stocks

Écritures de retraitement du bilan au 31/12/N

Résultat Alpha		1 200,0	
	Réserves Alpha		1 200,0
Correction du stock initial			
Réserves Alpha		300,0	
	Résultat Alpha		300,0
Prise en compte des impôts différés			
Résultat Alpha		2 000,0	
	Stock		2 000,0
Correction du stock final			
Impôts différés actif		500,0	
	Résultat Alpha		500,0
Prise en compte des impôts différés			

d) Écarts de conversion

Écritures de retraitement du bilan au 31/12/N

Provisions pour perte de change		6 000	
	Écart de conversion actif		6 000
Écart de conversion passif		5 250	
	Résultat Fokstrot (gain de change)		5 250

Il n'y a pas de retraitement d'impôts différés à la suite de la transformation de l'écart de conversion passif en résultat car l'écart de conversion passif a déjà été fiscalisé (il a été ajouté au résultat comptable pour déterminer le résultat fiscal).

e) Amortissements dérogatoires

Écritures de retraitement du bilan au 31/12/N

Amortissement dérogatoire		94 737,0	
Résultat Fokstrot		5 263,0	
	Réserves Fokstrot		100 000,0
Suppression de l'amortissement dérogatoire			
Réserves Fokstrot		25 000,0	
	Résultat Fokstrot		1 315,75
	Impôts différés passif		23 684,25
Prise en compte des impôts différés			
Amortissements		10 000,0	
	Réserves Fokstrot		5 000,0
	Résultat Fokstrot		5 000,0
Correction de la durée d'amortissement			

Réserves Fokstrot		1 250,0	
Résultat Fokstrot		1 250,0	
	Impôts différés passif		2 500,0
Prise en compte des impôts différés			

2. Éliminations d'opérations réciproques et de résultats internes

a) Ventes de marchandises entre Alpha et Béta

Aucun retraitement à réaliser car la société Béta est consolidée par mise en équivalence. Aucun cumul de poste n'est réalisé, donc aucune opération d'élimination n'est à réaliser.

b) Vente de marchandises entre Fokstrot et Charlie

Écritures de retraitement du bilan au 31/12/N

Fournisseurs		6 000	
	Clients		6 000

c) La société Fokstrot a prêté 1 500 à sa filiale Alpha.

Écritures de retraitement du bilan au 31/12/N

Dettes financières		15 000	
	Prêts		15 000

d) La société Béta a versé 10 000 de dividendes à Fokstrot en N.

Écritures de retraitement du bilan au 31/12/N

Résultat Fokstrot		10 000	
	Réserves Fokstrot		10 000

e) Vente d'un immeuble

Prix de vente : 1 100

Valeur nette comptable à la vente : 1 000 – 1 000/20 2 = 900

Plus-value : 1 100 – 900 = 200

Amortissement avant la vente : 1 000/20 = 50

Amortissement après la vente : 1 100/20 = 55

La vue au bilan de l'opération permet de mieux comprendre le retraitement à réaliser.

	Valeur brute	Amortissements	VNC
Vue au bilan avant la vente chez Fokstrot	1 000,0	100,0	900,0
Vue au bilan après la vente chez Alpha	1 100,0	0,0	1 100,0

Écritures de retraitement du bilan au 31/12/N

Réserves Fokstrot		200,0	
	Immobilisations (1100 – 1000)		100,0
	Amortissements		100,0
Annulation de la plus-value			

Impôts différés actif		50,0	
	Réserves Fokstrot		50,0
Amortissements		10,0	
	Réserves Alpha		5,0
	Résultat Alpha		5,0
Correction de l'amortissement			
Réserves Alpha		1,25	
Résultat Alpha		1,25	
	Impôts différés passif		2,5

f) Marge sur stocks

Écritures de retraitement du bilan au 31/12/N

Réserves Alpha		80	
	Résultat Alpha		80
Correction marge stock initial			
Résultat Alpha		20	
	Réserves Alpha		20
Prise en compte impôts différés			
Résultat Alpha		10,0	
	Stock		10,0
Correction marge sur stock final			
Impôts différés actif		2,5	
	Résultat Alpha		2,5
Prise en compte impôts différés			

3. Partage des capitaux propres au 31/12/N

Les tableaux de partage des capitaux propres sont établis après la prise en compte de tous les retraitements d'homogénéisation et d'élimination des opérations réciproques et des résultats internes.

Pour éviter des erreurs en cascade, l'annexe 3 fournit le solde après les retraitements des postes comptables nécessaires à l'établissement des tableaux de partage. Il suffit de reprendre ces chiffres et de les reporter dans les différents tableaux.

Tableau de partage des capitaux propres d'Alpha au 31/12/N

Postes	Total	60 %	40 %
Capital	3 000	1 800	1 200
Réserves	852	511	341
Capitaux propres hors résultat		**2 311**	**1 541**
Élimination des titres de participations		1 920	
Réserves consolidées		**391**	
Partage du résultat	**158**	**95**	**63**

Écriture de partage des capitaux propres au 31/12/N

Capital Alpha		3 000	
Réserves Alpha		852	
Résultat Alpha		158	
	Titres participations Alpha		1 920
	Réserves consolidées		391
	Résultat consolidé		95
	Intérêts minoritaires		1 604

Tableau de partage des capitaux propres de Béta au 31/12/N

Postes	Total	20 %
Capital	1 000	200
Réserves	190	38
Capitaux propres hors résultat		238
Élimination des titres de participations		220
Réserves consolidées		18
Partage du résultat	**150**	**30**

Écriture de partage des capitaux propres au 31/12/N

Titres mis en équivalence		268	
	Titres participation Béta		220
	Réserves consolidées		18
	Résultat consolidé		30

Tableau de partage des capitaux propres de Charlie au 31/12/N

Postes	Total	30 %
Capital	1 000	300
Réserves	400	120
Capitaux propres hors résultat		**420**
Élimination des titres de participations		330
Réserves consolidées		**90**
Partage du résultat	**100**	**30**

Écriture de partage des capitaux propres au 31/12/N

Capital Charlie		300	
Réserves Charlie		120	
Résultat Charlie		30	
	Titres participations Charlie		330
	Réserves consolidées		90
	Résultat consolidé		30

EXO 01.09 Cas Tour du Monde : écarts d'évaluation et d'acquisition avec intégration globale en ANC 2020-01

1. L'écart d'évaluation et l'écart d'acquisition sont toujours calculés à la date de l'acquisition. Selon le règlement ANC 2020-01, seule la méthode du goodwill acheté est autorisée.

Détermination de l'actif net comptable

Capital	5 000
Réserves	400
Résultat	100
Actif net comptable	**5 500**

Détermination de l'écart d'évaluation

Plus-value marque	250
Plus-value Construction	750
Plus-value Terrain	602
Engagement retraite	- 300
Écart évaluation brut	**1 302**
Impôts sur retraitements (1)	263
Écart d'évaluation net	**1 039**

(1) Selon le règlement ANC 2020-01, ne doivent pas être prise en compte les dettes d'impôts différés provenant de l'évaluation d'actifs incorporels généralement non amortis et ne pouvant être cédés séparément de l'entreprise acquise (marque, parts de marché…).

Détermination de l'actif net comptable corrigé

Actif net comptable	5 500
Écart d'évaluation net	1 039
Actif net comptable corrigé	**6 539**

Détermination de l'écart d'acquisition

Prix payé	6 277,00
% dans l'actif net comptable corrigé	5 231,20
Écart d'acquisition	**1 045,80**

2. Les écarts d'acquisition et d'évaluation sont déterminés à la date de l'acquisition (1/07/N–2). Il convient maintenant de les comptabiliser au 31/12/N dans les livres journaux des sociétés.

Comptabilisation de l'écart d'évaluation chez Gérard au 31/12/N

	Débit	Crédit
Marque	250	
Constructions	750	
Terrains	602	
Provisions engagement retraite		300
Réserves Gérard		1 039
Impôts différés passif		263
Réserves Gérard	84,38	
Résultat Gérard	56,24	

Impôt différé actif		46,88	
	Amortissement Écart évaluation		187,5

Comptabilisation de l'écart d'acquisition sur Gérard chez Michel au 31/12/N

Écart d'acquisition Gérard		1 045,8	
	Titres participations Gérard		1 045,8
Réserves consolidées		94	
Résultat consolidé		73	
	Écart d'acquisition Gérard		167

3. Partage des capitaux propres au 31/12/N

Pour établir le tableau de partage des capitaux propres de Gérard, il ne faut pas oublier de prendre en compte les retraitements qui viennent d'être réalisés. Ces retraitements ont impacté les réserves, le résultat de Gérard et les réserves, le résultat et les titres de participation chez Michel.

Postes	Total	80 %	20 %
Capital Gérard	5 000	4 000	1 000
Réserves Gérard (650 + 1039 - 84,38)	1 604,63	1 283,70	1 320,93
Capitaux propres hors résultat	**6 604,63**	**5 283,70**	**1 320,93**
Élimination des titres participations (6 277 - 1 045,8)	5 231,20	5 231,20	
Réserves consolidées		**52,50**	
Partage du résultat (180 – 56,25)	**123,75**	**99,00**	**24,75**

Écriture de partage des capitaux propres au 31/12/N

Capital Gérard		5 000	
Réserves Gérard		1 604,63	
Résultat Gérard		123,75	
	Titres de participation Gérard		5 231,20
	Réserves consolidées		52,50
	Résultat consolidé		99,00
	Intérêts minoritaires		1 345,68

4. Établissement du bilan consolidé

Postes	Michel	Gérard	Retraitement Écart Évaluation		Retraitement Écart Acquisition		Tableau de partage	Bilan consolidé
Actifs incorporels	1 000							1 000
Marque			250					250
Brevets		100						100
Actifs corporels	8 000			- 187,5				7 812,5
Constructions		5 200	750					5 950
Terrains		1 000	602					1 602
Écart acquisition					1 045,80	- 167		878,80
Titres Gérard	6 277				- 1 045,80		- 5 231,20	0

Postes	Michel	Gérard	Retraitement Écart Évaluation		Retraitement Écart Acquisition		Tableau de partage	Bilan consolidé
Stocks		400						400
Clients		200						200
Disponibilités	2 473	380						2 853
Impôt différé actif				46,88				46,88
TOTAL	**17 750**	**7 280**	**1 602**	**- 140,63**	**0**	**- 167**	**- 5 231,20**	**21 093,18**
Capital Michel	10 000							10 000
Capital Gérard		5 000					- 5 000	0
Réserves Michel	2 500					- 94	52,50	2 458,50
Réserves Gérard		650	1 039	- 84,38			- 1 604,63	0
Résultat Michel	250					- 73	99	276,00
Résultat Gérard		180		- 56,25			- 123,75	0
Intérêts minoritaires							1 345,68	1 345,68
Engagement retraite			300					300
Dettes	5 000	1 100						6 100
Dettes fournisseurs		350						350
Impôt différé passif			263					263,00
TOTAL	**17 750**	**7 280**	**1 602**	**- 140,63**	**0**	**- 167**	**- 5 231,20**	**21 093,18**

5. Dans le référentiel IFRS, la plus-value sur la marque est soumise à un impôt différé passif et un écart d'acquisition complet (goodwill complet ou full goodwill) peut aussi être calculé.

EXO 01.10 Cas Batimat : écarts d'évaluation et d'acquisition avec mise en équivalence en ANC 2020-01 et IFRS

1. L'écart d'évaluation et l'écart d'acquisition sont toujours calculés à la date de l'acquisition.

Détermination de l'actif net comptable

Capital	4 170
Réserves	500
Résultat	60
Actif net comptable	**4 730**

Détermination de l'écart d'évaluation

Plus-value véhicules	25
Plus-value matériels	131
Moins-value stocks	- 36
Écart d'évaluation brut	**120**
Impôts sur retraitements	30
Écart d'évaluation net	**90**

Détermination de l'actif net comptable corrigé

Actif net comptable	4 730
Écart d'évaluation net	90
Actif net comptable corrigé	**4 820**

Détermination de l'écart d'acquisition

Prix payé	1 735
% dans l'actif net comptable corrigé	1 446
Écart d'acquisition	**289**

2. Les écarts d'acquisition et d'évaluation sont déterminés à la date de l'acquisition. Il convient maintenant de les comptabiliser au 31/12/N dans les livres journaux des sociétés.
Dans une mise en équivalence, aucun actif et aucune dette ne sont remontés dans le bilan de la société mère. Il ne faut donc pas passer l'écriture comptable pour constater l'écart d'évaluation dans les comptes de Laurent. Par contre, il faudra tenir compte de l'écart d'évaluation et de son amortissement lors de l'élaboration du tableau de partage des capitaux propres de la société Laurent.
Le tableau ci-dessous résume l'impact de l'écart d'évaluation sur les différents postes comptables Quant à l'écart d'acquisition, il doit toujours être comptabilisé dans les comptes de la société acheteuse (ici, la société mère).

Écart Évaluation net	90,00
Impact sur les réserves de l'amortissement de l'écart d'évaluation (brut) (25+131)/5×10/12	26,00
Impact sur les réserves de l'amortissement de l'écart d'évaluation (net)	19,50
Impact sur le résultat de l'amortissement de l'écart d'évaluation (brut) (25+131)/5	31,20
Impact sur le résultat de l'amortissement de l'écart d'évaluation (net)	23,40

Comptabilisation de l'écart d'acquisition sur Laurent chez David au 31/12/N

Écart acquisition Laurent		289	
	Titres de participation Laurent chez David		289
Réserves consolidées		26	
Résultat consolidé		20	
	Écart d'acquisition Laurent		46

CORRIGÉS

3. Même si aucune écriture n'a été faite pour l'écart d'évaluation, ne pas oublier de prendre en compte dans l'établissement du tableau de partage de l'impact de l'écart d'évaluation sur les réserves et le résultat

Tableau de partage des capitaux propres et écritures de partage au 31/12/N pour la société Laurent

Postes	Total	30 %
Capital Laurent	4 170,0	1 251,0
Réserves Laurent (1)	712,50	213,75
Capitaux propres hors résultat	**4 882,50**	**1 464,75**
Élimination des titres participations (2)		1 446
Réserves consolidées		**18,75**
Partage du résultat (3)	**126,60**	**37,98**

(1) 642 + 90 - 19,5

(2) 1 735 – 289

(3) 150 - 23,4

Écriture de partage au 31/12/N

Titres mis en équivalence		1 502,73	
	Titres participations Laurent		1 446,0
	Réserves consolidées		18,75
	Résultat consolidé		37,98

4.

Bilan consolidé au 31/12/N

Actifs incorporels	800,0	Capital	8 000,0
Actifs corporels	8 500,0	Réserves	1 892,7
Écart d'acquisition	243,0	Résultat	268
Titres mise en équivalence	1 502,7	Dettes	3 584,0
Disponibilités	2 702,0		
TOTAL	**13 744,7**	**TOTAL**	**13 744,7**

5. Dans le cas présent, la seule différence avec le référentiel IFRS est l'ajout de l'écart d'acquisition à la valeur des titres mis en équivalence. Le poste « écart d'acquisition » est donc soldé.

Écritures de retraitement du bilan au 31/12/N

Titres mis en équivalence		243	
	Écart d'acquisition (289-46)		243

EXO 01.11 **Cas Plume : structure simple – écarts d'évaluation et d'acquisition avec intégration globale et mise en équivalence – ANC 2020-01 et IFRS**

Correction Cas Plume selon le règlement ANC 2020-01

1. Périmètre de consolidation

	% contrôle	Type de contrôle	Méthode	% intérêts de la mère
Filou	60 %	Contrôle exclusif	Intégration globale	60 %
Grisou	30 %	Influence notable	Mise en équivalence	30 %

2. Écarts d'acquisition et d'évaluation pour Filou

L'écart d'évaluation et l'écart d'acquisition sont toujours calculés à la date de l'acquisition.

Détermination du prix payé

Prix payé	1 048,00
Honoraires net IS [1]	150
Prix payé total	**1 198**

(1) selon le règlement ANC 2020-01, les honoraires payés lors d'une acquisition sont comptabilisés à l'actif net d'impôt.

Calcul de l'actif net comptable corrigé

Capital	1 000
Réserves	390
Résultat	65
Actif net comptable	**1 455**
Plus-value actifs corporels	360
Impôt sur la plus-value	90
Actif net comptable corrigé	**1 725**

Calcul de l'écart d'acquisition

Prix payé total	1 198
Quote-part actif net comptable	1 035
Écart acquisition	**163**

Comptabilisation au bilan de l'écart d'évaluation chez Filou au 31/12/N

		Débit	Crédit
Actifs corporels		360,00	
	Réserves Filou		270,00
	Impôts différés passif		90,00
Réserves Filou		13,50	
Résultat Filou		27,00	
Impôts différés actif		13,50	
	Amortissement des actifs		54,00

Comptabilisation au bilan de l'écart d'acquisition sur Filou chez Plume au 31/12/N

Écart d'acquisition Filou		163,00	
	Titres de participation Filou		163,00
Réserves consolidées		5,00	
Résultat consolidé		15,00	
	Écart d'acquisition Filou		20,00

3. Détermination des écarts d'acquisition et d'évaluation pour Grisou à la date d'acquisition

Calcul de l'actif net comptable corrigé

Capital	3 000,00
Réserves	436,00
Actif net comptable	**3 436,00**

Calcul de l'écart d'évaluation

Marque	350,00
Pas d'impôts différés en ANC 2020-01 sur la marque (1)	0,00
Concessions et brevets	120,00
Impôts différés passif	- 30,00
Coût de restructuration (2)	- 100,00
Impôts différés actif	25,00
Écart évaluation net IS	**365,00**

(1) Selon le règlement ANC 2020-01, ne doivent pas être prises en compte les dettes d'impôts différés provenant de l'évaluation d'actifs incorporels généralement non amortis et ne pouvant être cédés séparément de l'entreprise acquise (marque, parts de marché ...).

(2) Les coûts de restructuration qui devront être engagés même si l'acquisition n'a pas lieu doivent être comptabilisés au passif de la société.

Calcul de l'actif net comptable corrigé

Actif net comptable	3 436,00
Écart évaluation net IS	365,00
Actif net comptable corrigé	**3 801,00**

Calcul de l'écart d'acquisition

Prix payé	1 289,00
Quote-part dans l'actif net comptable corrigé	1 140,30
Écart acquisition	**148,70**

Comptabilisation au bilan de l'écart d'évaluation chez Grisou au 31/12/N : dans une mise en équivalence, aucun actif et aucune dette ne sont intégrés dans le bilan de la société mère. Il ne faut donc pas passer l'écriture comptable pour constater l'écart d'évaluation dans les comptes de Grisou.

Par contre, il faudra tenir compte de l'écart d'évaluation et de son amortissement/dépréciation lors de l'élaboration du tableau de partage des capitaux propres de la société Grisou.

Comptabilisation au bilan de l'écart d'acquisition sur Grisou chez Plume au 31/12/N

Écart d'acquisition Grisou		148,70	
	Titres de participation Grisou		148,70
Réserves consolidées		6,00	
Résultat consolidé		9,00	
	Écart d'acquisition Grisou		15,00

4. Tableaux de partage et les écritures de partage au 31/12/N

Tableau de partage de Filou au 31/12/N

Postes	Total	60 %	40 %
Capital Filou	1 000,00	600,00	400,00
Réserves (600 + 270 - 13,5)	856,50	513,90	342,60
Capitaux propres hors résultat	**1 856,50**	**1 113,90**	**742,60**
Élimination des titres de participation (1 048 + 150 - 163) (1)		1 035,00	
Réserves consolidées		**78,90**	
Partage du résultat (140-27)	**113,00**	**67,80**	**45,20**

(1) Selon le règlement ANC 2020-01, les frais d'acquisition sont intégrés au prix d'acquisition net d'impôt. Une écriture de retraitement d'homogénéisation a dû être passée précédemment.

Écritures de partage des capitaux propres au bilan au 31/12/N

Capital Filou		1 000,00	
Réserves Filou		856,50	
Résultat Filou		113,00	
	Titres participations Filou		1 035,00
	Réserves consolidées		78,90
	Résultat consolidé		67,80
	Intérêts minoritaires		787,80

Impact de l'écart d'évaluation sur les réserves et le résultat de Grisou

Écart d'évaluation **net**	365,00
Impact de la dépréciation de l'écart d'évaluation sur les réserves en brut (25 + 6)	31,00
Impact de la dépréciation de l'écart d'évaluation sur les réserves en **net**	23,25
Impact de la dépréciation de l'écart d'évaluation sur le résultat en brut (35 + 10)	45,00
Impact de la dépréciation de l'écart d'évaluation sur le résultat en **net**	33,75

Il n'y a pas d'éléments amortissables dans l'écart d'évaluation. Il n'y a que les dépréciations sur la marque, les concessions et brevets. Ces dépréciations impactent les réserves et résultat de Grisou, même si nous ne passons pas d'écritures comptables car nous sommes ici dans le cas d'une mise en équivalence.

Tableau de partage de Grisou au 31/12/N

Postes	Total	30 %
Capital	3 000,00	900,00
Réserves (600 + 365 - 23,25)	941,75	282,53
Capitaux propres hors résultat	3 941,75	1 182,53
Élimination des titres de participation (1289 – 148,7)		1 140,30
Réserves consolidées		**42,23**
Partage du résultat (80 – 33,75)	**46,25**	**13,88**

Écritures de partage des capitaux propres au bilan au 31/12/N

Titres mis en équivalence Grisou (1)		1 196,40	
	Titres de participation		1 140,30
	Réserves consolidées		42,23
	Résultat consolidé		13,88

(1) 1 182,53 + 13,88.

Correction Cas Plume selon le référentiel IFRS

1. Périmètre de consolidation

	% contrôle	Type de contrôle	Méthode	% intérêts de la mère
Filou	60 %	Contrôle exclusif	Intégration globale	60 %
Grisou	30 %	Influence notable	Mise en équivalence	30 %

2. Écarts d'acquisition et d'évaluation pour Filou

L'écart d'évaluation et l'écart d'acquisition sont toujours calculés à la date de l'acquisition.

Détermination du prix payé

Prix payé	1 048,00
Honoraires (1)	0,00
Prix payé total	**1 048,00**

(1) en IFRS, les honoraires payés lors de l'acquisition de titres sont comptabilisés en charges.

Calcul de l'actif net comptable corrigé

Capital	1 000
Réserves	390
Résultat	65
Actif net comptable	**1 455**
Plus-value actifs corporels	360
Impôt sur la plus-value	90
Actif net comptable corrigé	**1 725**

Calcul de l'écart d'acquisition

Prix payé total	1 048,00
Quote-part actif net comptable	1 035,00
Écart acquisition	**13,00**

Comptabilisation au bilan de l'écart d'évaluation chez Filou au 31/12/N

Actifs corporels		360,00	
	Réserves Filou		270,00
	Impôts différés passif		90,00
Réserves Filou		13,50	
Résultat Filou		27,00	
Impôts différés actif		13,50	
	Amortissement des actifs		54,00

Comptabilisation au bilan de l'écart d'acquisition sur Filou chez Plume au 31/12/N

Écart d'acquisition Filou		13,00	
	Titres de participation Filou		13,00
Réserves consolidées		5,00	
Résultat consolidé		15,00	
	Ecart d'acquisition Filou		20,00

3. Détermination des écarts d'acquisition et d'évaluation pour Grisou à la date d'acquisition

Calcul de l'actif net comptable corrigé

Capital	3 000,00
Réserves	436,00
Actif net comptable	**3 436,00**

Calcul de l'écart d'évaluation

Marque	350,00
Impôts différés passif (1)	- 87,50
Concessions et brevets	120,00
Impôts différés passif	- 30,00
Coût de restructuration (2)	- 100,00
Impôts différés actif	25,00
Écart évaluation net IS	**277,50**

(1) En IFRS, prise en compte de l'impôt différé sur la réévaluation de la marque.
(2) Les coûts de restructuration qui devront être engagés même si l'acquisition n'a pas lieu doivent être comptabilisés au passif de la société.

Calcul de l'actif net comptable corrigé

Actif net comptable	3 436,00
Écart évaluation net IS	277,50
Actif net comptable corrigé	**3 713,50**

Calcul de l'écart d'acquisition

Prix payé	1 289,00
Quote-part dans l'actif net comptable corrigé	1 114,05
Écart acquisition	**174,95**

Comptabilisation au bilan de l'écart d'évaluation chez Grisou au 31/12/N : dans une mise en équivalence, aucun actif et aucune dette ne sont remontés dans le bilan de la société mère. Il ne faut donc pas passer l'écriture comptable pour constater l'écart d'évaluation dans les comptes de Grisou.

Par contre, il faudra tenir compte de l'écart d'évaluation et de son amortissement/dépréciation lors de l'élaboration du tableau de partage des capitaux propres de la société Grisou.

Comptabilisation au bilan de l'écart d'acquisition sur Grisou chez Plume au 31/12/N

Écart d'acquisition Grisou		174,95	
	Titres de participation Grisou		174,95
Réserves consolidées		6,00	
Résultat consolidé		9,00	
	Écart d'acquisition Grisou		15,00

4. Tableaux de partage et écritures de partage au 31/12/N

Tableau de partage de Filou au 31/12/N

Postes	Total	60 %	40 %
Capital Filou	1 000,00	600,00	400,00
Réserves (600 + 270 – 13,5)	856,50	513,90	342,60
Capitaux propres hors résultat	**1 856,50**	**1 113,90**	**742,60**
Élimination des titres de participation (1048 – 13) (1)		1 035,00	
Réserves consolidées		**78,90**	
Partage du résultat (140-27)	**113,00**	**67,80**	**45,20**

(1) En IFRS, les honoraires sont passés en charge.

Écritures de partage des capitaux propres au bilan au 31/12/N

Capital Filou		1 000,00	
Réserves Filou		856,50	
Résultat Filou		113,00	
	Titres participations Filou		1 035,00
	Réserves consolidées		78,90
	Résultat consolidé		67,80
	Intérêts minoritaires		787,80

Impact de l'écart d'évaluation sur les réserves et le résultat de Grisou

Écart d'évaluation **net**	365,00
Impact de la dépréciation de l'écart d'évaluation sur les réserves en brut (25 + 6)	31,00
Impact de la dépréciation de l'écart d'évaluation sur les réserves en **net**	23,25
Impact de la dépréciation de l'écart d'évaluation sur le résultat en brut (35 + 10)	45,00
Impact de la dépréciation de l'écart d'évaluation sur le résultat en **net**	33,75

Il n'y a pas d'éléments amortissables dans l'écart d'évaluation. Il n'y a que les dépréciations sur la marque, les concessions et brevets. Ces dépréciations impactent les réserves et résultat de Grisou, même si nous ne passons pas d'écritures comptables car nous sommes ici dans le cas d'une mise en équivalence.

Tableau de partage de Grisou au 31/12/N

Postes	Total	30 %
Capital	3 000,00	900,00
Réserves (600 + 277,5 –23,25)	854,25	256,28
Capitaux propres hors résultat	3 854,25	1 156,28
Élimination des titres de participation (1 289 – 174,95)		1 114,05
Réserves consolidés		**42,23**
Partage du résultat (80 – 33,75)	**46,25**	**13,88**

Écritures de partage des capitaux propres au bilan au 31/12/N

Titres mis en équivalence Grisou [1]		1 170,15	
	Titres de participation		1 114,05
	Réserves consolidées		42,23
	Résultat consolidé		13,88

(1) 1 156,28 + 13,88.

En IFRS, l'écart d'acquisition est rajouté aux titres mis en équivalence.

Titres mis en équivalence Grisou		159,95	
	Écart d'acquisition Grisou (174,95 - 15)		159,95

EXO 01.12 Cas Campagnol : *goodwill acheté* et *goodwill complet* – intégration globale

1.

Calcul des écarts d'évaluation et d'acquisition à la date de l'acquisition

Actif net comptable corrigé	3 050
Actif net comptable	2 300
Écart d'évaluation net IS	**750**
Écart d'évaluation brut	**1 000**

Prix payé	2 000
Quote-part des majoritaires dans l'actif net comptable corrigé	1 830
Goodwill acheté ANC 2020-01	**170**

Prix payé	2 000
Quote-part des minoritaires dans l'actif net comptable corrigé de Raton	1 220
TOTAL	**3 220**
Actif net comptable corrigé	3 050
Goodwill acheté IFRS	**170**

La méthode de calcul du *goodwill* acheté est différente selon le référentiel comptable choisi, mais le résultat est le même.

Prix payé	2 000
Quote-part des minoritaires dans la juste valeur de Raton	1 340
TOTAL	**3 340**
Actif net comptable corrigé	3 050
Goodwill complet IFRS	**290**

Pour estimer le *goodwill* complet, nous remplaçons la quote-part des minoritaires dans l'**actif net comptable corrigé de Raton** par la quote-part des minoritaires dans la **juste valeur de Raton**. Cette méthode permet de valoriser pour les minoritaires les synergies internes générées par la cible avant son achat. En effet, la différence entre la juste valeur d'une société et son actif net comptable corrigé matérialise les synergies internes de cette société.

2.

Comptabilisation au bilan de l'écart d'évaluation chez Raton au 31/12/N

Actifs		1 000	
	Réserves Raton		700
	Impôts différés passif		250
Réserves Raton		75	
Résultat Raton		75	
Impôts différés actif		50	
	Amortissement écart d'évaluation		200

Comptabilisation de l'écart d'acquisition sur Raton chez Campagnol au 31/12/N_*Goodwill* acheté IFRS ou ANC 2020-01

Écart d'acquisition Raton		170	
	Titres participations Raton		170
Réserves consolidées		15	
Résultat consolidé		12	
	Écart d'acquisition Raton		27

Quel que soit le référentiel comptable (ANC 2020-01 ou IFRS), le *goodwill* acheté est identique. L'écriture comptable est donc identique.

Comptabilisation de l'écart d'acquisition sur Raton chez Campagnol au 31/12/N_*Goodwill* complet

Écart d'acquisition Raton		290	
	Titres de participation Raton		170
	Intérêts minoritaires		120
Réserves consolidées		15	
Résultat consolidé		12	
	Écart d'acquisition Raton		27

Le *goodwill* complet permet de valoriser pour les minoritaires les synergies internes de la cible avant son acquisition. La part de ce *goodwill* revenant aux minoritaires doit donc être affectée aux postes « intérêts minoritaires ».
Goodwill pour les minoritaires = *goodwill* complet – goodwill acheté = 290 – 170 = 120

3. Le tableau de partage n'est pas impacté par la méthode d'évaluation du *goodwill*.

Partage capitaux propres exercice N

Postes	Total	60 %	40 %
Capital Raton	1 650	990	660
Réserves Raton (800 + 750 – 75)	1 475	885	590
Capitaux propres hors résultat	**3 125**	**1 875**	**1 250**
Élimination des titres de participation (2000 – 170)		1 830	
Réserves consolidées		**45**	
Partage du résultat	**125**	**75**	**50**

Écriture de partage des capitaux propres au 31/12/N

		Débit	Crédit
Capital Raton		1 650	
Réserves Raton		1 475	
Résultat Raton		125	
	Titres de participation Raton		1 800
	Réserves consolidées		45
	Résultat consolidé		75
	Intérêts minoritaires		1 300

4.

Bilan consolidé au 31/12/N avec le *goodwill* acheté

	Campagnol	Raton	Retraitement Écart Évaluation		Retraitement Écart Acquisition		Tableau de partage	Bilan consolidé
Actifs incorporels	784							784
Actifs corporels	8 795	2 295	1 000	- 200				11 890
Écart acquisition					170	- 27		143
Titres Raton	2 000				- 170		- 1 830	0
Stocks		400						400
Clients		306						306
Disponibilités	6 445	749						7 194
Impôt différé actif				50				50
TOTAL	**18 024**	**3 750**	**1 000**	**- 150**	**0**	**- 27**	**- 1 830**	**20 767**
Capital Campagnol	6 000							6 000
Capital Raton		1 650					- 1 650	0
Réserves Campagnol	2 887					- 15	45	2 917
Réserves Raton		800	750	- 75			- 1 475	0
Résultat Campagnol	620					- 12	75	683
Résultat Raton		200		- 75			- 125	0
Intérêts minoritaires							1 300	1 300
Dettes	8 517	1 100						9 617
Impôt différé passif			250					250
TOTAL	**18 024**	**3 750**	**1 000**	**- 150**	**0**	**- 27**	**- 1 830**	**20 767**

5. Avec le *goodwill* complet, le poste écart d'acquisition est plus élevé et la contrepartie se retrouve dans le poste intérêts minoritaires.

	Campagnol	Raton	Retraitement Écart Évaluation		Retraitement Écart Acquisition		Tableau de partage	Bilan consolidé
Actifs incorporels	784							784
Actifs corporels	8 795	2 295	1 000	- 200				11 890
Écart acquisition					290	- 27		263
Titres Raton	2 000				- 170		- 1 830	0
Stocks		400						400
Clients		306						306
Disponibilités	6 445	749						7 194
Impôt différé actif				50				50
TOTAL	**18 024**	**3 750**	**1 000**	**- 150**	**120**	**- 27**	**- 1 830**	**20 887**
Capital Campagnol	6 000							6 000
Capital Raton		1 650					- 1 650	0
Réserves Campagnol	2 887					- 15	45	2 917
Réserves Raton		800	750	- 75			- 1 475	0
Résultat Campagnol	620					- 12	75	683
Résultat Raton		200	0	- 75			- 125	0
Intérêts minoritaires					120		1 300	1 420
Dettes	8 517	1 100					0	9 617
Impôt différé passif			250				0	250
TOTAL	**18 024**	**3 750**	**1 050**	**- 150**	**120**	**- 27**	**- 1 830**	**20 887**

EXO 01.13 Cas Dirpal : que le meilleur gagne Palier versus direct – ANC 2020-01 ou IFRS

1. La méthode par palier n'est plus au programme du DSCG mais c'est une méthode qui demeure intéressante. Dans la méthode par palier, il faut consolider en premier la société qui se trouve le plus loin de la société mère dans la chaîne des participations et remonter progressivement en établissant à chaque palier un sous-ensemble consolidé. Chaque filiale et ensuite chaque sous-groupe sont consolidés dans la société juste au-dessus d'eux dans l'organigramme. Cette société joue temporairement le rôle de la société mère.
En fonction de la répartition des activités du groupe dans les différentes sociétés, la méthode par palier peut permettre, grâce à l'élaboration de sous-groupes consolidés, d'obtenir des informations comptables par secteur d'activité. En fournissant ces données, la méthode par palier contribue à l'amélioration de la gestion de l'entreprise. Cependant, les activités du groupe sont parfois éclatées dans l'ensemble des sociétés et l'approche par palier n'arrive pas toujours à fournir des informations activité par activité. De plus, le retard dans la remontée des comptes d'une société du groupe bloque le processus de consolidation car il est impossible d'établir les comptes consolidés du sous-groupe concerné. Avec l'augmentation de la périodicité d'établissement des comptes consolidés, le moindre retard dans la remontée des chiffres devient donc très préjudiciable pour le groupe.

La méthode directe permet de résoudre le problème car aucun ordre dans le processus de consolidation n'est imposé. Le consolidateur peut très bien consolider une société que la mère détient directement et juste après consolider une société détenue indirectement par la mère, comme par exemple, la société qui se trouve le plus loin de la mère dans l'organigramme du groupe. Ainsi, en l'absence des comptes d'une société du groupe, le consolidateur peut très bien consolider toutes les autres sociétés en attendant l'arrivée des comptes de la société retardataire. Enfin, avec la norme IAS 14, remplacée par IFRS 8, les managers disposent d'une information sectorielle pertinente quelle que soit la répartition des activités du groupe dans les différentes sociétés.
La méthode de consolidation directe « gagne donc le match ».

2.

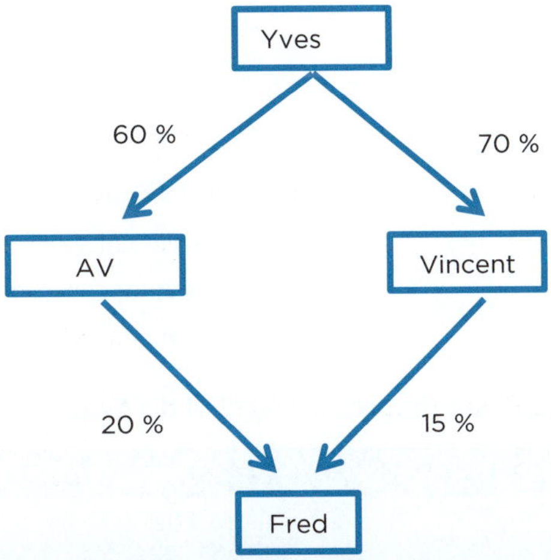

	% contrôle	Méthode	% intérêts majoritaires	% intérêts minoritaires
AV	60,00 %	Intégration globale	60,0 %	40,0 %
Vincent	70,00 %	Intégration globale	70,0 %	30,0 %
Fred (1)	35,00 %	Mise en équivalence	22,5 %	12,5 %

(1) Le pourcentage d'intérêts de Yves dans Fred est de 60 % × 20 % + 70 % × 15 % = 22,5 %. Le pourcentage des minoritaires est de 35 % – 22,5 % = 12,5 %, car 35 % des capitaux propres de Fred sera intégré chez Yves, mais Yves ne bénéficiera que de 22,5 %. Le pourcentage des minoritaires est donc de 12,5 %.

3. Même si la méthode directe permet de consolider les sociétés du groupe dans n'importe quel ordre, il faut que les éventuels écarts d'évaluation et d'acquisition aient été retraités pour toutes les sociétés. Dans le cas Dirpal, comme vous pouvez le constater, toutes les sociétés ont été achetées à leur valeur comptable. Il n'y a donc aucun écart d'évaluation et d'acquisition à calculer.
Dans la méthode directe, les capitaux propres de la société à consolider sont partagés en fonction du pourcentage d'intérêts de la mère et du pourcentage d'intérêts des minoritaires dans cette société. Quant aux titres de participation, ils sont éliminés en fonction du pourcentage d'intérêts de la mère et des minoritaires dans la(les) société(s) détentrice(s) de la société à consolider.

Tableau de partage des capitaux propres au 31/12/N de Vincent par la méthode directe

Postes	Total	70 %	30 %
Capital	1 000	700	300
Réserves	2 400	1 680	720
Capitaux propres hors résultat	**3 400**	**2 380**	**1 020**
Élimination des titres participation chez Yves	1 470	1 470	
Réserves consolidées		**910**	
Partage du résultat	**300**	**210**	**90**

Écritures de partage des capitaux propres 31/12/N

Capital Vincent		1 000	
Réserves Vincent		2 400	
Résultat Vincent		300	
	Titres participations Vincent		1 470
	Réserves consolidées		910
	Résultat consolidé		210
	Intérêts minoritaires		1 110

Tableau de partage des capitaux propres au 31/12/N de AV par la méthode directe

Postes	Total	60 %	40 %
Capital	1 000	600	400
Réserves	2 250	1 350	900
Capitaux propres hors résultat	**3 250**	**1 950**	**1 300**
Élimination des titres participation chez Yves		1 410	
Réserves consolidées		**540**	
Partage du résultat	**450**	**270**	**180**

Écritures de partage des capitaux propres au 31/12/N

Capital AV		1000	
Réserves AV		2 250	
Résultat AV		450	
	Titres participations AV		1 410
	Réserves Consolidées		540
	Résultat Consolidé		270
	Intérêts minoritaires		1 480

Tableau de partage des capitaux propres au 31/12/N de Fred par la méthode directe

Postes	Total	22,5 %	12,5 %
Capital	600	135	75
Réserves	1 000	225	125
Capitaux propres hors résultat		**360**	**200**
Élimination des titres participation chez AV (1)	280	168	112
Élimination des titres participation chez Vincent (2)	210	147	63
Réserves consolidées		**45**	**25**
Partage du résultat	**160**	**36**	**20**

(1) 280 × 60 % = 168 et 280 × 40 % = 112.

(2) 210 × 70 % = 147 et 210 × 30 % = 63.

Écritures de partage des capitaux propres au 31/12/N

Titres mis en équivalence (1)		616	
	Élimination des titres participation chez AV		280
	Élimination des titres participation chez Vincent		210
	Réserves consolidées		45
	Résultat consolidé		36
	Intérêts minoritaires		45

(1) 360 + 200 + 36 + 20 = 616.

4. Dans la méthode par palier, il faut toujours commencer par la société située le plus bas dans l'organigramme et remonter palier par palier. Dans le cas Dirpal, nous allons donc commencer par réaliser le tableau de partage de Fred, puis Vincent ou AV.

Dans la méthode par palier, les capitaux propres de la société à consolider sont partagés en fonction du pourcentage d'intérêts de(s) société(s) détenant directement la société à consolider. Quant aux titres de participation, ils sont éliminés en totalité.

Tableau de partage des capitaux propres au 31/12/N de Fred par la méthode par palier

Postes	Total	20 %	15 %
Capital	600	120	90
Réserves	1 000	200	150
Capitaux propres hors résultat		**320**	**240**
Élimination des titres participation chez AV	280	280	
Élimination des titres participation chez Vincent	210		210
Réserves consolidées AV et Vincent		**40**	**30**
Partage du résultat	**160**	**32**	**24**

■ **Écritures de partage au 31/12/N**

Titres mis en équivalence Fred chez AV (320 + 32)		352	
	Titres participation chez AV		280
	Réserves AV		40
	Résultat AV		32
Titres mis en équivalence Fred chez Vincent (240 + 24)		264	
	Titres participation chez Vincent		210
	Réserves Vincent		30
	Résultat Vincent		24

■ **Tableau de partage des capitaux propres au 31/12/N de AV par la méthode par palier**

Postes	Total	60 %	40 %
Capital	1 000	600	400
Réserves	2 290	1 374	916
Capitaux propres hors résultat	**3 290**	**1 974**	**1 316**
Élimination des titres participation chez Yves	1 410	1 410	
Réserves consolidées		**564**	
Partage du résultat	**482**	**289**	**193**

■ **Écritures de partage au 31/12/N**

Capital AV		1 000	
Réserves AV		2 290	
Résultat AV		482	
	Titres participations AV		1 410
	Réserves consolidées		564
	Résultat consolidé		289
	Intérêts minoritaires		1 509

■ **Tableau de partage des capitaux propres au 31/12/N de Vincent par la méthode par palier**

Postes	Total	70 %	30 %
Capital	1 000	700	300
Réserves	2 430	1 701	729
Capitaux propres hors résultat	**3 430**	**2 401**	**1 029**
Élimination des titres participation chez Yves	1 470	1 470	
Réserves consolidées		**931**	
Partage du résultat	**324**	**227**	**97**

Écritures de partage au 31/12/N

Capital Vincent		1 000	
Réserves Vincent		2 430	
Résultat Vincent		324	
	Titres participations Vincent		1 470
	Réserves consolidées		931
	Résultat consolidé		227
	Intérêts minoritaires		1 126

5. Pour vérifier les résultats obtenus, il suffit de cumuler, pour chacune des méthodes, le montant des réserves consolidées, du résultat consolidé et des intérêts minoritaires.

Cohérence globale	Méthode directe	Méthode par palier
Réserves consolidées	1 495	1 495
Résultat consolidé	516	516
Intérêts minoritaires	2 635	2 635

6. Les pourcentages de contrôles et d'intérêts de Yves dans Fred changent.

	% contrôle	Méthode	% intérêts majoritaires	% intérêts minoritaires
AV	60,00 %	Intégration globale	60,00 %	40,00 %
Vincent	70,00 %	Intégration globale	70,00 %	30,00 %
Fred (1)	55,00 %	Intégration globale	34,50 %	65,50 %

(1) Le pourcentage d'intérêts de Yves dans Fred est de 60 % × 40 % + 70 % × 15 % = 34,5 %. Le pourcentage des minoritaires est de 100 % – 34,5 % = 65,5 %, car 100 % des capitaux propres de Fred seront intégré chez Yves, mais Yves ne bénéficiera que de 34,5 %. Le pourcentage des minoritaires est donc de 65,5 %.

Tableau de partage des capitaux propres au 31/12/N de Fred selon la méthode directe

Postes	Total	34,5 %	65,5 %
Capital	600	207	393
Réserves	1 000	345	655
Capitaux propres hors résultat		**552**	**1 048**
Élimination des titres participation chez AV (1)	560	336	224
Élimination des titres participation chez Vincent (2)	210	147	63
Réserves consolidées		**69**	**761**
Partage du résultat	**160**	**55,2**	**104,8**

(1) 560 × 60 % = 336 et 560 × 40 % = 224.

(2) 210 × 70 % = 147 et 210 × 30 % = 63.

Tableau partage de Fred au 31/12/N selon la méthode par palier

Postes	Total	40 %	15 %	45 %
Capital	600	240	90	270
Réserves	1 000	400	150	450
Capitaux propres hors résultat		**640**	**240**	**720**
Élimination des titres participation chez AV	560	560		
Élimination des titres participation chez Vincent	210		210	
Réserves consolidées		**80**	**30**	
Partage du résultat	**160**	**64**	**24**	**72**

EXO 01.14 Cas Voltaire : structure complexe – écarts d'évaluation et d'acquisition sur intégration globale et mise en équivalence – ANC 2020-01 ou IFRS

1. Périmètre du groupe

	% contrôle	Type de contrôle	Méthode	% intérêts majoritaires	% intérêts minoritaires
Gavroche	80 %	Contrôle exclusif	Intégration globale	80 %	20 %
Greg	60 %	Contrôle exclusif	Intégration globale	60 %	40 %
Sam (1)	35 %	Influence notable	Mise en équivalence	25 %	10 %

(1) Le pourcentage d'intérêts de Voltaire dans Sam est de 80 % × 20 % + 60 % × 15 % = 25 %. Le pourcentage des minoritaires est de 35 % – 25 % = 10 %, car 35 % des capitaux propres de Sam seront intégrés chez Voltaire, mais Voltaire ne bénéficiera que de 25 %. Le pourcentage des minoritaires est donc de 10 %.

2. Les écarts d'acquisition et d'évaluation sont toujours calculés à la date de l'acquisition.

	Gavroche	Greg
Capitaux propres	1 400,00	1 400,00
Écart évaluation net IS	420,00	420,00
Capitaux propres réévalués	**1 820,00**	**1 820,00**

	Gavroche	Greg
Prix payé	455,00	341,00
% dans les capitaux propres réévalués	364,00	273,00
Écart d'acquisition	**91,00**	**68,00**

Écriture au 31/12/N au journal de consolidation de Sam concernant l'écart d'évaluation : dans une mise en équivalence, aucun actif et aucune dette ne sont remontés dans le bilan de la société mère. Il ne faut donc pas passer l'écriture comptable pour constater l'écart d'évaluation dans les comptes de Sam. Par contre, il faudra tenir compte de l'écart d'évaluation et de son amortissement lors de l'élaboration du tableau de partage des capitaux propres de la société Sam.

Écriture au 31/12/N au journal de consolidation de Greg concernant l'acquisition de Sam

Écart d'acquisition sur Sam		68,00	
	Titres participation chez Greg		68,00
Goodwill suite acquisition de Sam par Greg			

Réserves Greg		7,00	
Résultat Greg		10,00	
	Écart d'acquisition sur Sam		17,00
Dépréciation du goodwill			

Écriture au 31/12/N au journal de consolidation de Gavroche concernant l'acquisition de Sam

Écart d'acquisition sur Sam		91,00	
	Titres participation chez Gavroche		91,00
Goodwill suite acquisition de Sam par Gavroche			
Réserves Gavroche		9,00	
Résultat Gavroche		14,00	
	Écart d'acquisition sur Sam		23,00
Dépréciation du goodwill			

3. Les écarts d'acquisition et d'évaluation sont toujours calculés à la date de l'acquisition.

Réévaluation du bâtiment industriel	150
Réévaluation du brevet	120
Écart Evaluation	270
Écart évaluation net IS	**202,50**

Capitaux propres	2 350
Écart évaluation net IS	202,50
Capitaux propres réévalués	**2 552,50**

Prix payé	2 655,00
% de Voltaire dans les capitaux propres réévalués	2 042,00
Écart d'acquisition	**613,00**

Écriture au 31/12/N au journal de consolidation de Gavroche concernant l'acquisition de Gavroche

Brevet		120	
Bâtiment industriel		150	
	Réserves Gavroche		202,50
	Impôts différés passif		67,50
Écart d'évaluation chez Gavroche			
Réserves Gavroche		87,75	
Résultat Gavroche		29,25	
Impôts différés actif		39,00	
	Amortissement brevet		96
	Amortissement bâtiment		60
Amortissement écart d'évaluation			

L'écart d'évaluation sur le bâtiment industriel est amorti sur 10 ans et celui sur le brevet est amorti sur 5 ans.

- **Écriture au 31/12/N au journal de consolidation de Voltaire concernant l'acquisition de Gavroche**

Écart d'acquisition sur Gavroche		613	
	Titres participation chez Voltaire		613
Goodwill suite acquisition de Gavroche par Voltaire			
Réserves Voltaire		86	
Résultat Voltaire		55	
	Écart d'acquisition sur Gavroche		141
Dépréciation du goodwill			

4. Rappel 1 : ne pas oublier de prendre en compte dans les réserves et le résultat à partager les retraitements effectués précédemment. Ici, vous devez prendre en compte la dépréciation de l'écart d'acquisition qui est comptabilisée chez Greg, à la suite de l'achat de Sam.

- **Tableau partage Greg selon méthode directe au 31/12/N**

Postes	Total	60,00 %	40,00 %
Capital	1 000,00	600,00	400,00
Réserves (2400-7)	2 393,00	1435,80	957,20
Capitaux propres hors résultat		**2 035,80**	**1 357,20**
Élimination des titres participation chez Voltaire		1 260,00	
Réserves consolidées		**775,80**	
Partage du résultat (300-10)	**290,00**	**174,00**	**116,00**

- **Écritures de partage au 31/12/N**

Capital Greg		1 000,00	
Réserves Greg		2 393,00	
Résultat Greg		290,00	
	Titres participation Greg chez Voltaire		1 260,00
	Réserves consolidées		775,80
	Résultat consolidé		174,00
	Intérêts minoritaires		1 473,20

5.

- **Tableau partage Sam selon méthode directe au 31/12/N**

Écart Evaluation net chez Sam	420
Impact sur les réserves de l'amortissement de l'écart d'évaluation	63
Impact sur le résultat de l'amortissement de l'écart d'évaluation	42

Rappel 1 : ne pas oublier de prendre en compte dans les réserves et le résultat à partager les retraitements effectués précédemment. Ici, il ne s'agit que du retraitement de l'écart d'évaluation chez Sam.

Rappel 2 : penser à retirer le montant de l'écart d'acquisition à la valeur des titres de participation.

Rappel 3 : les titres de participation sont éliminés en fonction du pourcentage d'intérêts de la mère dans la société détentrice.

Postes	Total	25 %	10 %
Capital	600,00	150,00	60,00
Réserves (1 000 + 420 - 63)	1 357,00	339,25	135,70
Capitaux propres hors résultat	1 957,00	489,25	195,70
Élimination des titres participation chez Gavroche (455 - 91) (1)	364,00	291,20	72,80
Élimination des titres participation chez Greg (341,25 - 68,25) (2)	273,00	163,80	109,20
Réserves consolidées		34,25	13,70
Partage du résultat (200 - 42)	**158,00**	**39,50**	**15,80**

(1) 364 × 80 % = 291,2 et 364 × 20 % = 72,8.

(2) 273 × 60 % = 163,8 et 273 × 40 % = 109,2.

Valeur des titres mise en équivalence : 489,25 + 195,7 + 39,5 + 15,8 = 740,25.

Écritures de partage au 31/12/N

Titres mis en équivalence	740,25	
Élimination des titres participation chez Gavroche		364,00
Élimination des titres participation chez Greg		273,00
Réserves consolidées		34,25
Résultat consolidé		39,50
Intérêts minoritaires		29,50

6. Rappel 1 : ne pas oublier de prendre en compte dans les réserves et le résultat à partager les retraitements effectués précédemment. Ici, vous devez prendre en compte le retraitement de l'écart d'évaluation de Gavroche et la dépréciation de l'écart d'acquisition qui est comptabilisée chez Gavroche, à la suite de l'achat de Sam.

Rappel 2 : penser à retirer le montant de l'écart d'acquisition à la valeur des titres de participation.

Tableau partage de Gavroche selon méthode directe au 31/12/N

Postes	Total	80,00 %	20,00 %
Capital	1 000,00	800,00	200,00
Réserves (2 250 + 202,5 - 87,75 - 9)	2 355,75	1 884,60	471,15
Capitaux propres hors résultat		2 684,60	671,15
Élimination des titres participation (2 553 - 511)	2 042,00	2 042,00	
Réserves consolidées		642,60	671,15
Partage du résultat (450 - 14 - 29,25)	406,75	325,40	81,35

Écritures de partage au 31/12/N

Capital Gavroche		1 000,00	
Réserves Gavroche		2 355,75	
Résultat Gavroche		406,75	
	Titres participation Gavroche chez Voltaire		2 024,00
	Réserves consolidées		642,60
	Résultat consolidé		325,40
	Intérêts minoritaires		752,50

7. Tout est identique mais en normes IFRS, pour une mise en équivalence, il ne faut pas distinguer dans le bilan consolidé, l'écart d'acquisition et la valeur des titres mise en équivalence.
Sam est en mise en équivalence. L'acquisition de Sam a entrainé la comptabilisation d'un écart d'acquisition de 91 (chez Gavroche) et 68 (chez Greg). Cet écart d'acquisition a été déprécié respectivement de 23 (9 + 14) et 17 (7 + 10), chez Gavroche et Greg. L'écart d'acquisition, net des dépréciations doit être ajouté à la valeur des titres mise en équivalence.

Écriture au bilan à rajouter, aux écritures déjà passées en ANC 2020-01, si consolidation selon le référentiel IFRS

Titres mise en équivalence Sam		119,00	
	Écart d'acquisition chez Gavroche (91 – 23)		68,00
	Écart d'acquisition chez Greg (68 – 17)		51,00

EXO 01.15 Cas FFSK : goodwill négatif – retraitements d'homogénéisation

1.

Périmètre du groupe

	% contrôle	Type de contrôle	Méthode	% intérêts majoritaires	% intérêts minoritaires
Fabrice	70 %	Contrôle exclusif	Intégration globale	70 %	30 %
Vianney	56 %	Contrôle exclusif	Intégration globale	51,2 %	48,8 %

2. Les écarts d'acquisition et d'évaluation sont toujours calculés à la date de l'acquisition.

	Fabrice	Estelle
Capitaux propres Vianney	9 080,0	9 080,0
Écart évaluation net IS	742,5	742,5
Capitaux propres Vianney réévalués	**9 822,5**	**9 822,5**

	Fabrice	Estelle
Prix payé	2 014,0	5 035,0
% dans les capitaux propres réévalués	1 571,6	3 929,0
Écart d'acquisition	**442,4**	**1 106,0**

Écriture au 31/12/N au journal de consolidation de Vianney concernant l'écart d'évaluation

Actifs corporels		990,0	
	Réserves Vianney		742,5
	Impôts différés passif		247,5
Réserves Vianney		54,45	
Résultat Vianney		29,7	
Impôts différés actif		28,05	
	Amortissement des actifs		112,2

Écriture au 31/12/N au journal de consolidation d'Estelle concernant l'acquisition de Vianney

Écart d'acquisition sur Vianney		1 106,0	
	Titres participation chez Estelle		1 106,0
Goodwill suite acquisition de Vianney par Estelle			
Réserves Estelle		111,0	
Résultat Estelle		166,0	
	Écart d'acquisition sur Vianney		277,0
Dépréciation du goodwill			

Écriture au 31/12/N au journal de consolidation de Fabrice concernant l'acquisition de Vianney

Écart d'acquisition sur Vianney		442,4	
	Titres participation chez Fabrice		442,4
Goodwill suite acquisition de Vianney par Fabrice			
Réserves Fabrice		44,0	
Résultat Fabrice		66,0	
	Écart d'acquisition sur Vianney		110,0
Dépréciation du goodwill			

3. Les écarts d'acquisition et d'évaluation sont toujours calculés à la date de l'acquisition.

	ANC 2020-01	IFRS
Réévaluation du bâtiment industriel	150,0	150,0
Réévaluation de la marque (1)	600,0	600,0
Réévaluation des terrains	- 50,0	- 50,0
Réévaluation des stocks	13,5	13,5
Coûts de restructuration (2)	0,0	0,0
Écart d'évaluation	713,5	713,5
Impôts différés	28,4	178,4
Écart d'évaluation net IS	**685,1**	**535,1**

(1) Pas d'impôts différés passif sur la plus-value sur la marque selon le règlement ANC 2020-01. En IFRS, un impôt différé doit être calculé.
(2) Les coûts de restructuration auxquels l'acquéreur s'attend mais qu'il n'est pas obligé d'encourir à l'avenir pour exécuter son plan ne doivent pas être pris en compte dans le calcul des écarts (IFRS 3 R § 11) et ANC 2020-01.

Capitaux propres	15 250,0	15 250,0
Écart d'évaluation net IS	685,1	535,1
Capitaux propres réévalués	**15 935,1**	**15 785,1**

Prix payé	11 000,0	11 000
% d'Estelle dans les capitaux propres réévalués	11 154,6	11 049,6
Écart d'acquisition	**- 154,6**	**- 49,6**

4. L'écart d'acquisition est négatif. Cet écart d'acquisition peut provenir d'une réévaluation trop importante de certains actifs de la société Fabrice qui occasionne un écart d'acquisition négatif. Cela s'explique très facilement si nous revenons à la définition de l'écart de première consolidation.

L'écart de première consolidation est la différence entre le prix payé et la quote-part dans la valeur comptable de la société achetée. Cet écart se décompose entre l'écart d'acquisition et la quote-part dans l'écart d'évaluation. L'écart de première consolidation ne varie pas, il est constant. Donc, toutes choses égales par ailleurs, si l'écart d'évaluation devient trop important, alors l'écart d'acquisition devient négatif.

Voilà pourquoi, dès lors que vous obtenez un écart d'acquisition négatif, vous devez vous interroger sur la pertinence des réévaluations qui ont été faites.

Prix payé	11 000,0
% d'Estelle dans les capitaux propres	10 675,0
Écart de première consolidation	**325,0**

Selon le règlement ANC 2020-01, lors de l'acquisition d'une société, les actifs incorporels identifiés qui ne peuvent pas être évalués par référence à un marché actif ne doivent pas être inscrits au bilan consolidé s'ils conduisent à créer ou à augmenter un écart d'acquisition négatif. Dans le cas présent, la marque a été valorisée à 600. L'écart d'acquisition étant négatif, nous allons plafonner la valeur de la marque afin que l'écart d'acquisition devienne positif ou nul. Si nous supprimons la réévaluation de la marque, l'écart d'acquisition passe à 265,4. Avec une valeur de la marque égale à 379,2, l'écart d'acquisition devient égal à 0 en ANC 2020-01. Nous reprenons les tableaux précédents et nous remplaçons la valeur de la marque.

	ANC 2020-01
Réévaluation du bâtiment industriel	150,0
Réévaluation de la marque (1)	**379,2**
Réévaluation des terrains	- 50,0
Réévaluation des stocks	13,5
Coûts de restructuration (2)	0,0
Écart d'évaluation	492,7
Impôts différés	28,4
Écart d'évaluation net IS	**464,3**

(1) Pas d'impôts différés passif sur la plus-value sur la marque selon le règlement ANC 2020-01.
(2) Les coûts de restructuration auxquels l'acquéreur s'attend mais qu'il n'est pas obligé d'encourir à l'avenir pour exécuter son plan ne doivent pas être pris en compte dans le calcul des écarts (IFRS 3 R § 11) et ANC 2020-01.

	ANC 2020-01
Capitaux propres	15 250,0
Écart d'évaluation net IS	464,3
Capitaux propres réévalués	**15 714,3**

	ANC 2020-01
Prix payé	11 000,0
% d'Estelle dans les capitaux propres réévalués	11 000,0
Écart d'acquisition	**0,0**

En IFRS, avec une valorisation de la marque à 600, l'écart d'acquisition est également négatif (– 49,6). Comme avec le règlement ANC 2020-01, en cas d'écart d'acquisition négatif, les normes IFRS préconisent de revoir les valeurs de réévaluation des actifs, mais ne demandent pas de supprimer certains actifs afin de minimiser le *goodwill* négatif. Par conséquent, si vous considérez que la marque doit être valorisée à 600, vous maintenez cette valeur et l'écart d'acquisition reste négatif.

5.

Écriture au 31/12/N au journal de consolidation de Fabrice concernant l'acquisition de Fabrice

Marque		379,2	
Bâtiment industriel		150,0	
Stocks		13,5	
	Terrains		50,0
	Réserves Fabrice		464,3
	Impôts différés passif		28,4
Écart d'évaluation chez Fabrice			
Réserves Fabrice		13,5	
Résultat Fabrice		4,0	
Impôts différés actif		6,0	
	Amortissement du bâtiment		24,0
Amortissement écart d'évaluation			

Écriture au journal de consolidation d'Estelle concernant l'acquisition de Fabrice en ANC 2020-01 : pas d'écritures en ANC 2020-01 car pas d'écart d'acquisition.

6. Écart d'acquisition négatif de 50 qui sera rapporté au résultat sur 5 ans.
En supposant que l'écart d'acquisition soit de – 50 et qu'il soit étalé sur 5 ans.

Écritures au 31/12/N au journal de consolidation d'Estelle concernant l'acquisition de Fabrice en ANC 2020-01

Titres de participation		50	
	Provisions pour risques		50
Provisions pour risques		40	
	Réserves Estelle		30
	Résultat Estelle		10

■ **Écriture au 31/12/N au journal de consolidation d'Estelle concernant l'acquisition de Fabrice en IFRS**

Titres de participation		50	
	Réserves Estelle		50

7.

■ **Tableau de partage des capitaux propres et écritures au bilan au 31/12/N (ANC 2020-01)**

Postes	Total	51,2 %	48,8 %
Capital	6 000,0	3072,0	2 928,0
Réserves (3 300 + 742,5 - 54,45)	3 988,05	2 041,88	1 946,17
Capitaux propres hors résultat	9 988,05	5 113,88	4 874,17
Élimination des titres participation chez Fabrice (2014 - 442,4)	1 571,6	1 100,12 (1)	471,48 (1)
Élimination des titres participation chez Estelle (5 035 - 1 106)	3 929,00	3 929,00	
Réserves consolidées		84,76	4 402,69
Partage du résultat (200 - 29,7)	**170,30**	**87,19** (2)	**83,11** (2)

(1) 1 571,6 × 70 % = 1 100,12 et 1 571,6 × 30 % = 471,48.

(2) 170,3 × 51,2 % = 87,19 et 170,3 × 49,8 % = 83,11.

■ **Écritures de partage au 31/12/N**

Capital Vianney		6 000,0	
Réserves Vianney		3 988,05	
Résultat Vianney		170,30	
	Titres de participation Vianney chez Estelle		3 929,00
	Titres de participation Vianney chez Fabrice		1 571,60
	Réserves consolidées		84,76
	Résultat consolidé		87,19
	Intérêts minoritaires		4 485,79

8.

■ **Tableau de partage des capitaux propres de Fabrice et écritures au bilan 31/12/N (ANC 2020-01 avec écart d'acquisition égal à 0)**

Postes	Total	70,00 %	30,00 %
Capital	10 000,0	7 000,0	3 000,0
Réserves (6 000 + 464,3 - 13,5 - 44)	6 406,8	4 484,76	1 922,04
Capitaux propres hors résultat		11 484,76	4 922,04
Élimination des titres participation	11 000,0	11 000,0	
Réserves consolidées		484,76	4 922,04
Partage du résultat (450 - 66 - 4,5)	379,5	265,65	113,85

Écritures de partage au 31/12/N

Capital Fabrice		10 000,0	
Réserves Fabrice		6 406,8	
Résultat Fabrice		379,5	
	Titres de participation Fabrice chez Estelle		11 000,0
	Réserves consolidées		484,8
	Résultat consolidé		265,7
	Intérêts minoritaires		5 035,9

9. Retraitements d'homogénéisation chez Estelle

Retraitement 1 : emprunt obligataire

	ANC 2020-01	IFRS
Application de la méthode du coût amorti	Interdit	Obligatoire

Le coût d'un emprunt ne se résume pas au taux d'intérêts. Il faut prendre en compte l'ensemble des frais annexes pour déterminer le vrai coût de l'emprunt. La méthode du coût amorti permet de calculer un taux d'emprunt équivalent qui synthétise l'ensemble des charges liées à l'emprunt. **La première étape consiste à déterminer le taux d'emprunt implicite.** Le taux d'emprunt implicite est le taux qui égalise les flux en période 0 avec la somme des flux futurs actualisés au taux implicite. Ce taux se calcule très facilement avec excel (fonction TRI) ou avec une calculatrice financière.

	1/1/N-2	31/12/N-2	31/12/N-1	31/12/N	31/12/N+1	31/12/N+2	31/12/N+3	31/12/N+4
Émission de l'emprunt	430 000							
Frais émission	- 21 000							
Coupon annuel		- 10 000	- 10 000	- 10 000	- 10 000	- 10 000	- 10 000	- 10 000
Remboursement								- 500 000
Total flux	409 000	- 10 000	- 10 000	- 10 000	- 10 000	- 10 000	- 10 000	- 510 000
Taux implicite	5,16 %							

Ensuite, nous établissons l'échéancier de l'emprunt avec les données suivantes :

Emprunt de 409 000,

Taux de 5,16 %

Annuités de 10 000

	31/12/N-2	31/12/N-1	31/12/N	31/12/N+1	31/12/N+2	31/12/N+3	31/12/N+4
Capital avant échéance	409 000,0	420 120,9	431 816,2	444 115,4	457 049,7	470 651,9	484 956,6
Coupon	10 000,0	10 000,0	10 000,0	10 000,0	10 000,0	10 000,0	10 000,0
Intérêts	21 120,9	21 695,2	22 299,2	22 934,3	23 602,3	24 304,7	25 043,4
Amortissement capital	- 11 120,9	- 11 695,2	- 12 299,2	- 12 934,3	- 13 602,3	- 14 304,7	- 15 043,4
Capital après échéance	420 120,9	431 816,2	444 115,4	457 049,7	470 651,9	484 956,6	**500 000,0**

CORRIGÉS

Pour répondre à la question, il n'est pas utile de faire l'échéancier jusqu'à son échéance, mais cela permet de vérifier ses calculs. En effet, comme vous pouvez le constater, à l'échéance de l'emprunt, le capital à rembourser est égal à 500 000, qui correspond au montant réellement à rembourser.
Observez avec attention la première colonne du tableau : le coupon versé est de 10 000, les intérêts sont de 21 120,9 et l'amortissement du capital est **négatif** à - 11 120,9. En d'autres termes, à chaque échéance, le poste emprunt va augmenter pour atteindre à la fin 500 000.

Tableau de synthèse ANC 2020-01 versus IFRS

	31/12/N-2	31/12/N-1	31/12/N	31/12/N+1	31/12/N+2	31/12/N+3	31/12/N+4
Charges comptabilisées en PCG (1)	23 000,0	23 000,0	23 000,0	23 000,0	23 000,0	23 000,0	23 000,0
Charges comptabilisées en IFRS (2)	21 120,9	21 695,2	22 299,2	22 934,3	23 602,3	24 304,7	25 043,4
Différence	1 879,1	1 304,8	700,8	65,7	- 602,3	- 1 304,7	- 2 043,4
Cumul des différences	1 879,1	3 183,8	3 884,6	3 950,3	3 348,1	2 043,4	0,0

(1) 500 000 × 2 % + 21 000/7 + 70 000/7.
(2) Simple lecture dans l'échéancier en IFRS.

Avant de procéder aux écritures de retraitement, présentons les postes concernés du bilan selon le référentiel PCG et IFRS

Vue des postes du Bilan au 31/12/N selon le référentiel PCG

		Réserves	46 000,0
Charges à répartir	12 000,0	Résultat	23 000,0
Prime de remboursement	40 000,0	Emprunt	500 000,0

Vue des postes du Bilan au 31/12/N selon le référentiel IFRS

		Réserves	42 816,2
		Résultat	22 299,2
		Emprunt	444 115,4

Écritures de retraitement du bilan au 31/12/N

Emprunt (500 000 - 444 115,4)		55 884,6	
	Charges à répartir		12 000,0
	Prime de remboursement		40 000,0
	Résultat Estelle (23 000 - 22 299,2)		700,8
	Réserves Estelle (46 000 - 42 816,2)		3 183,8
Réserves Estelle		796,0	
Résultat Estelle		175,2	
	Impôts différés passif		971,2

Retraitement 2 : contrat de location financement

	ANC 2020-01	IFRS
Contrat de location au bilan	Contrat de crédit bail et assimilé	Contrat de location d'une durée supérieure à 1 an

De plus en plus de sociétés ont recours au crédit bail, à la location-financement ou à la location simple comme une alternative à l'acquisition financée par un emprunt bancaire. Malheureusement, dans les comptes sociaux, ces actifs et leur contrepartie en dettes n'apparaissent pas dans le bilan. La rentabilité et le niveau d'endettement de la société sont donc impactés. Comme en analyse financière, le consolidateur va retraiter les contrats de location en inscrivant un actif et une dette dans le bilan.

La première étape consiste à déterminer le taux d'emprunt implicite de l'opération. Le taux d'emprunt implicite est le taux qui égalise les flux en période 0 avec la somme des flux futurs actualisés au taux implicite. Ce taux se calcule très facilement avec excel (fonction TRI) ou avec une calculatrice financière.

Détermination du taux d'emprunt implicite

	0	1	2	3	4	5
Flux	100 000,0					
Flux	- 20 000,0	- 20 000,0	- 20 000,0	- 20 000,0	- 20 000,0	- 10 000,0
Somme des flux	80 000,0	- 20 000,0	- 20 000,0	- 20 000,0	- 20 000,0	- 10 000,0
Taux d'emprunt implicite calculé	4,39 %					

La deuxième étape consiste à établir l'échéancier de « l'emprunt équivalent ».

Calcul des intérêts, de l'amortissement du capital et de la dotation aux amortissements du bien

Date	Flux	Capital restant avant échéance	Intérêts	Remboursement du capital	Capital restant après échéance
1/4/N-2	20 000,0	100 000,0	0,0	20 000,0	80 000,0
30/03/N-1	20 000,0	80 000,0	3 512,9	16 487,1	63 512,9
30/03/N	20 000,0	63 512,9	2 789,0	17 211,0	46 301,9
30/03/N+1	20 000,0	46 301,9	2 033,2	17 966,8	28 335,1
30/03/N+2	20 000,0	28 335,1	1 244,2	18 755,8	9 579,4
30/03/N+3	10 000,0	9 579,4	420,6	9 579,4	0,0

Enfin, nous calculons le montant de la dotation aux amortissements en tenant compte de la valeur résiduelle au bout de 5 ans.

Dotation aux amortissements = (100 000 – 10 000) / 5 = 18 000

Écritures de retraitement du bilan au 31/12/N

Immobilisation		100 000,0	
	Emprunt		100 000,0
Comptabilisation de l'actif et de la dette			

Réserves Estelle		31 500,0	
Résultat Estelle		18 000,0	
	Amortissements		49 500,0
Comptabilisation des amortissements comptables			
IDA		12 375,0	
	Réserves Estelle		7 875,0
	Résultat Estelle		4 500,0
Prise en compte des impôts différés			
Emprunt		53 698,1	
Résultat Estelle (intérêts courus) (2 033,2 × 9/12) (1)		1 524,9	
Résultat Estelle (intérêts) (2 789 × 3/12)		697,2	
Réserves Estelle (intérêts) (2 789 × 9/12 + 3 512,9)		5 604,7	
	Résultat Estelle (redevances)		20 000,0
	Réserves Estelle (redevances) (20 000 + 20 000 × 9/12)		35 000,0
	Dettes (intérêts courus)		1 524,9
	Charges constatées d'avance (2) (20 000 × 3/12)		5 000,0
Amortissement financier de l'emprunt et élimination des redevances			
Résultat Estelle		4 444,5	
Réserves Estelle		7 348,8	
	IDP		11 793,3
Prise en compte des impôts différés			

(1) Les annuités de l'emprunt sont de fin de période et payées le 31/03. Nous devons donc recourir aux postes « intérêts courus » avec un prorata de 9/12.

(2) En comptes sociaux, des charges constatées d'avance ont été comptabilisées car les redevances sont payées d'avance le 31/03. Le prorata appliqué est de 3/12. Ces charges constatées d'avance sont supprimées car les redevances de début de période sont remplacées par des annuités de fin de période.

Retraitement 3 : délai fournisseurs trop long

	ANC 2020-01	IFRS
Retraitement d'un crédit fournisseur trop long	Interdit	Obligatoire

L'objectif de la méthode est d'extraire le coût financier de l'opération et de l'affecter aux différents exercices comptables.

Dans un premier temps il convient de déterminer la juste valeur de la Camaro. Pour cela, il suffit d'actualiser les flux de trésorerie au taux de 4 %.

Détermination de la juste valeur de Camaro

	1/1/N-2	31/12/N-2	31/12/N-2
Flux	30 000	21 000	21 000
Flux actualisés	30 000	20 192,3	19 415,7
Somme des flux actualisés	**69 608,0**		

La différence entre 72 000 et 69 608, soit 2 392, correspond au coût financier de l'opération. Ensuite, nous devrions faire un échéancier de l'emprunt pour affecter le coût financier de l'opération aux différents exercices comptables. Dans le cas présent, ce tableau est inutile (gain de temps) car nous sommes au 31/12/N et les retraitements sont relatifs aux exercices N-2 et N-1. En effet, au 31/12/N-1, il n'y a plus de dettes fournisseurs.
Dernier point : le retraitement des amortissements car la valeur comptable d'entrée de la voiture est différente selon le référentiel comptable choisi.

Amortissement comptable

	Base 72 000	Base 69 608	Différence
N-2	14 400	13 921,6	478,4
N-1	14 400	13 921,6	478,4
N	14 400	13 921,6	478,4

Écritures de retraitement du bilan au 31/12/N

		Débit	Crédit
Réserves Estelle (1 584,3 + 807,7) (1)		2 392,0	
	Matériels (72 000 - 69 608) (1)		2 392,0
Impots différés actif		598,0	
	Réserves Estelle		598,0
Amortissements		1 435,2	
	Réserves Estelle		956,8
	Résultat Estelle		478,4
Réserves Estelle		239,2	
Résultat Estelle		119,6	
	Impôts différés actif		358,8

(1) Il existe deux façons pour calculer la différence de 2 392. Cela permet de vérifier vos résultats.

2 Opérations de fusion, de scission et d'apport partiel d'actif

EXO 02.01 Quelques questions pour débuter

1. La valeur d'échange d'une société est la valeur qui va être retenue pour déterminer la parité d'échange dans le cadre de l'opération juridique envisagée. Elle correspond à la valeur marchande de la société. Cette valeur fait l'objet d'une discussion et d'un accord entre les parties intéressées. Elle figure dans le traité de fusion, de scission ou d'apport.

En matière de valeur d'échange, il n'existe pas de méthode imposée par une source de droit (Code de commerce ou règlement de l'Autorité des normes comptables, par exemple). En effet, il appartient aux associés des sociétés concernées (ou à leurs conseils) d'utiliser une méthode qui correspond le mieux à leur activité, à leur taille et leur environnement.

On observe dans la pratique que plusieurs méthodes sont utilisées. On trouve les trois grands types de méthodes étudiés dans la littérature académique, à savoir :

- les méthodes d'évaluation basées sur le patrimoine : la valeur est déterminée à partir des éléments du bilan que l'on retraite (actif net comptable corrigé) ;
- les méthodes d'évaluation basées sur l'actualisation des flux futurs : la valeur est déterminée par l'actualisation des flux de trésorerie futurs estimés (*discounted cash-flow*) ;
- les méthodes d'évaluation basées sur les comparables : la valeur est déterminée par comparaison avec des transactions réalisées sur des entreprises analogues (à partir des coefficients multiplicateurs).

La valeur d'échange est d'abord déterminée globalement puis par division de cette valeur par le nombre de titres. On obtient la valeur d'échange unitaire.

2. Qu'il s'agisse d'une fusion, d'une scission ou d'un apport partiel d'actif, l'opération va entraîner un échange de titres. Les associés d'une société déterminée vont recevoir à la place des titres qu'ils détiennent actuellement des titres d'une autre société. Pour connaître le nombre de titres que chaque associé (de la société qui réalise l'apport) va recevoir, les parties doivent au préalable se mettre d'accord sur les valeurs respectives de leurs sociétés.

Les valeurs d'échange de chaque société vont permettre de déterminer la parité d'échange.

3. La fixation de la valeur d'échange est libre. Elle fait l'objet d'une négociation entre les organes dirigeants des sociétés concernées. Les valeurs seront fixées dans le traité de fusion. Cependant, dans tous les cas, c'est l'assemblée générale des associés de la société bénéficiaire des apports (en tant qu'organe souverain) qui détermine la parité retenue.

L'une des difficultés dans la détermination de la valeur d'échange est le choix de la méthode. Il appartient aux parties d'utiliser des méthodes cohérentes avec leur domaine d'activité. Il est recommandé d'utiliser des méthodes généralement admises. La méthode retenue doit être la même pour l'ensemble des sociétés participant à l'opération. La doctrine de la Compagnie nationale des commissaires aux comptes (« Avis technique – La mission de commissariat à la fusion ») prévoit :

- de s'assurer que la méthode utilisée intègre plusieurs critères ;
- de vérifier que les critères retenus sont cohérents avec les caractéristiques des sociétés ;
- de contrôler la pertinence des calculs.

4. Il existe deux situations où il n'y a pas lieu de déterminer de valeur d'échange :

- le cas où la société bénéficiaire des apports détient l'intégralité des titres de la société dissoute (fusion simplifiée de l'article L. 236-11 du Code de commerce) ;
- le cas de la dissolution-dévolution (art. 1844-5 du Code civil).

En effet, dans ces deux situations, la société bénéficiaire des apports ne va pas réaliser d'augmentation de capital. Aucun titre nouveau ne sera créé. C'est pour cela que la question de la valeur d'échange est sans objet.

EXO 02.02 Fusion-absorption simple sans participation préalable

Pour déterminer la parité d'échange, il convient de connaître la valeur unitaire des actions de chaque société. Pour cela, on divise la valeur totale de la société par le nombre de titres.
Une action ANNA vaut 1 200 000 / 12 000, soit 100 euros.
Une action ELSA vaut 600 000 / 3 000, soit 200 euros.
Ensuite, on recherche le plus petit dénominateur commun de la fraction :

$$\frac{\textit{Valeur du titre de la société recevant les apports (société dite absorbante ou société créée)}}{\textit{Valeur du titre de la société effectuant les apports (société dite absorbée ou société dissoute)}}$$

Dans notre cas, cela donne 100 / 200, soit 1/2.
La parité sera donc : 1 action ELSA → 2 actions ANNA.

EXO 02.03 Fusion-absorption avec participation préalable de la société absorbante dans la société absorbée

On est en présence d'une participation détenue par la société absorbante dans le capital de la société absorbée. Il est nécessaire de calculer dans un premier temps la valeur d'un titre de la société absorbée pour pouvoir connaître ensuite la valeur de la société absorbante.
Une action HANS vaut 500 000 / 2 500, soit 200 euros.
La valeur de la société OLAF est de :

Valeur sans prise en compte de la participation dans HANS	1 000 000
Valeur des titres HANS détenus par OLAF : 500 × 200	100 000
TOTAL	1 100 000

Une action OLAF vaut 1 100 000 / 10 000, soit 110 euros.
On recherche le plus petit dénominateur commun de la fraction :

$$\frac{\textit{Valeur du titre de la société recevant les apports (société dite absorbante ou société créée)}}{\textit{Valeur du titre de la société effectuant les apports (société dite absorbée ou société dissoute)}}$$

Ce qui donne : 110 / 200, soit 11/20.
La parité sera donc : 11 actions HANS → 20 actions OLAF.

EXO 02.04 Fusion-absorption avec participation préalable de la société absorbée dans la société absorbante

On est en présence une participation détenue par la société absorbée dans le capital de la société absorbante. Il est nécessaire de calculer dans un premier temps la valeur d'un titre de la société absorbante pour pouvoir connaître ensuite la valeur de la société absorbée.
Une action KRISTOFF vaut 2 500 000 / 10 000, soit 250 euros.
La valeur de la société OAKEN est de :

Valeur sans prise en compte de la participation dans KRISTOFF	1 000 000
Valeur des titres KRISTOFF détenus par OKAEN : 1 000 × 250	250 000
TOTAL	1 100 000

Une action OAKEN vaut 1 250 000 / 5 000, soit 250 euros.

On recherche le plus petit dénominateur commun de la fraction :

$$\frac{\textit{Valeur du titre de la société recevant les apports (société dite absorbante ou société créée)}}{\textit{Valeur du titre de la société effectuant les apports (société dite absorbée ou société dissoute)}}$$

Ce qui donne : 250 / 250, soit 1/1.

La parité sera donc : 1 action OAKEN → 1 action KRISTOFF.

EXO 02.05 Fusion-absorption avec participation réciproque

1. Calcul de la parité : on est en présence d'une participation réciproque préalablement à l'opération. Pour connaître la valeur de chaque société, il est nécessaire de connaître la valeur de l'autre. Pour résoudre cette difficulté, il convient de poser un système d'équations du premier degré à deux inconnues et de le résoudre.

La valeur de la société SHREQUE est de 4 800 000 euros auxquels s'ajoute 20 % (1 000 / 5 000 actions) de la valeur de la société FIONA.

La valeur de la société FIONA est de 500 000 euros auxquels s'ajoute 10 % (1 000 / 10 000 actions) de la valeur de la société SHREQUE.

On pose le système d'équation suivant où X est la valeur de SHREQUE et Y la valeur de FIONA :

X = 4 800 000 + 0,2 Y

Y = 500 000 + 0,1 X

On résout ce système d'équation du premier degré à deux inconnues par substitution de la seconde équation dans la première.

X = 4 800 000 + 0,2 (500 000 + 0,1 X)

X = 4 800 000 + 100 000 + 0,02 X

0,98 X = 4 900 000

Donc X = 5 000 000

On en déduit Y.

Y = 500 000 + 0,1 × 5 000 000

Y = 1 000 000

Une action SHREQUE vaut 5 000 000 / 10 000, soit 500 euros.

Une action FIONA vaut 1 000 000 / 5 000, soit 200 euros.

On recherche le plus petit dénominateur commun de la fraction :

$$\frac{\textit{Valeur du titre de la société recevant les apports (société dite absorbante ou société créée)}}{\textit{Valeur du titre de la société effectuant les apports (société dite absorbée ou société dissoute)}}$$

Ce qui donne : 500 / 200, soit 5/2.

La parité sera donc : 5 actions FIONA → 2 actions SHREQUE.

2. Opération en sens inverse : la société FIONA absorbe la société SHREQUE.

Le calcul de la valeur d'échange des sociétés sera exactement le même que celui effectué lors de la précédente question. En effet, le sens de l'opération n'a aucune influence sur la valeur des titres utilisée pour la détermination de la parité. La valeur d'échange permet de déterminer le poids respectif de chaque société. Il n'y a donc rien qui puisse justifier que les valeurs soient adaptées au sens de l'opération.

Le calcul de la parité sera alors fait par recherche du plus petit dénominateur commun de la fraction :

$$\frac{\textit{Valeur du titre de la société recevant les apports (société dite absorbante ou société créée)}}{\textit{Valeur du titre de la société effectuant les apports (société dite absorbée ou société dissoute)}}$$

Ce qui donne : 200 / 500, soit 2/5.

La parité sera donc : 2 actions SHREQUE → 5 actions FIONA.

EXO 02.06 Fusion-absorption simple – Existence d'une soulte

1. Pour déterminer la parité d'échange, il convient de connaître la valeur unitaire des actions de chaque société. Pour cela, on divise la valeur totale de la société par le nombre de titres.

Une actions TANGLED vaut 2 000 000 / 20 000, soit 100 euros.

Une action VLADAMIR vaut 1 616 000 / 8 000, soit 202 euros.

On recherche le plus petit dénominateur commun de la fraction :

$$\frac{\textit{Valeur du titre de la société recevant les apports (société dite absorbante ou société créée)}}{\textit{Valeur du titre de la société effectuant les apports (société dite absorbée ou société dissoute)}}$$

Dans notre cas, cela donne 100 / 202, fraction non réductible à un entier plus petit.

La parité sera donc : 100 actions VLADAMIR → 202 actions TANGLED.

2. Recours à une soulte : cette parité soulève la difficulté des rompus. En effet, chaque actionnaire n'a pas nécessairement un nombre de titres VLADAMIR correspondant à un ou des lots de 100 actions. En outre, en droit français, les actions et les parts sociales ne peuvent pas être décimalisées, c'est-à-dire divisées en dizaines, en centaines ou en millièmes. La seule exception concerne les OPCVM (Organisme de placement collectif en valeurs mobilières).

La soulte est une somme d'argent qui dans, un partage ou dans un échange, compense l'inégalité de valeur des lots ou des biens échangés.

L'utilisation d'une soulte permet d'avoir la parité d'échange suivante :

1 action VLADAMIR → 2 actions TANGLED + 2 euros.

3. Limites à l'utilisation de la soulte : dans le cadre des opérations de fusions (réunion ou absorption) et de scissions (y compris le cas de l'apport partiel d'actif), l'article L. 236-1 du Code de commerce permet l'utilisation d'une soulte à condition qu'elle ne dépasse pas 10 % du montant de la valeur nominale des titres créés.

Il s'agit d'une première limite qui est juridique. Le non-respect de celle-ci dénature l'opération projetée qui ne pourra pas être placée sous le régime juridique des fusions ou opérations assimilées.

Il existe également une seconde limite qui tient à la disponibilité de fonds suffisants. En effet, les actionnaires de la société qui réalise l'apport vont recevoir une somme d'argent de la part de la société qui reçoit les apports. Cela suppose que la société ait la trésorerie nécessaire.

EXO 02.07 Fusion-réunion (ou fusion-création)

Dans le cadre d'une fusion-réunion, la détermination de la parité d'échange se fait de la manière suivante :

- détermination de la valeur d'échange des sociétés dissoutes ;
- détermination du nombre de titres de la société nouvelle à créer à partir de la valeur nominale de la société choisie.

Pour déterminer la parité d'échange, il convient de connaître la valeur unitaire des actions de chaque société. Pour cela, on divise la valeur totale de la société par le nombre de titres.

Une action ALADDIN vaut 2 000 000 / 20 000, soit 100 euros.

Une action JASMINE vaut 1 000 000 / 5 000, soit 200 euros.

La valeur nominale d'une action JAFAR est de 150 euros.

On recherche le plus petit dénominateur commun de la fraction pour chaque société :

$$\frac{\textit{Valeur du titre de la société recevant les apports (société créée)}}{\textit{Valeur du titre chaque société effectuant un apport (sociétés dissoutes)}}$$

Pour ALADDIN, cela donne 150 / 100, soit 15/10.

La parité sera donc : 15 actions ALADDIN → 10 actions JAFAR.
Pour JASMINE, cela donne 150 / 200, soit 15/20.
La parité sera donc : 15 actions JASMINE → 20 actions JAFAR.
Dans le cadre d'une fusion-réunion, les actifs nets apportés par les sociétés qui seront dissoutes vont former le capital social de la société créée. Sauf à vouloir éviter d'éventuels rompus, il est extrêmement rare que la valeur d'échange de la société créée soit différente de sa valeur nominale.

EXO 02.08 Scission

Dans le cadre d'une scission ou d'un apport partiel d'actif, il convient, d'abord, de déterminer la valeur d'un titre de la société scindée. Ensuite, deux solutions peuvent se présenter :

- les sociétés recevant les apports existent préalablement à l'opération : dans ce cas, il convient d'évaluer lesdites sociétés et de procéder à l'évaluation de chaque titre pour déterminer la parité ;
- les sociétés recevant les apports sont créées spécialement à cette occasion : dans ce cas, la parité sera déterminée à partir de la valeur nominale des titres de la nouvelle société.

Une action BLEULERKRAEPLIN vaut 6 750 000 / 45 000, soit 150 euros.
Une action EUGEN vaut 750 000 / 10 000, soit 75 euros.
La valeur nominale d'une action EMIL (société nouvellement créée) est de 100 euros.
Ensuite, on recherche le plus petit dénominateur commun de la fraction pour chacune des sociétés recevant des apports :

$$\frac{\textit{Valeur du titre de la société recevant les apports (société bénéficiaire des apports)}}{\textit{Valeur du titre de la société effectuant les apports (société scindée)}}$$

Pour EUGEN, cela donne 75 / 150, soit 1/2.
La parité sera donc : 1 action BLEULERKRAEPLIN → 2 actions EUGEN.
Pour EMIL, cela donne 100 / 150, soit 2/3.
La parité sera donc : 2 actions BLEULERKRAEPLIN → 3 actions EMIL.

EXO 02.09 Fonction et rôle du commissaire aux apports et du commissaire à la fusion

1. Le commissaire aux apports est un intervenant extérieur aux sociétés concernées par l'opération projetée. Il s'agit d'un professionnel indépendant désigné, en principe, par ordonnance du président du tribunal de commerce (ou du tribunal de grande instance) sur requête d'une ou des sociétés. À condition de recueillir l'unanimité des associés de toutes les sociétés concernées par l'opération (articles L. 225-8 et L. 225-147 du Code de commerce), il peut être désigné par décision d'assemblée générale. Il est choisi parmi les commissaires aux comptes ou parmi les experts inscrits sur l'une des listes tenues près des cours d'appel.
Son rôle est défini aux articles L. 225-8, L. 225-14, L. 223-9 (création), L. 225-147 et L. 223-33 (augmentation de capital) du Code de commerce selon qu'il s'agisse d'une société par actions ou d'une SARL.
Libellée de manière légèrement différente dans ces articles, la mission du commissaire aux apports est :

- d'évaluer les apports en nature, sous sa responsabilité,
- d'énumérer les avantages particuliers, le cas échéant.

Il intervient donc avant que l'opération ne soit définitivement réalisée. Sa mission aboutit à la rédaction d'un rapport qui est mis à la disposition des associés et est déposé en annexe du registre du commerce et des sociétés.
ans les opérations de fusion, de scission ou d'apport partiel d'actif, la société bénéficiaire des apports reçoit des actifs qui sont autres que du numéraire (une somme d'argent). Mis à part le

cas de la fusion simplifiée, la société va procéder à une augmentation de capital par création de droits sociaux nouveaux pour les attribuer aux associés de la société qui disparaît.

Le législateur impose l'intervention du commissaire aux apports dans les sociétés où la responsabilité des associés est limitée car la fixation de la valeur d'un apport en nature est susceptible de donner lieu à une manœuvre frauduleuse (infraction définie et réprimée aux articles L. 242-2 4° pour la SA et L. 241-3 1° pour la SARL).

L'intervention d'un tiers indépendant qui ne peut pas être le commissaire aux comptes en exercice d'une des sociétés contribue à la diminution du risque de manœuvre de ce type.

C'est pour cela que le législateur a prévu l'engagement de la responsabilité des associés en cas d'absence de désignation d'un commissaire aux apports ou en cas d'utilisation d'une valeur d'apport supérieure à celle déterminée par ce dernier.

2. Comme le commissaire aux apports, le commissaire à la fusion est un intervenant extérieur aux sociétés concernées par l'opération projetée. Il est choisi et désigné dans les mêmes conditions que le commissaire aux apports.

Son rôle est défini à l'article L. 236-10 (société par actions, et sur renvoi de L. 236-23 pour la SARL) du Code de commerce qui dispose que :

« *I. – Sauf si les actionnaires des sociétés participant à l'opération de fusion en décident autrement dans les conditions prévues au II du présent article, un ou plusieurs commissaires à la fusion, désignés par décision de justice et soumis à l'égard des sociétés participantes aux incompatibilités prévues à l'article L. 822-11-3, établissent sous leur responsabilité un rapport écrit sur les modalités de la fusion.*

Les commissaires à la fusion vérifient que les valeurs relatives attribuées aux actions des sociétés participant à l'opération sont pertinentes et que le rapport d'échange est équitable. Ils peuvent obtenir à cette fin, auprès de chaque société, communication de tous documents utiles et procéder à toutes vérifications nécessaires.

Le ou les rapports des commissaires à la fusion sont mis à la disposition des actionnaires. Ils indiquent :

1° La ou les méthodes suivies pour la détermination du rapport d'échange proposé ;

2° Le caractère adéquat de cette ou ces méthodes en l'espèce ainsi que les valeurs auxquelles chacune de ces méthodes conduit, un avis étant donné sur l'importance relative donnée à ces méthodes dans la détermination de la valeur retenue ;

3° Les difficultés particulières d'évaluation s'il en existe. »

Le rôle du commissaire à la fusion est d'informer tous les associés de toutes les sociétés concernées sur les modalités de l'opération projetée, notamment la parité d'échange. Il veille particulièrement à l'équité entre les associés et s'assure que la parité d'échange a été déterminée de manière à ce que les associés minoritaires ne soient pas lésés.

C'est pour cela que le législateur a permis de ne pas recourir à un commissaire à la fusion uniquement lorsque l'unanimité des associés y est favorable.

En effet, la suite du même article dispose que « *II. – La décision de ne pas faire désigner un commissaire à la fusion est prise, à l'unanimité, par les actionnaires de toutes les sociétés participant à l'opération. À cette fin, les actionnaires sont consultés avant que ne commence à courir le délai exigé pour la remise de ce rapport préalablement à l'assemblée générale appelée à se prononcer sur le projet de fusion.* »

Lorsqu'un commissaire à la fusion intervient, c'est lui qui assure la fonction de commissaire aux apports. En effet, le dernier alinéa du même article dispose que : « *III. – Lorsque l'opération de fusion comporte des apports en nature ou des avantages particuliers, le commissaire à la fusion ou, s'il n'en a pas été désigné en application du II, un commissaire aux apports désigné dans les conditions prévues à l'article L. 225-8 établit le rapport prévu à l'article L. 225-147.* »

EXO 02.10 Quelques questions pour débuter

1. La détermination de la valeur d'apport est nécessaire pour le traitement comptable de l'opération. C'est la valeur qui va être utilisée pour comptabiliser les actifs et les dettes transmises par la société faisant les apports dans la comptabilité de la société qui reçoit les apports.
Dans le cadre d'une fusion-absorption, cela revient à dire que la valeur d'apport est la valeur à laquelle les actifs et les dettes de la société absorbée vont être comptabilisés dans la comptabilité de la société absorbante.
Il ne faut pas confondre cette valeur avec la valeur d'échange. Une valeur d'échange est déterminée pour chacune des sociétés participant à l'opération.
Seule la valeur d'apport des sociétés dissoutes (société absorbée ou société scindée) sont à déterminer.
Ces valeurs figurent obligatoirement dans le traité de fusion, de scission ou d'apport.

2. En application du règlement de l'Autorité des normes comptables 2014-03 du 5 juin 2014 (art. 730-1 à 740-3) abrogeant le règlement du Comité de réglementation comptable 2004-01 du 4 mai 2004, les parties présentes dans une opération de fusion n'ont plus le choix de la valeur d'apport. Celle-ci est déterminée en fonction de la nature du contrôle exercé et du sens de l'opération préalablement.
Lorsque l'opération est réalisée par des sociétés placées sous contrôle commun (c'est-à-dire que préalablement à l'opération l'une des sociétés détient de contrôle exclusif – au sens de la consolidation – de l'autre ou que les deux sociétés sont sous le contrôle de la même société mère) le règlement impose d'utiliser la valeur nette comptable.
Lorsque l'opération est réalisée par des sociétés placées sous contrôle distinct, il y a lieu de rechercher le sens de l'opération :

- si l'opération est dite à l'endroit (c'est-à-dire que la société absorbée est la cible et la société absorbante est à l'initiative de l'opération : c'est, notamment, le cas lorsque l'actionnaire majoritaire de la société absorbante conserve le contrôle après la fusion), les parties doivent retenir la valeur réelle ;
- si l'opération est dite à l'envers (c'est-à-dire que la société absorbante est la cible et la société absorbée est à l'initiative de l'opération : c'est, notamment, le cas lorsque l'actionnaire majoritaire de la société absorbée prend le contrôle de la société absorbante après la fusion), les parties doivent retenir la valeur nette comptable.

On peut synthétiser les différentes situations dans le tableau suivant :

Valeur d'apport à retenir	Opération sous contrôle commun	Opération sous contrôle distinct
Opération à l'endroit	Valeur nette comptable	Valeur réelle
Opération à l'envers		Valeur nette comptable

Le principe qui domine la réglementation actuelle est de réserver l'utilisation de la valeur réelle comme valeur d'apport aux seules opérations correspondant économiquement à des opérations de fusions-acquisitions (achat d'entreprise par voie de fusion). Cela va dans le même sens que la norme IFRS 3 *Business combinations* (regroupement d'entreprises).

3. Le législateur a instauré un régime de faveur en matière d'imposition, notamment, des plus-values constatées chez la société dissoute dans le cadre des opérations de fusions et des opérations de scissions depuis une quarantaine d'années (entrée en vigueur du premier dispositif en 1977). Ce régime est permanent et concerne toutes les sociétés assujetties de plein droit ou sur option à l'impôt sur les sociétés.

Les modifications intervenues au fil du temps dans la réglementation comptable n'ont pas eu pour effet de réserver le régime de faveur à un type particulier d'opération. Au contraire, le régime de faveur a été étendu aux opérations de dissolution-dévolution par la Loi de finances pour 2002.
C'est pourquoi la valeur d'apport à utiliser n'est pas une condition dans l'applicabilité ou non du régime fiscal de faveur.
Par contre, l'existence de ce régime (optionnel) dans une opération n'est pas sans incidence sur le traitement comptable post-opération à effectuer. En effet, en contrepartie de l'imposition chez la société bénéficiaire des apports des plus-values sur les éléments d'actif amortissables (étalées dans le temps sur 5 ou 15 ans, voire plus selon la nature du bien), la société peut déduire fiscalement un amortissement calculé sur la valeur réelle desdits biens au moment de l'opération.
Deux situations sont possibles :

- la valeur d'apport à utiliser est la valeur réelle : dans ce cas, l'amortissement pratiqué par la société bénéficiaire des apports inclut cette « majoration » d'amortissement ;
- la valeur d'apport à utiliser est la valeur nette comptable : dans ce cas, la société bénéficiaire des apports doit utiliser la technique de l'amortissement dérogatoire.

EXO 02.11 Recherche de la valeur d'apport à retenir

1. Nature du contrôle : dans le cadre d'une opération de fusion, la nature du contrôle s'apprécie en fonction de l'existence ou non d'un contrôle préalable à l'opération. Lorsque, préalablement à l'opération, l'une des sociétés contrôle (au sens du contrôle exclusif de la consolidation selon le règlement du Comité de réglementation comptable 99-02) l'autre ou que les deux sociétés sont sous le contrôle de la même société mère, on dit que le contrôle est commun. Dans le cas contraire, on dit que le contrôle est distinct.
L'article L. 233-16 du Code de commerce dispose qu'il y a contrôle exclusif dans trois cas :
1° la détention directe ou indirecte de la majorité des droits de vote dans une autre entreprise ;
2° la désignation, pendant deux exercices successifs, de la majorité des membres des organes d'administration, de direction ou de surveillance d'une autre entreprise. La société « consolidante » est présumée avoir effectué cette désignation lorsqu'elle a disposé au cours de cette période, directement ou indirectement, d'une fraction supérieure à 40 % des droits de vote, et qu'aucun autre associé ou actionnaire ne détenait, directement ou indirectement, une fraction supérieure à la sienne ;
3° l'exercice d'une influence dominante sur une entreprise en vertu d'un contrat ou de clauses statutaires, lorsque le droit applicable le permet.
Dans notre cas, préalablement à la fusion, la société RADIUS détient 35 % de la société CUBITUS. M. RECTUS en détient 60 %. La participation de RADIUS ne correspond à aucun des cas permettant de qualifier le contrôle de contrôle exclusif.
En conséquence, le contrôle est distinct.

2. Les sociétés étant sous contrôle distinct, il y a lieu de rechercher le sens de l'opération.
Les opérations sont à l'endroit lorsque l'actionnaire principal de la société absorbante, bien que dilué, conserve son pouvoir de contrôle sur celle-ci. La cible est la société absorbée. L'initiatrice est la société absorbante ou l'une de ses filiales.
Les opérations sont à l'envers lorsque l'actionnaire principal de la société absorbée prend le contrôle de la société absorbante. La cible est la société absorbante. L'initiatrice est la société absorbée ou sa société mère.
L'actionnaire principal est celui qui détient le plus de parts sociales ou d'actions de la société. Il ne faut pas confondre ce terme avec l'actionnaire majoritaire qui est celui qui détient plus de la moitié des parts sociales ou des actions de la société.

Il faut donc rechercher la part que détiendront les actionnaires principaux après la fusion.

	Part détenue avant fusion dans RADIUS	Part détenue avant fusion dans CUBITUS	Valeur respective de chaque actionnaire dans RADIUS post-fusion	% de détention dans RADIUS post-fusion
M. FLECTOR	80 %		1 000 000 × 80 %, soit 800 000	53,33 %
M. RECTUS		60 %	500 000 × 60 %, soit 300 000	20,00 %
Les autres associés	20 %	40 %	1 000 000 × 20 % + 500 000 × 40 %, soit 400 000	26,67 %
Valeur totale de RADIUS post-fusion			1 500 000	

M. FLACTOR, actionnaire principal de la société absorbante avant fusion, conserve le contrôle de la société après fusion. L'opération est donc l'endroit.

3. L'opération est sous contrôle distinct et est à l'endroit. En conséquence, la valeur d'apport à retenir est la valeur réelle.

EXO 02.12 Recherche de la valeur d'apport à retenir

1. La règle de droit est la même que celle indiquée à l'exercice 03.11.
Dans notre cas, préalablement à la fusion, la société RADIUS détient 25 % de la société CUBITUS. M. RECTUS en détient 70 %. La participation de RADIUS ne correspond à aucun des cas permettant de qualifier le contrôle de contrôle exclusif.
En conséquence, le contrôle est distinct.

2. Les sociétés étant sous contrôle distinct, il y a lieu de rechercher le sens de l'opération.
La règle de droit est la même que celle indiquée à l'exercice 02.11.
Il faut donc rechercher la part que détiendront les actionnaires principaux après la fusion.

	Part détenue avant fusion dans RADIUS	Part détenue avant fusion dans CUBITUS	Valeur respective de chaque actionnaire dans RADIUS post-fusion	% de détention dans RADIUS post-fusion
M. FLECTOR	10 %		1 000 000 × 10 %, soit 100 000	7,27 %
M. RECTUS		70 %	500 000 × 70 %, soit 350 000	25,45 %
Les autres associés	90 %	5 %	1 000 000 × 90 % + 500 000 × 5 %, soit 925 000	67,27 %
Valeur totale de RADIUS post-fusion			1 375 000	

M. FLACTOR, actionnaire principal de la société absorbante avant fusion, n'avait pas le contrôle de la société absorbante.
M. RECTUS, actionnaire principal de la société absorbée devient actionnaire principal de la société absorbante. Cependant, il n'en a pas le contrôle.
Aucun changement dans le contrôle de la société absorbante n'étant constaté, l'opération est à l'endroit.

3. L'opération est sous contrôle distinct et est à l'endroit. En conséquence, la valeur d'apport à retenir est la valeur réelle.

EXO 02.13 Recherche de la valeur d'apport à retenir

1. La règle de droit est la même que celle indiquée à l'exercice 02.11.
Dans notre cas, préalablement à la fusion, la société RADIUS détient 10 % de la société CUBITUS.
Ce qui ne suffit pas pour caractériser le contrôle exclusif.
Mais, la société TIBIA détient :
- 55 % de la société RADIUS,
- 52,5 % de la société CUBITUS (47 % en participation directe et 0,55 × 0,10, soit 5,5 % en participation indirecte).

Les deux sociétés sont donc sous le contrôle exclusif de la même société mère.
En conséquence, l'opération concerne des sociétés sous contrôle commun.

2. Les sociétés étant sous contrôle commun, il est inutile de rechercher le sens de l'opération.

3. L'opération est sous contrôle commun. En conséquence, la valeur d'apport à retenir est la valeur nette comptable.

EXO 02.14 Recherche de la valeur d'apport à retenir

1. La règle de droit est la même que celle indiquée à l'exercice 02.11.
Dans notre cas, préalablement à la fusion, M. FLECTOR est actionnaire majoritaire et donc actionnaire principal des deux sociétés.
On aurait pu penser que cette situation aurait entraîné la qualification de l'opération comme opération sous contrôle commun.
Cependant, il est important que savoir que, dans un avis n° 2005-C du 4 mai 2005, le Comité d'urgence du Conseil national de la comptabilité a précisé que le règlement n° 2004-01 n'avait pas lieu à s'appliquer aux opérations concernant des sociétés contrôlées par une personne physique.

2. Dans l'opération projetée, la question du sens ne se pose pas.

3. En conséquence, la valeur d'apport à retenir est la valeur réelle.

EXO 02.15 Recherche de la valeur d'apport à retenir

1. La règle de droit est la même que celle indiquée à l'exercice 02.11.
Dans notre cas, préalablement à la fusion, la société RADIUS détient 15 % de la société CUBITUS.
M. RECTUS en détient 80 %. La participation de RADIUS ne correspond à aucun des cas permettant de qualifier le contrôle de contrôle exclusif.
En conséquence, le contrôle est distinct.

2. Les sociétés étant sous contrôle distinct, il y a lieu de rechercher le sens de l'opération.
Il faut donc rechercher la part que détiendront les actionnaires principaux après la fusion.

	Part détenue avant fusion dans RADIUS	Part détenue avant fusion dans CUBITUS	Valeur respective de chaque actionnaire dans RADIUS post-fusion	% de détention dans RADIUS post-fusion
M. FLECTOR	80 %		500 000 × 80 %, soit 400 000	26,27 %
M. RECTUS		80 %	1 000 000 × 75 %, soit 800 000	53,33 %

	Part détenue avant fusion dans RADIUS	Part détenue avant fusion dans CUBITUS	Valeur respective de chaque actionnaire dans RADIUS post-fusion	% de détention dans RADIUS post-fusion
Les autres associés	20 %	20 %	500 000 × 20 % + 1 000 000 × 20 %, soit 300 000	20,00 %
Valeur totale de RADIUS post-fusion			1 500 000	

M. FLECTOR, actionnaire principal de la société absorbante avant fusion perd le contrôle de la société après fusion. M. RECTUS, actionnaire principal de la société absorbée avant la fusion prend le contrôle de la société absorbante après fusion.
L'opération est donc à l'envers.

3. L'opération est sous contrôle distinct mais à l'envers. En conséquence, la valeur d'apport à retenir est la valeur nette comptable.

EXO 02.16 Recherche de la valeur d'apport à retenir

1. Dans le cadre d'une opération d'apport partiel d'actif, c'est la société qui reçoit les apports (nouvelle ou préexistante) qui procède à la constitution du capital ou à une augmentation de capital.
La SA PISIFORME bénéficiaire des apports est évaluée à 1 000 000 euros.
La branche PYRAMIDAL à apporter est évaluée à 2 500 000 euros.
Sans connaître la valeur unitaire de l'action PISIFORME, on peut déterminer le rapport d'échange en recherchant le plus petit dénominateur commun de la fraction :

$$\frac{\textit{Valeur de la société recevant les apports}}{\textit{Valeur de la branche apportée}}$$

Dans notre cas, cela donne 1 000 000 / 2 500 000, soit 10/25.
Cela veut dire que la société PISIFORME va créer des actions nouvelles correspondant en nombre à deux fois et demie le nombre de titres actuel.

2. Les titres nouvellement créés seront attribués à la SA CARPEPYRAMIDAL.
La SA CARPEPYRAMIDAL détiendra 2,5 fois plus de titres PISIFORME que les autres actionnaires.
Il y a donc prise de contrôle de PISIFORME par la SA CARPEPYRAMIDAL.

3. Le sujet nous indique qu'il n'existe aucun lien capitalistique entre les sociétés CARPEPYRAMIDAL et PISIFORM antérieurement à l'opération. L'opération est donc sous contrôle distinct.
Il convient alors de rechercher le sens de l'opération.
La société réalisant l'apport (CARPEPYRAMIDAL) prend le contrôle de la société bénéficiaire des apports (PISIFORME). Il s'agit d'une opération à l'envers car il y a changement dans le contrôle de la société bénéficiaire des apports.
En conséquence, la valeur d'apport sera la valeur nette comptable.

4. Exception en cas de filialisation avant cession à une société sous contrôle distinct : l'article 741-1 du règlement ANC 2014-03 précité précise qu'« *en cas de filialisation d'une branche d'activité appelée à être cédée à une société sous contrôle distinct, la notion d'opération doit être analysée en tenant compte de l'objectif de cession qui préside à la filialisation. Cet objectif se matérialise par l'existence d'un engagement préalable de cession ou d'introduction en bourse en vigueur lors de la filialisation, conduisant à une perte de contrôle et mentionné explicitement dans le traité d'apport.* »

Dans notre cas, le projet de cession des parts concomitamment à l'apport entraînera l'obligation d'utiliser la valeur réelle comme valeur d'apport.
Dans le cas où la cession ne se réaliserait pas dans le délai convenu, il conviendrait alors de modifier la valeur d'apport utilisée. C'est pourquoi le règlement impose d'indiquer les deux valeurs (valeur nette comptable et valeur réelle) dans le traité d'apport.

EXO 02.17 Quelques questions pour débuter

1. L'opération de fusion entraîne la transmission universelle du patrimoine de la société absorbée au profit de la société absorbante. L'article L. 236-3 du Code de commerce dispose que « *La fusion (...) entraîne la dissolution sans liquidation des sociétés qui disparaissent et la transmission universelle de leur patrimoine aux sociétés bénéficiaires, dans l'état où il se trouve à la date de réalisation définitive de l'opération. (...)* »
Il appartient donc à la société bénéficiaire des apports de constater dans ses écritures comptables le transfert de propriété de l'ensemble des actifs et le transfert de l'ensemble des dettes et des obligations de la société dissoute.
Cette inscription en comptabilité doit être réalisée en appliquant la valeur d'apport définie dans le traité de fusion conformément aux prescriptions du référentiel comptable en vigueur en France.
Lorsque la société absorbante détient une participation dans le capital de la société absorbée, figure, à l'actif de son bilan, le prix d'acquisition (ou le prix de souscription) des titres de la société absorbée (en immobilisations financières, classe 26 Titres de participation, ou 27 Titres immobilisés, selon la qualification comptable retenue). Ce prix d'acquisition (ou de souscription) a éventuellement été déprécié à la suite de l'application d'un test de dépréciation.
La dissolution sans liquidation de la société absorbée conduit à devoir procéder à l'annulation des titres de la société absorbée dans le bilan de la société absorbante.
En contrepartie, on inscrira dans le bilan de la société absorbante les actifs nets de dettes reçus en valeur d'apport.
Cependant, il est quasiment impossible que la valeur de l'actif net que l'on reçoit en valeur d'apport (la quote-part détenue par la société absorbante) soit strictement identique au prix d'acquisition (ou au prix de souscription).
Il y a donc, dans ce cas seulement, un écart qu'il convient de traiter.

2. Le boni ou le mali de fusion est un résultat.
Il correspond à la différence entre la quote-part des actifs nets reçus (en valeur d'apport) de la société absorbée détenue par la société absorbante ET la valeur nette comptable des titres de la société absorbée dans le bilan de la société absorbante.
Lorsque la différence est positive, on parle d'un boni de fusion.
Lorsque la différence est négative, on parle d'un mali de fusion.

3. Le boni de fusion (qui correspond à un gain latent ou à une réévaluation) est en principe comptabilisé dans les capitaux propres de la société absorbante, plus précisément dans le compte 1042 Primes de fusions.
Cependant, à condition de pouvoir la déterminer de manière fiable, il est prescrit de constater en produits financiers la quote-part des résultats appartenant à la société absorbante correspondant aux résultats non distribués et mis en réserves par la société absorbée depuis la détention des titres par la société absorbante.

4. Le mali de fusion (qui correspond à une perte) doit en principe être comptabilisé en charges financières en vertu du principe de prudence.
Cependant, dans le cas des opérations où la valeur d'apport est la valeur nette comptable, il se peut que l'existence d'un mali de fusion ne soit que la conséquence (totalement ou partiellement) du fait de l'utilisation de la valeur nette comptable.

En effet, si au moment de l'acquisition des titres, la société absorbante a acquis lesdits titres au prix de marché et en tenant compte de l'existence de plus-values latentes sur les actifs de la société absorbée, il est logique qu'il existe un écart négatif entre le prix d'acquisition et la valeur nette comptable.
C'est pourquoi il est prévu qu'en présence d'un mali de fusion lors d'une opération où la valeur nette comptable a été retenue comme valeur d'apport, il y a lieu de procéder à une décomposition du mali de fusion.
Il convient d'identifier la valeur de chaque bien composant l'actif de la société absorbée au moment de la fusion et de la comparer à la valeur nette comptable (actif par actif). On en déduit une ou des plus-values latentes.
Ensuite, il convient d'identifier les éventuelles obligations de la société à l'égard des tiers non comptabilisées au passif en l'absence d'obligations comptables (par exemple : les indemnités de fin de départ à la retraite).
On fait la différence entre ces deux éléments (somme des plus-values latentes – dettes non comptabilisées).
Si le résultat est négatif : l'ensemble du mali est un vrai mali qu'il convient de comptabiliser en charges financières dans la comptabilité de la société absorbante.
Si le résultat est positif : la quote-part de ce résultat correspondant au pourcentage de détention de la société absorbée par la société absorbante, dans la limite du mali total, constitue un mali technique qui sera inscrit à l'actif du bilan de la société absorbante. La part du mali total qui excède le mali technique doit être comptabilisée en charges financières.
Bien évidemment, lorsque c'est la valeur réelle qui est utilisée comme valeur d'apport, il ne peut y avoir de mali technique (faux mali).

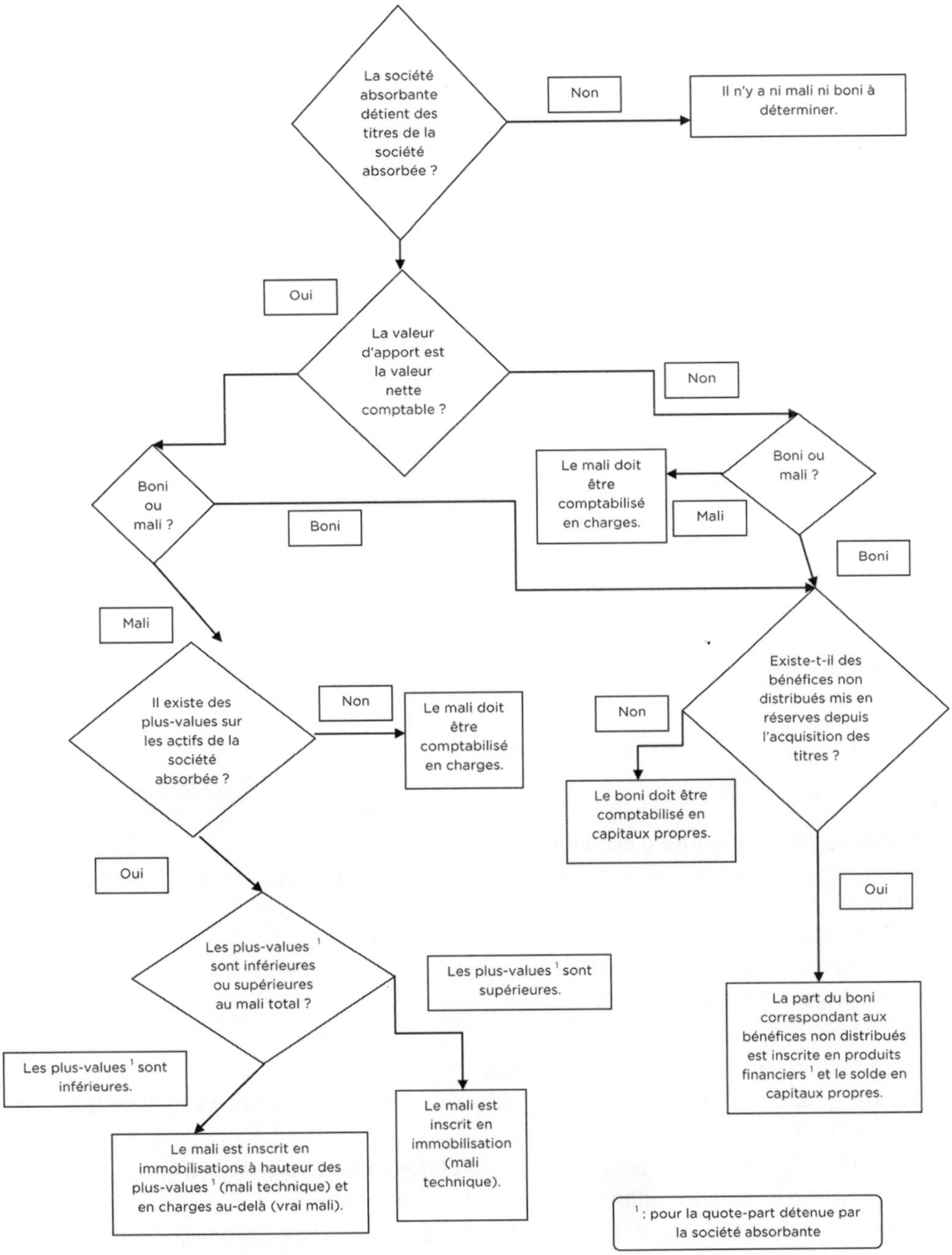

5. Pour les exercices ouverts jusqu'au 31 décembre 2015, les entreprises avaient l'obligation de comptabiliser le mali technique dans un sous-compte « Mali de fusion » du compte 207 Fonds commercial. De manière extracomptable, ce mali était réparti entre chaque actif pour lesquels des plus-values ont été observées et au prorata de ces plus-values latentes.

Pour les exercices ouverts depuis le 1er janvier 2016, le règlement de l'Autorité des normes comptables 2015-06 du 23 novembre 2015 a modifié la règle de comptabilisation et de suivi du mali technique.

Dorénavant, le mali technique doit être affecté aux différents actifs apportés et inscrits dans des comptes spécifiques. Les comptes correspondant sont les suivants :

Nº du compte	Intitulé
2081	Mali de fusion sur actifs incorporels
2187	Mali de fusion sur actifs corporels
278	Mali de fusion sur actifs financiers
4781	Mali de fusion sur actif circulant

L'affectation doit être réalisée de la manière suivante :

- si le mali technique total est supérieur à la somme des plus-values latentes sur les éléments d'actifs identifiés hors fonds commercial, il est affecté à chaque actif apporté à hauteur de la plus-value latente identifiée sur ledit actif et le montant résiduel est affecté au fonds commercial (compte 207 Fonds commercial) ;
- si le mali technique total est inférieur à la somme des plus-values latentes sur les éléments d'actifs identifiés hors fonds commercial, il affecté à chaque actif apporté au prorata des plus-values latentes.

La répartition est dorénavant faite directement dans la comptabilité. Chaque sous-compte de mali de fusion apparaîtra dans le poste de chaque type d'immobilisations correspondant.

En conséquence, la part de mali de fusion qui est affectée à des immobilisations amortissables devient elle-même amortissable.

EXO 02.18 Détermination du résultat de fusion et écritures comptables

1.

Capital social :	10 000 × 10 = 100 000 euros TARSE	→ 10 %	5 000 × 10 = 50 000 euros ASTRAGALE

Détermination de la parité d'échange

Il convient de connaître la valeur d'échange d'une action de chaque société participant à l'opération.

Valeur d'échange de TARSE : 1 000 000 / 10 000, soit 100 euros.

Valeur d'échange de ASTRAGALE : 500 000 / 5 000, soit 100 euros.

Parité d'échange : 100 / 100, soit 1/1.

1 action ASTRAGALE → 1 action TARSE

Détermination de l'augmentation de capital

En droit français, une société ne peut pas détenir ses propres actions sauf dans trois cas limitativement énumérés :

- le rachat réalisé en vue d'une réduction de capital non motivée par des pertes ;
- le rachat en vue d'une attribution des titres rachetés aux salariés ;
- le rachat par les sociétés opéré dans le cadre d'un plan de rachat d'actions.

Dans tous les cas, la société ne peut détenir plus de 10 % de ses propres actions (art. L. 225-210, al. 1 du Code de commerce).

En conséquence, il n'y a pas lieu de créer des titres pour rémunérer les 10 % d'ASTRAGALE détenu par TARSE. C'est pourquoi, dans la plupart des opérations, on a recours à une fusion dite allotissement. On pourrait envisager une création de titres pour ensuite les annuler. Cette dernière pratique est plus complexe car elle nécessite la tenue d'assemblées distinctes. De plus, cette pratique est susceptible de remettre en cause l'application du régime fiscal de faveur. La jurisprudence et la doctrine ne sont pas stables sur ce sujet.

Le nombre de titres TARSE à créer est déterminé à partir de la quantité de titres ASTRAGALE détenus par les autres associés.
Soit : (5 000 actions ASTRAGALE × 90 %) × 1 / 1 → 4 500 actions TARSE à créer
L'augmentation de capital sera de 4 500 × 10 (valeur nominale) = 45 000 euros.

Détermination de la valeur d'apport

La société TARSE ne détient que 10 % du capital de la société ASTRAGALE. Cette participation ne lui donne pas le contrôle exclusif de la société. Les deux sociétés sont détenues par des personnes différentes.
L'opération est sous contrôle distinct. Il faut donc rechercher le sens de l'opération.
M. COCCYX détient 90 % (9 000 / 10 000) de la société absorbante avant fusion.
Il détiendra 62,1 % (9 000 / 14 500) de la société après fusion. [14 500 = 10 000 + 4 500].
L'actionnaire principal de la société absorbante conserve le contrôle à l'issue de l'opération.
L'opération est à l'endroit.
La valeur d'apport à retenir est donc la valeur réelle, soit 500 000 euros.

Détermination de la prime de fusion « proprement dite »

La prime de fusion en détermine en faisant la différence entre la quote-part détenue par les autres associés de la société en valeur d'apport ET l'augmentation de capital.
Soit : (500 000 × 90 %) - 45 000 = 405 000 euros.

2. On parle de résultat de fusion lorsque la société absorbante détient préalablement à l'opération une participation dans la société absorbée. Ce qui est ici le cas.
Il convient de calculer la quote-part de l'actif reçu en valeur d'apport correspondant à la participation de la société absorbante et de la comparer au prix d'acquisition (ou de souscription).
Soit : (500 000 × 10 %) - (500 × 10) = 45 000 euros.
L'écart étant positif, il s'agit d'un boni de fusion.
Le sujet nous précise que la société absorbée a toujours procédé à la distribution de l'intégralité des bénéfices. En conséquence, le boni sera porté dans le compte 1042 Primes de fusions.

3.

Écritures comptables (en K €)

45615		Société compte d'apport	500	
	1013	Capital souscrit appelé versé		45
	1042	Prime de fusion (405 + 45)		450
	261	Titres ASTRAGALE		5

EXO 02.19 Détermination du résultat de fusion et écritures comptables

1.

Capital social :	10 000 × 10 = 100 000 euros TARSE	→ 10 %	5 000 × 10 = 50 000 euros ASTRAGALE

Détermination des conséquences de la fusion sur les capitaux propres : la solution est la même que celle de l'exercice 02.18.

CORRIGÉS

2. On parle de résultat de fusion lorsque la société absorbante détient préalablement à l'opération une participation dans la société absorbée. Ce qui est ici le cas.

Il convient de calculer la quote-part de l'actif reçu en valeur d'apport correspondant à la participation de la société absorbante et de la comparer au prix d'acquisition (ou de souscription).

Soit : (500 000 × 10 %) – 150 000 [prix d'acquisition] = – 100 000 euros.

L'écart étant négatif, il s'agit d'un mali de fusion.

La valeur d'apport retenue est la valeur réelle. Le mali ne peut être qu'un « vrai » mali. En conséquence, le mali sera porté dans le compte 668 Autres charges financières.

3.

■ **Écritures comptables**

45615		Société compte d'apport	500	
668		Autres charges financières	100	
	1013	Capital souscrit appelé versé		45
	1042	Prime de fusion (405)		405
	261	Titres ASTRAGALE		150

EXO 02.20 Détermination du résultat de fusion et écritures comptables

1.

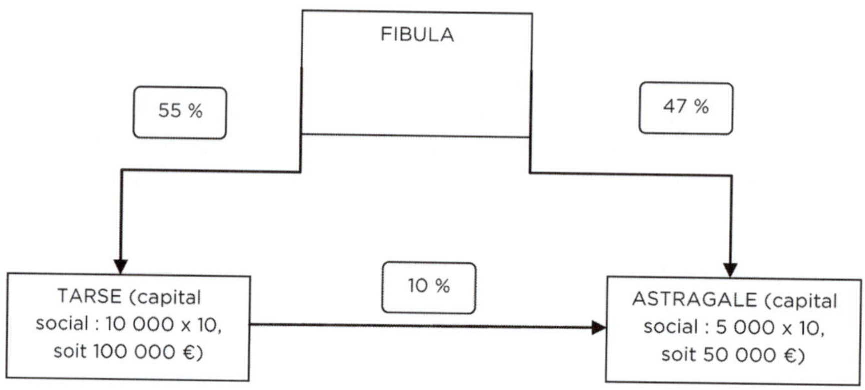

Détermination de la parité d'échange

La solution est la même que celle de l'exercice 02.18.

Détermination de l'augmentation de capital

La solution est la même que celle de l'exercice 02.18.

Détermination de la valeur d'apport

La société TARSE ne détient que 10 % du capital de la société ASTRAGALE. Cependant, on constate que les sociétés TARSE et ASTRAGALE sont contrôlées par la même société FIBULA. En effet, la société FIBULA détient :

- directement 55 % de la société TARSE,
- directement 47 % de la société ASTRAGALE,
- indirectement 5,5 % (55 % × 10 %) de la société ASTRAGALE, soit 52,5 % au total.

Les deux sociétés sont sous le contrôle exclusif de la même société mère. L'opération est sous contrôle commun.

Il n'y a pas lieu de rechercher le sens de l'opération.
La valeur d'apport à retenir est donc la valeur nette comptable, 200 000 euros.

Détermination de la prime de fusion « proprement dite »

La prime de fusion se détermine en faisant la différence entre la quote-part détenue par les autres associés de la société en valeur d'apport ET l'augmentation de capital.
Soit : (200 000 × 90 %) - 45 000 [*cf.* exercice 02.18] = 135 000 euros.

2. On parle de résultat de fusion lorsque la société absorbante détient préalablement à l'opération une participation dans la société absorbée. Ce qui est ici le cas.
Il convient de calculer la quote-part de l'actif reçu en valeur d'apport correspondant à la participation de la société absorbante et de la comparer au prix d'acquisition (ou de souscription).
Soit : (200 000 × 10 %) - (150 000) = - 130 000 euros.
L'écart étant négatif, il s'agit d'un mali de fusion.
La valeur d'apport retenue est la valeur nette comptable.
Il convient alors de rechercher l'existence de plus-values latentes sur les éléments d'actif de la société absorbée.
Le sujet nous indique que le fonds de commerce a été évalué pour 300 000 euros.

Éléments d'actifs	Valeur réelle	VNC	Plus-value latente
Fonds de commerce	300 000	0	300 000
TOTAL	300 000	0	300 000

La société absorbante détient 10 % de la société absorbée.
La partie du mali correspondant à la quote-part de plus-value « appartenant » à la société absorbante correspond au mali technique, soit 300 000 × 10 % = 30 000 euros.
Le mali total étant de 130 000 euros, il doit être décomposé en :
- un mali technique, encore appelé faux mali, pour un montant de 30 000 euros ;
- un vrai mali pour un montant de 100 000 (130 000 - 30 000) euros.

3.

Écritures comptables

45615		Société compte d'apport	200	
2081		Mali technique sur actif incorporel	30	
668		Autres charges financières	100	
	1013	Capital souscrit appelé versé		45
	1042	Prime de fusion		135
	261	Titres ASTRAGALE		150

EXO 02.21 Cas HANNIBAL LECTER

1.

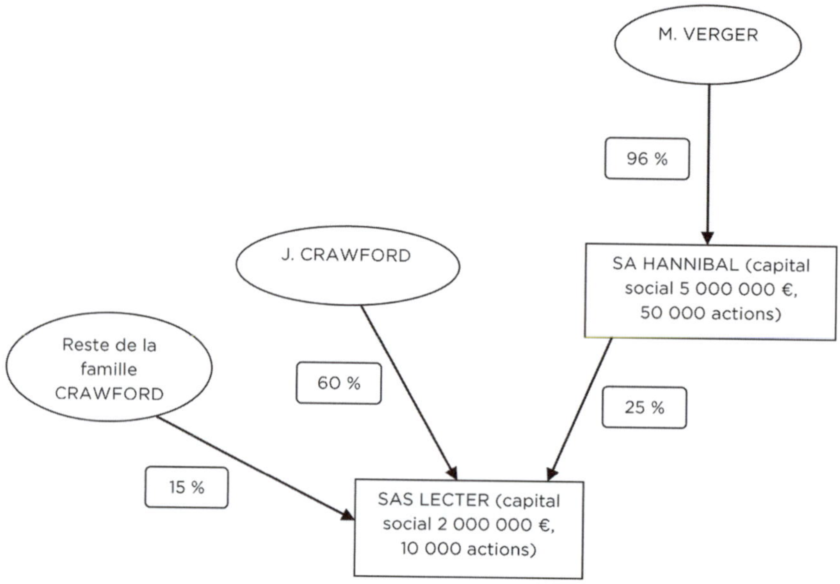

Généralement, trois raisons justifient le recours à une fusion plutôt qu'à un rachat d'actions :

- le souhait de conserver parmi les actionnaires des personnes nécessaires au bon fonctionnement de l'entreprise cible (maintien des compétences et/ou de la notoriété) et la situation réciproque (certains associés ne veulent pas quitter le capital de la société tout de suite) ;
- la volonté de ne pas sortir de trésorerie tout de suite en proposant un échange de titres à la place d'une somme d'argent ;
- la possibilité d'avoir accès à un régime fiscal qui diminue significativement le coût de l'opération.

2. Traitement comptable d'un rachat d'actions : la société HANNIBAL détient actuellement 25 % du capital de la société LECTER. Ces titres sont inscrits en immobilisations financières (27 Titres immobilisés). En cas d'achat du reste des actions (75 %), cette acquisition constituerait une prise de contrôle.
Les nouveaux titres acquis devraient être inscrits pour leur coût d'acquisition (incluant les frais d'acquisition) en classe 26 Titres de participation. Il serait nécessaire de transférer les titres antérieurement détenus dans le même compte comptable.

3. Les deux sociétés sont des sociétés commerciales dont la responsabilité des associés est limitée. En principe, un commissaire aux comptes doit être désigné par ordonnance sur requête du président du tribunal de commerce.
Cependant, à l'unanimité des associés de toutes les sociétés concernées, il peut être décidé de ne pas avoir recours à un commissaire à la fusion. Cependant, dans le cas présent, l'intervention d'un commissaire aux apports sera indispensable.

4. Dans le cadre du régime de faveur, l'ensemble des plus-values constatées lors de la sortie des actifs du patrimoine de la société absorbée ne sont pas imposées chez ladite société. Il en est de même de la reprise des provisions réglementées, des subventions d'investissement non encore reprises au compte de résultat, des amortissements dérogatoires et des provisions pour risques et charges encore justifiées.

Ces plus-values, reprises de provisions et autres profits futurs ou éventuels seront imposés, le cas échéant, chez la société absorbante. Pour permettre leur traçabilité dans les comptes de la société absorbante, l'administration fiscale impose à la société absorbante de reconstituer les provisions réglementées, les amortissements dérogatoires et les subventions d'investissement non encore reprises au compte de résultat par imputation sur la prime de fusion. En cas de prime de fusion insuffisante, il convient d'utiliser le compte de report à nouveau débiteur (119).

De même, en cas d'apport valorisé à la valeur nette comptable, l'administration fiscale impose que chaque actif soit comptabilisé pour sa valeur brute d'une part et pour le montant des amortissements et des dépréciations d'autre part.

5. Les droits de mutation dus à l'occasion d'une fusion sont comptabilisés en charges (compte 63541 Droits de mutation) au moment de leur paiement. Jusqu'au exercice clos le 30 septembre 2018, le PCG précisait que la méthode préférentielle était d'imputer ces frais sur le montant de la prime de fusion pour leur montant net d'impôt sur les sociétés. Suite à l'homologation par arrêté du 8 octobre 2018 du règlement de l'Autorité des Normes Comptables n° 18-01 du 20 avril 2018 portant sur les changements de méthodes comptables, l'article 212-9 du PCG a été modifié et dispose à présent que « les frais d'augmentation de capital, de fusion et de scission peuvent être inscrits à l'actif en frais d'établissement ou imputés sur les primes d'émission et de fusion ; en cas d'insuffisance, ces frais sont comptabilisés en charges. » Il n'y a pas de méthode de référence. L'entreprise a donc le choix entre les trois solutions :

- laisser ces frais en charges ;
- les inscrire à l'actif et les amortir sur une durée maximale de 5 ans ;
- les imputer de la prime de fusion.

6. Le sujet nous indique que la valeur d'échange d'un titre LECTER est de 200 euros.

Il convient de rechercher la valeur d'un titre HANNIBAL. La méthode de l'actif net comptable corrigé a été retenue.

Détermination de l'actif net comptable : l'actif net comptable correspond à la valeur résiduelle de la société. Il convient de soustraire les dettes et « quasi-dettes » aux actifs. Le tout à la valeur comptable. Il s'agit des capitaux propres de la société.

Poste	Montant en K €
Capital	2 000
Réserve légale	120
Autres réserves	2 730
Report à nouveau	50
Amortissements dérogatoires (1)	230
TOTAL	5 130

(1) Le sujet nous précise de ne pas tenir compte de la fiscalité différée.

Ensuite, on recherche les plus ou moins-values sur actifs et les passifs non inscrits éventuels.

Poste	Valeur réelle	Valeur nette comptable	Plus ou moins-values et passif non inscrit
Terrains	1 170	600	570
Constructions	2 050	1 600	450
Installations techniques	2 000	1 900	100
Autres immobilisations	350	300	50
Indemnité de fin de carrière	- 300	0	- 300
TOTAL			870

La valeur de l'actif net comptable corrigé est de 5 130 + 870 = 6 000 k €.
La valeur mathématique intrinsèque d'une action LECTER est de 6 000 000 / 10 000, soit 600 euros.
Pour déterminer la parité, on recherche le plus petit dénominateur commun de la fraction :

$$\frac{\textit{Valeur du titre de la société recevant les apports (société bénéficiaire des apports)}}{\textit{Valeur du titre de la société effectuant les apports (société scindée)}}$$

Dans notre cas, 200 / 600, soit 1/3.
La parité est : 1 action LECTER → 3 actions HANNIBAL.
Nombre de titres à créer et augmentation de capital.
La société HANNIBAL détient 25 % du capital de la société LECTER. Il convient de créer des titres HANNIBAL pour les autres associés (75 %).
10 000 actions LECTER × 75 % × 3 /1 = 22 500 actions HANNIBAL.
L'augmentation de capital sera de 22 500 × 100 euros, soit 2 250 000 euros.

7. La société HANNIBAL détient une participation qui ne donne pas le contrôle exclusif de la société LECTER. Les deux sociétés ne sont pas contrôlées par la même société. L'opération est donc sous contrôle distinct.
Il faut alors rechercher le sens de l'opération.

	Part détenue avant fusion dans HANNIBAL	Part détenue avant fusion dans LECTER	Nombre d'actions HANNIBAL remises en échange	% de détention dans HANNIBAL post-fusion
M. VERGER	96 %			48 000 / (50 000 + 22 500) 66,21 %
M. CRAWFORD		60 %	22 500 × 60 %, soit 13 500	13 500 / (50 000 + 22 500) 18,62 %

L'actionnaire principal de la société absorbante (initiateur) avant l'opération reste l'actionnaire principal de la société absorbante après l'opération, l'opération est donc à l'endroit.
La valeur d'apport est la valeur réelle.

8. La société absorbante détenant des titres de la société absorbée préalablement à l'opération, il est nécessaire de déterminer le résultat de fusion.
Les titres ont été acquis 1 000 000 euros.
La valeur d'apport est la valeur réelle, soit 6 000 000 euros.
HANNIBAL détient 25 % de LECTER.
La part de LECTER appartenant à HANNIBAL avant la fusion est de 6 000 000 × 25 %, soit 1 500 000 euros.
L'écart entre les 1 500 000 et les 1 000 000 correspond au résultat de fusion, soit 500 000 euros. L'écart est ici positif. Cela veut dire que l'on est en présence d'un boni de fusion.

9. Le montant des actifs nets en valeur d'apport est de 6 000 000 euros.
La part appartenant aux autres associés est 75 %.
La prime de fusion proprement dite est de (6 000 000 × 75 %) – 2 250 000 (augmentation de capital), soit 2 250 000 euros.
Le boni de fusion doit être comptabilisé en prime de fusion faute d'information suffisamment fiable sur la part des bénéfices non distribués par LECTER depuis l'acquisition des titres.
Le sujet précise que la société a décidé d'imputer les frais de fusion sur la prime de fusion, soit 15 000 euros.
L'opération est placée sous le régime de faveur de l'article 210 A du Code général des impôts. Il y a donc lieu de reconstituer l'amortissement dérogatoire, soit 230 000 euros.

La prime de fusion nette sera de :

Éléments	Montant
Prime de fusion proprement dite	2 250 000
Boni de fusion	500 000
Frais de fusion	- 15 000
Reconstitution des amortissements dérogatoires	- 230 000
Prime de fusion nette	2 505 000

10.

Écritures comptables relatives aux capitaux propres

45		Société compte d'apport	6 000	
	1013	Capital souscrit appelé versé		2 250
	1042	Prime de fusion (2 250 + 500)		2 750
	271	Titres LECTER		1 000

1042		Prime de fusions	15 000	
	791	Transfert de charges		15 000

1042		Prime de fusions	230 000	
	145	Amortissements dérogatoires		230 000

EXO 02.22 Cas FLAURENT ABC24

1. L'alinéa deux de l'article L. 232-12 du Code de commerce dispose que « *(...), lorsqu'un bilan établi au cours ou à la fin de l'exercice et certifié par un commissaire aux comptes fait apparaître que la société, depuis la clôture de l'exercice précédent, après constitution des amortissements et provisions nécessaires, déduction faite s'il y a lieu des pertes antérieures ainsi que des sommes à porter en réserve en application de la loi ou des statuts et compte tenu du report bénéficiaire, a réalisé un bénéfice, il peut être distribué des acomptes sur dividendes avant l'approbation des comptes de l'exercice. Le montant de ces acomptes ne peut excéder le montant du bénéfice défini au présent alinéa. (...)* »
Dans une société par actions simplifiées, l'organe compétent pour décider de la distribution d'un acompte sur dividende est le président.

2. La valeur d'apport est la valeur à laquelle les actifs et les dettes de la société absorbée vont être comptabilisés dans la comptabilité de la société absorbante.
En application du règlement de l'ANC 2014-03, les parties présentes dans une opération de fusion n'ont plus le choix de la valeur d'apport. Celle-ci est déterminée en fonction de la nature du contrôle exercé et du sens de l'opération.
Lorsque l'opération est réalisée par des sociétés placées sous contrôle commun (c'est-à-dire que préalablement à l'opération l'une des sociétés détient le contrôle exclusif, au sens de la consolidation, de l'autre ou que les deux sociétés sont sous le contrôle de la même société mère), le règlement impose d'utiliser la valeur nette comptable.
Lorsque l'opération est réalisée par des sociétés placées sous contrôle distinct, il y a lieu de recherche le sens de l'opération :

- si l'opération est dite à l'endroit (c'est-à-dire que la société absorbée est la cible et la société absorbante à l'initiative de l'opération : c'est, notamment, le cas lorsque l'actionnaire

majoritaire de la société absorbante conserve le contrôle après la fusion), les parties doivent retenir la valeur réelle.
- si l'opération est dite à l'envers, les parties doivent retenir la valeur nette comptable.

3. La valeur d'échange est le prix convenu par les associés pour déterminer la quantité de titres que vont recevoir les associés de la société absorbée. On fixe une valeur d'échange pour chaque société participant à l'opération. Elle sert à déterminer la parité d'échange. Cette valeur qui doit être déterminée à partir de méthodes multicritères est librement fixée par les parties.

4.

Détermination de la parité d'échange

La parité d'échange est calculée en fonction des valeurs d'échange.

Absorbante → 1100 euros

Absorbée → 550 euros

Il faut donc 2 titres de l'absorbée pour avoir 1 titre de l'absorbant.

Détermination de l'augmentation de capital

En droit français, sauf cas limitativement énumérés, une société ne peut pas détenir ses propres titres. Il y a donc lieu de procéder à la renonciation de l'échange des titres lors de la fusion.

Nombre de titres détenus par l'absorbant	200	
Nombre de titres à échanger	2 000 - 200	= 1 800
Application de la parité	1 800 × 1 / 2	= 900 titres absorbant à créer

Détermination de la valeur d'apport

Dans notre cas, la société absorbante détient une participation de 10 % dans la société absorbée. Cette participation ne suffit pas à caractériser l'existence d'un contrôle commun. Il est donc nécessaire de rechercher le sens de l'opération.

Préalablement à l'opération, LYVES détient 65 % de FLAURENT, soit 3 250 actions.

900 titres FLAURENT seront créés.

En conséquence LYVES détiendra [3 250 / (5 000 + 900)] 55,08 % du capital. Il conserve le contrôle de la société après l'opération.

L'opération est donc sous contrôle distinct à l'endroit. C'est la valeur réelle qui devra être retenue.

Éléments à prendre en compte	Valeur réelle des actifs	Valeur réelle des dettes
Terrains	40	
Constructions	230	
Installations techniques	50	
Autres immobilisations	20	
Stocks et en-cours	7	
Créances	400	
Disponibilités	451	
Emprunts et dettes assimilées		301
Fournisseurs		27
Dettes fiscales et sociales		13
Autres dettes		4
Acompte sur dividendes versé	200	
Fonds de commerce	280	
Engagements pour départ à la retraite		13

Éléments à prendre en compte	Valeur réelle des actifs	Valeur réelle des dettes
Provision pour hausse de prix à caractère purement fiscal (net d'IS)	60	
TOTAL	1 538	358
ACTIF NET CORRIGÉ (en K €)	1 380	
Nombre de titres	2 000	
Valeur d'apport d'un titre	690	

Détermination de la prime de fusion proprement dite

La société va recevoir 1 380 000 euros d'actif net. Elle en détient déjà 10 %.

L'augmentation de capital s'élève à 90 000 euros.

La prime de fusion proprement dite sera de (1 380 000 × 90 %) - 90 000 = 1 152 000 euros.

5. Il y a un boni ou un mali de fusion uniquement lorsque la société absorbante détient des titres de la société absorbée préalablement à l'opération.

Montant de la valeur d'apport : 1 380 000
Part détenue par l'absorbant : 138 000 (1 380 000 × 10 %)
Prix de souscription des actions : 10 000
Boni de fusion : 128 000

Le boni de fusion doit être porté en prime de fusion. Cependant, lorsque la société absorbée a réalisé des bénéfices qui n'ont pas été distribués depuis que la société absorbante détient sa participation, il y a lieu de porter en produit financier une quote-part du boni correspondant au pourcentage de détention.

Exercice clos le	Réserve légale	Réserves facultatives	Part du résultat mis en réserve	% appartenant à la société absorbante
31/12/2010	5	15	20	2
31/12/2011	5	20	25	2,5
31/12/2012		50	50	5
31/12/2013		50	50	5
31/12/2014		10	10	1
31/12/2015		30	30	3
31/12/2016		210	210	21
31/12/2017		35	35	3,5
31/12/2018		210	210	21
TOTAL				64

Le boni sera affecté :

- en produits financiers pour 64 000 euros,
- en prime de fusion pour 64 000 euros.

6.

Capitaux propres (en k €)

45		Société compte d'apport	1 380	
	1013	Capital souscrit appelé versé		90
	1042	Prime de fusions (1 152 + 64)		1 216
	768	Produits financiers		64
	271	Titres ABC24		10

■ **Patrimoine (en k €)**

207		Fonds de commerce	280	
201		Terrain	40	
213		Constructions	230	
215		Installations techniques	50	
218		Autres immobilisations	20	
31		Stocks	7	
41		Créances	400	
51		Disponibilités	451	
128		Acomptes versés	200	
468		Autres comptes de régularisation (PPHP)	60	
	16	Emprunts		301
	401	Fournisseurs		27
	43/44	Dettes fiscales et sociales		13
	46	Autres dettes		4
	15	Provisions pour départ à la retraite		13
	45	Société compte d'apport		1 380

■ **Retraitement PPHP**

1042		Prime de fusions	90	
	1431	Provision pour hausse de prix		90

7.

■ **Bilan au 1er janvier 2019**

ACTIF				PASSIF	
	Brut	Amortis. & dépréciations	Net		
	01/01/2019				01/01/2019
ACTIF IMMOBILISÉ				CAPITAUX PROPRES	
Fonds de commerce	330		330	Capital social (5 900 actions)	590
Terrains	240		240	Réserve légale	50
				Prime de fusion	1 126
Constructions	2 230	300	1930	Réserves facultatives	4 580
				Report à nouveau	420
Installations techniques	400	80	320	Résultat	64
Autres immobilisations	160	40	120	PPHP	90
			0	Total I	6 920
Dépôts et cautionnement	20		20	Provisions pour risques et charges	163
Total I	3 380	420	2 960	Total II (2)	163

ACTIF				PASSIF	
	Brut	Amortis. & dépréciations	Net		
	01/01/2019				01/01/2019
ACTIF CIRCULANT				DETTES	
Stocks et en-cours	3 207	120	3 080	Emprunts et dettes assimilées	1 101
Créances	1 030	20	410	Emprunts et dettes diverses	100
Disponibilités	3 491		3 040	Fournisseurs	1 957
				Dettes fiscales et sociales	323
Comptes de régularisation	60			Autres dettes	44
Total II	7 788	140	7 648	Total III	3 525
TOTAL GÉNÉRAL	11 168	560	10 608	TOTAL GÉNÉRAL	1 008

8. Situation de M. URTEVENT : en sa qualité d'associé de la SAS ABC24, M. URTEVENT va être convoqué en assemblée générale extraordinaire de la société pour décider de la fusion.
Détenant 600 titres sur 2 000, il possède 30 % des droits de vote. Dans les sociétés par actions simplifiée, sauf dispositions particulières dans les statuts, c'est la règle de l'unanimité qui s'applique.
En conséquence, sauf disposition contraire dans les statuts, M. URTEVENT pourra s'opposer à la réalisation de l'opération.

9. Intérêt de la clause de rétroactivité : les parties ont déterminé une parité d'échange sur la base des comptes de l'exercice au 31/12/2018. Ces valeurs ont conduit à la répartition du capital post-fusion. Entre cette date et la date d'adoption définitive de l'opération par les assemblées, les sociétés vont continuer de fonctionner et de générer des bénéfices ou des pertes. Puisque la parité est figée à un instant choisi, il est préférable de donner un effet rétroactif à l'opération pour éviter qu'une partie des associés soit défavorisée du fait des opérations intervenues pendant la période intercalaire.

EXO 02.23 Cas LUPUS

1. La société CANIS détient 70 % du capital de la société LUPUS. Cette participation confère le contrôle exclusif de la société LUPUS à la société CANIS. L'opération est donc sous contrôle commun. La valeur d'apport sera la valeur nette comptable.

Éléments	Montant
Capital social	10 000
Réserves	4 000
Provisions réglementées	400
ACTIF NET COMPTABLE	14 500

2. La société absorbante détenant des titres de la société absorbée préalablement à l'opération, il est nécessaire de déterminer le résultat de fusion.
Les titres ont été acquis 13 500 000 euros.
La valeur d'apport est la valeur nette comptable, soit 14 500 000 euros.
CANIS détient 70 % de LUPUS.

La valeur de la participation de LUPUS appartenant à CANIS avant la fusion est de 14 500 000 × 70 %, soit 10 150 000 euros.
L'écart entre les 10 150 000 et les 13 500 000 correspond au résultat de fusion, soit – 3 350 000 euros. L'écart est ici négatif. Cela veut dire que l'on est en présence d'un mali de fusion.
La valeur d'apport retenue est la valeur nette comptable. Il se peut qu'une partie de ce mali n'existe qu'en raison de l'utilisation de la valeur nette comptable.
Il convient alors de rechercher l'existence de plus-values latentes sur les éléments d'actif de la société absorbée.
Le sujet nous indique que la société LUPUS vaut globalement 28 800 k €. Il nous indique également que des valeurs réelles ont pu être identifiées sur plusieurs actifs.
On peut donc déterminer les plus-values latentes suivantes (en k €).

Éléments d'actifs	Valeur réelle	VNC	Plus-value latente
Actifs incorporels (marques)	1 340	0	1 340
Terrains	4 300	3 500	800
Constructions	3 200	2 800	400
Stocks	1 650	1 400	250
Clients	5 200	5 300	– 100
Engagements pour indemnité de départ à la retraite	190	0	– 190
TOTAL			2 400

La société absorbante détient 70 % de la société absorbée.
La part du mali correspondant à la quote-part de plus-value « appartenant » à la société absorbante correspond au mali technique, soit 2 400 000 × 70 % = 1 750 000 euros.
Le mali total étant de 3 350 000 euros, il doit être décomposé en :
- un mali technique, encore appelé faux mali, pour un montant de 1 750 000 euros ;
- un vrai mali pour un montant de 1 600 000 (3 350 000 – 1 750 000) euros.

3. Pour déterminer la parité d'échange, il convient de connaître la valeur unitaire des actions de chaque société. Pour cela, on divise la valeur totale de la société par le nombre de titres.
Une action CANIS vaut 54 000 000 / 150 000, soit 360 euros.
Une action LUPUS vaut 28 800 000 / 100 000, soit 288 euros.
Ensuite, on recherche le plus petit dénominateur commun de la fraction :

$$\frac{\text{Valeur du titre de la société recevant les apports (société dite absorbante ou société créée)}}{\text{Valeur du titre de la société effectuant les apports (société dite absorbée ou société dissoute)}}$$

Dans notre cas, cela donne 360 / 288, soit 5/4.
La parité sera donc : 5 actions LUPUS → 4 actions CANIS.
Le sujet nous indique qu'il s'agit d'une fusion-renonciation.
Le nombre de titres à créer est donc : 100 000 × 30 % × 4 / 5 = 24 000 actions CANIS.
La valeur nominale d'un titre CANIS est de 22 500 000 / 150 000 = 150 euros.
L'augmentation de capital à réaliser est de 24 000 × 150 = 3 600 000 euros.
La prime de fusion proprement dite sera de (14 500 000 × 30 %) – 3 600 000 = 750 000 euros.

4. Le mali technique total s'élève à 1 750 000 euros.
Le montant total des plus-values s'élève à 2 790 000 euros (1 340 k + 800 k + 400 k + 250 k).
Le mali technique total est inférieur au montant des plus-values.
Le mali technique doit être affecté à chaque actif identifié au prorata des plus-values latentes.

Éléments d'actif	Plus-value latente	Quote-part du mali technique affecté
Actifs incorporels (marques)	1 340	1 750 / 2 790 × 1 340 = 840,5
Terrains	800	1 750 / 2 790 × 800 = 501,8
Constructions	400	1 750 / 2 790 × 400 = 250,9
Stocks	250	1 750 / 2 790 × 250 = 156,8
TOTAL	2 790	1 750

5.

Capitaux propres (en k €)

45		Société compte d'apport	14 500	
2081		Mali de fusion sur actifs incorporels	840,5	
2187		Mali de fusion sur actifs corporels (501,8 + 250,9)	752,7	
4781		Mali de fusion sur actif circulant	156,8	
668		Autres charges financières	1 600	
	1013	Capital souscrit appelé versé		3 600
	1042	Prime de fusions		750
	271	Titres LUPUS		13 500

Patrimoine (en k €)

211		Terrains	3 500	
213		Constructions	3 200	
	2813	Amortissements des constructions		400
215		Matériels et outillages	4 100	
	2815	Amortissements des matériels et outillages		1 800
3		Stocks	1 400	
41		Clients	5 300	
51		Disponibilités	2 700	
	16	Dettes financières		2 500
	40	Dettes d'exploitation		800
	46	Dettes diverses		200
	45	Société compte d'apport		14 500

Retraitement PPHP (en k €)

1042		Prime de fusions	500	
	1431	Provision pour hausse de prix		500

Frais de fusions (en k €)

1042		Prime de fusions (38 × 2/3)	25,33	
	791	Transferts de charges (38 × 2/3)		25,33

6. Le test de dépréciation (*impairment test*) est une technique apparue en 2004 dans la réglementation comptable française lors de la réforme portant sur la comptabilisation et l'évaluation des actifs.

C'est une technique qui met en application le principe de prudence. Elle porte sur les postes de l'actif immobilisé.

Cela concerne tant les immobilisations non amortissables que celles amortissables. Seule la fréquence est différente. Le test doit être effectué sur chaque actif non amortissable lors de la clôture de chaque exercice. En revanche, sur les actifs amortissables, il ne doit être effectué qu'en cas de présence d'indices de perte de valeur.

C'est pourquoi le plan comptable impose de pratiquer une comparaison de la valeur nette comptable de chaque actif avec sa valeur recouvrable. La valeur recouvrable est la plus haute des deux valeurs prises parmi la valeur vénale (prix de cession net de frais sur un marché actif dans des conditions normales) et la valeur d'usage (valeur actuarielle déterminée à partir de l'estimation des flux de trésorerie futurs espérés par l'exploitation et/ou la revente du bien).

En cas de présence d'un mali technique affecté à un actif reçu lors d'une fusion, pour effectuer le test, il convient de le prendre en compte.

a) Cas du terrain

La valeur nette comptable du terrain au 31/12/2020 est de 3 500 k €.

La part du mali technique affecté au terrain est de 501,8 k €.

La valeur d'usage est 2 960 k €.

La valeur vénale est de 3 100 k €.

La valeur recouvrable est de 3 100 k €.

La valeur recouvrable (3 100) est inférieure à la valeur nette comptable (4 001,8).

Il y a donc lieu de procéder à une dépréciation.

La dépréciation à constater est de (3 500 + 501,8) – 3 100, soit 901,8 k €.

Il y a lieu de déprécier en priorité le mali technique. Il conviendra de constater une dépréciation du mali technique de 501,8 k € et une dépréciation du terrain de 400 k € (901,8 – 501,8).

Écritures comptables

681		Dotations aux dépréciations	501,8	
	29187	Dépréciations du mali technique actif corporel		501,8

681		Dotations aux dépréciations	400	
	2911	Dépréciations du terrain		400

b) Cas de la construction

La valeur nette comptable de la construction au 31/12/2020 est de 2 640 k € (3 200 – 560).

On peut retrouver la durée d'amortissement de la construction ainsi :

- amortissement constaté en 2018 : 560 – 400, soit 160
- base amortissable : 3 200
- taux d'amortissement : 160 / 3 200, soit 5 %

Cela nous permet de déterminer l'amortissement constaté en 2020 relatif au mali technique affecté à la construction : 250,9 × 5 %, soit 12,55.

La valeur nette comptable de la part du mali technique affecté à la construction au 31/12/2020 est de 238,35 (250,9 – 12,55).

La valeur d'usage est 2 500 k €.

La valeur vénale est de 2 430 k €.

La valeur recouvrable est de 2 500 k €.

La valeur recouvrable (2 500) est inférieure à la valeur nette comptable (2 878,35).

Il y a donc lieu de procéder à une dépréciation.
La dépréciation à constater est de (2 640 + 238,35) - 2 500, soit 378,35 k €.
Il y a lieu de déprécier en priorité le mali technique. Il conviendra de constater une dépréciation du mali technique de 238,35 k € et une dépréciation de la construction de 140 k € (378,35 - 238,35).

Écritures comptables

681		Dotations aux dépréciations	238,35	
	29187	Dépréciations du mali technique actif corporel		238,35

681		Dotations aux dépréciations	140	
	2913	Dépréciations des constructions		140

3 Contrôle interne et audit

EXO 03.01 Cas Imosem

DIFFICULTÉ 2

1. Il s'agit d'une mission d'audit externe contractuel. La mission n'est pas imposée et définie par la loi mais par le contrat qui lie l'expert-comptable, auditeur indépendant, et la société IMOSEM. La lettre de mission fixe les objectifs et les modalités de ses interventions.

Cet audit comporte un aspect comptable et financier. Il convient d'évaluer le détournement de fonds, d'analyser l'impact sur les états comptables, de proposer des corrections comptables sur les incohérences relevées.

Il s'agit aussi d'un audit opérationnel qui consiste à vérifier la pertinence et le fonctionnement des procédures de contrôles internes sur la chaîne des encaissements de loyers.

C'est une mission d'assurance qui vise à chiffrer le montant des détournements. Elle donne un certain niveau d'assurance sur l'évaluation du détournement et sur son impact sur les états comptables.

C'est aussi une mission de conseil qui prévoit de faire des propositions pour améliorer les procédures de contrôle interne.

2. L'auditeur intervient dans le cadre du respect de ses obligations contractuelles mais il s'appuie aussi sur les normes professionnelles des experts-comptables et des commissaires aux comptes. Il s'agit de normes de travail qui prévoient des « bonnes pratiques » sur l'exécution de la mission d'audit et qui guident l'auditeur dans les différentes étapes de la mission : Normes professionnelles de l'expert-comptable et Normes d'exercice professionnel du commissaire aux comptes.

3. Pour fonder son opinion, l'auditeur vérifie le respect de référentiels pour apprécier la qualité du produit audité.

Dans le domaine comptable et financier, les travaux de l'auditeur consistent à vérifier le respect d'un référentiel comptable (plan comptable général, plan comptable professionnel, normes comptables internes) et le respect des assertions comptables (exhaustivité, réalité, mesure, séparation des exercices, classification).

Dans le domaine opérationnel, les travaux consistent à vérifier le respect du référentiel de contrôle interne (notes de procédures, manuel de contrôles internes, bonnes pratiques du contrôle interne).

Objet à contrôler : le processus des encaissements des loyers du secteur locatif civil, ses procédures de contrôle interne et les documents comptables associés.

Critères à respecter : les règles et principes comptables, les assertions comptables mais aussi les procédures internes, et les bonnes pratiques en matière de contrôle interne.

Examen : examen méthodique des documents et des procédures pour accumuler les éléments de preuve qui permettront de chiffrer le détournement et de se prononcer sur les faiblesses du contrôle interne.

4.

Étapes principales de la démarche d'audit et objectifs

Étapes	Objectifs
Acceptation de la mission	• définir les objectifs et les modalités de la mission • signer la lettre de mission
Prise de connaissance de l'environnement et de l'activité	• connaître l'environnement de contrôle • identifier les procédures et les systèmes à contrôler • identifier les risques de dysfonctionnement et de détournement inhérents à l'environnement et à l'activité
Prise de connaissance et appréciation du contrôle interne	• cerner les faiblesses dans la conception ou le fonctionnement des systèmes de contrôle interne • apprécier le degré de maîtrise des risques de dysfonctionnement et de détournement par les systèmes de contrôle interne
Orientation et planification des contrôles	• orienter les contrôles sur les activités et sur les traitements pour lesquels l'analyse aurait révélé des risques • adapter le programme de travail aux risques identifiés
Collecte des éléments probants	• mettre en oeuvre les techniques de contrôle • repérer les anomalies susceptibles de matérialiser les détournements et collecter les éléments de preuve • vérifier l'application des procédures de contrôles sur les traitements comptables
Travaux de fin de mission	• vérifier que le programme de travail a été respecté • rapporter les problèmes rencontrés dans le déroulement de la mission • faire la synthèse des observations.
Rapports et communication	• présenter la mission et le déroulement de l'intervention • exposer les conclusions • présenter les recommandations

5. En audit, le seuil de signification est le montant au-delà duquel une anomalie est significative. Dans le cas présent, l'anomalie se matérialise par des détournements de fonds. Le seuil de signification pourrait correspondre au montant à partir duquel un écart constaté doit être pris en compte dans l'évaluation du détournement.
Compte tenu des objectifs de chiffrage des fonds détournés, toute anomalie semble significative. Le seuil de signification est nécessairement faible. Néanmoins, les écarts inférieurs à 1 € doivent-ils être pris en compte ? Il ne semble pas envisageable de travailler sur des écarts très faibles sans outil informatique sophistiqué.
Dans le cadre d'un audit informatisé, il est possible de faire des contrôles de détection sur des volumes très importants de données à un niveau très fin grâce à des méthodes complexes d'analyse des données (*data mining*, moteur de règles). Si cela semble envisageable dans le cadre de l'audit interne du secteur bancaire, par exemple, cela est irréaliste pour l'audit externe d'une PME.

6. L'approche par les risques pourrait être définie comme une démarche méthodique visant à cerner et à évaluer toutes les zones de risques susceptibles de générer des anomalies significatives. Cette identification des risques permet d'orienter les contrôles sur les activités et sur les traitements pour lesquels les risques sont importants.
Dans le cas présent, il s'agit d'identifier les activités à risques et les techniques potentielles de détournement pour adapter le programme de contrôle. Cela permet de réduire le risque de ne pas détecter une manœuvre frauduleuse et de faire une évaluation incorrecte du détournement.
Quelles sont les activités dans le processus ventes-clients-encaissements pour lesquelles les contrôles de prévention et de détection sont mal conçus ou ne fonctionnent pas correctement ?
Quels sont les moyens que le fraudeur peut utiliser pour dissimuler ses manœuvres frauduleuses ?

7. En audit, l'opinion est délivrée avec un niveau d'assurance raisonnable. C'est un niveau d'assurance élevé mais non absolu. Dans le cas présent, il s'agit d'un niveau d'assurance raisonnable sur l'évaluation du détournement.

Il est possible de prévoir contractuellement le niveau d'assurance délivré par l'auditeur. Un niveau d'assurance absolu est difficilement envisageable dans le cadre d'une obligation de moyen. Un niveau d'assurance modéré (inférieur au niveau d'assurance raisonnable) correspond à une mission d'examen limité pour des contrôles moins approfondis.

EXO 03.02 Quelques questions pour débuter

1. Le contrôle interne a été défini par plusieurs institutions.

En 1977, le Conseil supérieur de l'ordre des experts-comptables définit le contrôle interne comme « *l'ensemble des sécurités contribuant à la maîtrise de l'entreprise. Il a pour but d'un côté d'assurer la protection, la sauvegarde du patrimoine et la qualité de l'information, de l'autre l'application des instructions de la direction et de favoriser l'amélioration des performances. Il se manifeste par l'organisation, les méthodes et les procédures de chacune des activités de l'entreprise, pour maintenir la pérennité de celle-ci.* »

Le COSO (Committee of sponsoring organizations of the Treadway Commission), organisme privé indépendant créé en 1985 aux États-Unis, donne également une définition (en anglais US) : « *The internal control is a process, effected by an entity's board of directors, management, and other personnel, designed to provide reasonable assurance regarding the achievement of objectives.* » Pour le COSO, le contrôle interne contient cinq éléments :

- l'environnement de contrôle, qui correspond, essentiellement, aux valeurs diffusées dans l'entreprise ;
- l'évaluation des risques ;
- les activités de contrôle, définies comme les règles et procédures mises en œuvre pour traiter les risques ;
- l'information et la communication, qu'il convient d'optimiser ;
- la supervision, c'est-à-dire le pilotage du contrôle interne.

Dans une ancienne norme (2-301), la Compagnie nationale des commissaires aux comptes définit le « *système de contrôle interne comme l'ensemble des politiques et procédures mises en œuvre par la direction d'une entité en vue d'assurer, dans la mesure du possible, la gestion rigoureuse et efficace de ses activités. Ces procédures impliquent le respect des politiques de gestion, la sauvegarde des actifs, la prévention et la détection des irrégularités et inexactitudes, l'exactitude et l'exhaustivité des enregistrements comptables et l'établissement en temps voulu d'informations financières ou comptables fiables. Le système de contrôle interne s'entend au-delà des domaines liés au système comptable. Il comprend :*

- *l'environnement général de contrôle interne qui est l'ensemble des comportements, degrés de sensibilisation et actions de la direction (y compris le gouvernement d'entreprise) concernant le système de contrôle interne et son importance dans l'entité ;*
- *les procédures de contrôle qui désignent les politiques et procédures définies par la direction afin d'atteindre les objectifs spécifiques de l'entité complémentaires à l'environnement général de contrôle interne* ».

L'analyse du contrôle interne de l'entreprise auditée est indispensable dans toutes missions d'audit légal quelles que soient la forme et la taille de l'organisation auditée pour au moins trois raisons.

- La mission d'audit des comptes telle que prévue par les normes applicables en France aboutit à l'expression d'une opinion par le commissaire aux comptes sur la base d'une assurance raisonnable et non d'une assurance absolue. Parce qu'il existe des contraintes matérielles et financières, le commissaire ne peut pas vérifier toutes les écritures comptables. C'est pourquoi l'auditeur légal utilise une approche par les risques (*cf.* question 2). Cette approche par les risques impose de diagnostiquer et de juger la qualité du contrôle interne. En fonction du niveau de qualité du contrôle interne, le commissaire aux comptes construit son programme de contrôle.

- La loi (art. L. 225-237 du Code de commerce pour la société anonyme) impose au commissaire aux comptes d'informer les dirigeants de l'entreprise des contrôles et vérifications qu'ils ont effectués. Les dysfonctionnements concernant le contrôle interne doivent être communiqués aux dirigeants.
- Dans les sociétés anonymes, le commissaire aux comptes doit établir un rapport sur le rapport du président du conseil d'administration ou du directoire sur les conditions de préparation et d'organisation des travaux du conseil ainsi que des procédures de contrôle interne et de gestion des risques mises en place par la société (art. L. 225-37 du Code de commerce).

2. Pour comprendre la notion de risque, il convient de lire le premier paragraphe du rapport du commissaire aux comptes sur les comptes annuels (modèle extrait de la NEP 700, Rapport du commissaire aux comptes sur les comptes annuels et consolidés).
« Nous avons effectué notre audit selon les normes applicables en France ; ces normes requièrent la mise en œuvre de diligences permettant d'obtenir l'assurance raisonnable que les comptes annuels ne comportent pas d'anomalies significatives. Un audit consiste à examiner, par sondages, les éléments probants justifiant les données contenues dans ces comptes. »
Le commissaire aux comptes exprime une opinion sur les comptes. L'opinion qu'il donne n'est pas une vérité absolue. C'est une opinion forte dans la mesure où il s'exprime sur la régularité et sur la sincérité des comptes eu égard au référentiel comptable applicable. Cette opinion fait suite à la mise en place de diligences qu'il aura accomplies pendant toute sa mission.
Les contraintes matérielles, humaines et budgétaires ne permettent pas un contrôle de l'exhaustivité des écritures comptables. Le commissaire aux comptes doit procéder par une approche par les risques. Cela signifie qu'il va s'assurer que les comptes ne comportent pas d'anomalies significatives. C'est-à-dire des anomalies qui modifient le jugement du lecteur des comptes en cas de décision à prendre.
Le risque d'expression d'une opinion erronée est le risque d'audit. C'est ce risque global que le commissaire aux comptes cherche à diminuer. Pour permettre cela, on décompose ce risque d'audit en trois composantes :

- le risque inhérent : qui correspond au risque même de l'entité et de son environnement. C'est le risque qu'une erreur ou une inexactitude significative survienne malgré toutes les précautions prises en matière de contrôle interne. Ce risque est mesuré par la prise de connaissance générale de l'entité. Il peut s'agir notamment des risques liés à l'activité, des risques liés à la structure du capital, des risques liés à la structure financière, des risques liés à l'organisation.
- le risque lié au contrôle interne : qui correspond au risque qu'une erreur ou qu'une anomalie survienne en raison de l'absence ou d'un mauvais contrôle interne dans l'entité. Il est mesuré (apprécié) par l'analyse du contrôle interne.
- le risque de non-détection qui est le risque qu'une erreur d'appréciation dans l'opinion exprimée survienne malgré la réalisation des diligences par le commissaire aux comptes.

On dit généralement que le niveau du risque de non-détection est inversement proportionnel aux deux autres.
En effet, dans les entités où le risque inhérent est fort (en raison de l'activité ou du contexte économique par exemple) et, qu'en outre, le risque lié au contrôle interne est fort, le commissaire va augmenter ses travaux de contrôle de comptes. Dans ce cas, le risque de ne pas détecter une erreur et plus faible que dans le cas où le commissaire aux comptes allège ses travaux de contrôle des comptes en raison d'un risque inhérent faible et d'un risque de contrôle interne faible également.

Un organisme normalisateur international (IAASB) a produit une matrice qui permet d'estimer le risque de non-détection à partir des deux autres.

		L'auditeur a estimé le risque lié au contrôle interne		
		Élevé	Moyen	Faible
L'auditeur a estimé le risque inhérent	Élevé	Minimum	Faible	Moyen
	Moyen	Faible	Moyen	Élevé
	Faible	Moyen	Élevé	Maximum

EXO 03.03 Grille de séparation des fonctions

1. Le principe de séparation des fonctions est l'un des éléments qui permet de garantir un bon contrôle interne dans l'organisation. Dans la très petite entreprise, il est souvent difficile de mettre en place une séparation des fonctions efficace. Cependant, dès que l'entreprise (ou l'organisation) comporte plusieurs acteurs (dirigeants et salariés), il est indispensable de s'assurer qu'une même personne ne cumule des fonctions :

- de décision (engagement de l'entreprise à l'égard des tiers) ;
- de détention (protection et conservations des biens et des données) ;
- de comptabilisation (enregistrement ou validation des écritures comptables) ;
- de vérification (contrôle manuel ou informatisé des processus).

Pour détecter le cumul des fonctions, il est possible d'utiliser une grille de séparation des fonctions.

	PERSONNEL CONCERNÉ					
	Mme PENNY	Acheteurs	Service comptabilité			Trésorerie
			Mme SOPHIE	M. DYLAN	M. JOLY	
Ouverture et distribution du courrier	X					
Contrôle conformité des factures/BC et BL		X				
Règlement des désaccords		X				
Délivrance du code analytique		X				
Délivrance du Bon à payer		X				
Contrôle arithmétique des factures			X			
Imputation comptable			X			
Enregistrement comptable			X			
Choix de la banque pour le règlement						X
Établissement du chèque de règlement				X		
Signature du chèque et contrôle					X	
Génération et transmission du fichier SEPA				X		

	PERSONNEL CONCERNÉ					
	Mme PENNY	Acheteurs	Service comptabilité			Trésorerie
			Mme SOPHIE	M. DYLAN	M. JOLY	
Validation de l'ordre de virement					X	
Enregistrement du règlement				X		
Envoi du règlement				X		
Classement de la facture				X		

2.

Points forts	Points faibles	Risques
Bonne séparation des fonctions.		
Contrôle – a priori – efficace des factures fournisseurs.		
	Enregistrement de la facture après passage au service achats et, en cas de désaccord avec le fournisseur, jusqu'à un mois après l'arrivée de la facture.	Les factures ne sont pas comptabilisées tant qu'il y a un litige. L'exhaustivité de l'enregistrement des factures n'est pas garantie.
	Absence de numérotation interne des factures reçues	La perte d'une facture ne peut être détectée. La conservation des pièces comptables n'est pas garantie.

3. Faute d'identifier sur chaque facture la trace du paiement effectué (moyen et date), il est possible qu'une même facture soit payée deux fois. De même, l'utilisation deux modes de paiement différents pour un même fournisseur est source de conflit (modalités différentes, délais et dates de valeur différentes).

EXO 03.04 Analyse des forces et des faiblesses dans un cycle ventes-clients

1. Note de synthèse

L'étude du cycle clients-ventes révèle trois faiblesses importantes du contrôle interne qui sont les suivants :

- la livraison des produits aux clients,
- le suivi des impayés,
- le suivi des retours et litiges clients par la comptabilité.

a) La livraison des produits

Le fait que les bons de livraison signés par les clients soient seulement conservés par le service expédition de la société et que le service comptabilité n'en possède pas, peut être source de temps perdu (et créer des coûts supplémentaires) pour l'entreprise. En effet, en cas de contestation du client, c'est généralement le service comptabilité qui en sera averti à travers le non-paiement de la facture. Deux sortes de conflits peuvent survenir. D'une part, il peut y avoir naissance d'un différend à propos du produit livré (mauvaise adéquation dudit produit par rapport à la demande, mauvaise qualité) ; d'autre part, il peut y avoir une contestation à propos du prix à payer en arguant des retards dans cette livraison (demande d'une remise pour dépassement des délais convenus). Pour répondre, le service comptabilité devra rechercher le bon de livraison auprès du service expédition. Afin d'éviter de telles pertes de temps, les livreurs devraient présenter un bon de livraison comportant un exemplaire supplémentaire qui pourrait ensuite être conservé par le service comptabilité, avec la facture correspondante.

b) Suivi des impayés

L'absence de procédure de relance systématique des impayés (celle-ci se fait uniquement au coup par coup et en fonction des disponibilités du personnel) engendre deux risques :

- le montant des provisions constituées peut être insuffisant (on n'a pas repéré certains clients douteux) ;
- on continue à livrer des clients qui ne paient pas.

Pour remédier à cet état de fait, le service comptable devra établir à intervalles réguliers une balance par antériorité des créances clients, permettant d'effectuer systématiquement les relances des créances échues demeurées impayées et de bloquer les livraisons destinées à des clients mauvais payeurs.

c) Suivi des retours et litiges clients par la comptabilité

Le service comptabilité n'étant pas informé systématiquement des produits retournés par les clients ni des litiges commerciaux, il n'est pas en mesure de savoir si l'intégralité des avoirs pour produits retournés ou autres litiges ont bien été établis et comptabilisés. Il y a donc risque de surévaluation du chiffre d'affaires.

Il faudrait éditer un exemplaire supplémentaire des bons de retour établis qui serait destiné au service comptabilité. Enfin, une procédure devrait être mise en place pour obliger le service commercial à informer le service comptable des avoirs à établir à la suite d'un litige commercial.

2. En application de l'article L. 225-237, le commissaire aux comptes doit communiquer ses observations au conseil d'administration ou au directoire et au conseil de surveillance.

« Les commissaires aux comptes portent à la connaissance du conseil d'administration ou du directoire et du conseil de surveillance, selon le cas :

1° Les contrôles et vérifications auxquels ils ont procédé et les différents sondages auxquels ils se sont livrés ;

2° Les postes du bilan et des autres documents comptables auxquels des modifications leur paraissent devoir être apportées, en faisant toutes observations utiles sur les méthodes d'évaluation utilisées pour l'établissement de ces documents ;

3° Les irrégularités et les inexactitudes qu'ils auraient découvertes ;

4° Les conclusions auxquelles conduisent les observations et rectifications ci-dessus sur les résultats de l'exercice comparés à ceux du précédent exercice. »

En outre, la NEP 265, intitulée Communication des faiblesses du contrôle interne, précise les destinataires et la forme de cette communication. *« § 5. Au moment qu'il juge approprié, le commissaire aux comptes communique à la direction, au niveau de responsabilité approprié, les faiblesses du contrôle interne identifiées au cours de l'audit qu'il estime d'une importance suffisante pour mériter son attention, sauf s'il considère cette démarche inappropriée en la circonstance. Il effectue cette communication par écrit lorsqu'elle porte sur des faiblesses qu'il estime significatives. »*

Il résulte de ces textes que le commissaire aux comptes doit faire part aux dirigeants de ses observations et suggérer des améliorations en matière de contrôle interne à propos du cycle achats-vente.

3. Le commissaire aux comptes ne peut pas accepter de participer à la mise en place des modifications proposées. En effet, les services liés à la fonction d'audit interne font partie de la liste des services interdits par le règlement UE 537/2014 (art. 5.1). En conséquence, le commissaire aux comptes en mission dans une entité ne peut pas effectuer cette mission dans la même entité.

4. Un progiciel de gestion intégré est un outil (programme) informatique dont la particularité est l'existence d'une base de données commune. Une information ne figure qu'une seule fois et à

un seul endroit dans la base. À partir de cette base de données, les applicatifs permettent de gérer les différents processus de l'entreprise.
L'existence de ces outils permet d'améliorer le contrôle interne dans la mesure où il est possible de tracer chacune des opérations commerciales réalisées et d'automatiser les contrôles.
Bien évidemment, il est indispensable que la mise en place de ces outils soit supervisée par la direction. L'existence d'un manuel de procédures, la formation des utilisateurs et l'intégration de l'outil dans le système de contrôle interne sont également indispensables.

EXO 03.05 Cas Sebimo : objectifs et étapes de la démarche d'audit légal

DIFFICULTÉ 1

1. Objectifs de l'audit légal des comptes
L'audit légal (ou révision légale) est une mission définie et imposée par la loi. C'est la mission de contrôle des comptes annuels réalisée par un commissaire aux comptes.
« Les commissaires aux comptes certifient, en justifiant de leurs appréciations, que les comptes annuels sont réguliers et sincères et donnent une image fidèle du résultat des opérations de l'exercice écoulé ainsi que de la situation financière et du patrimoine de la personne ou de l'entité à la fin de cet exercice ».
L'auditeur cherche, par sondage ou d'autres méthodes de sélection, les anomalies significatives relatives aux différentes assertions comptables qui pourraient remettre en cause la régularité, la sincérité et l'image fidèle des comptes annuels.
L'auditeur fournit un niveau d'assurance raisonnable sur la fiabilité des comptes annuels : c'est un niveau d'assurance élevé mais non absolu.

2.

Étapes principales de la démarche d'audit

Acceptation de la mission	• Respect du code de déontologie : approche par les risques, compétence, indépendance, acceptation • Lettre de mission (NEP 210)
Orientation planification de la mission	• Connaissance de l'entité, évaluation des risques (NEP 315) • Application du caractère significatif (NEP 320) • Planification de la mission (NEP 300)
Appréciation du contrôle interne	• Procédures d'audit : tests de procédures (NEP 330) • Communication sur le contrôle interne (NEP 265)
Contrôle des comptes	• Procédures d'audit : contrôles de subtance (NEP 330) • Caractère probant des éléments collectés et applications spécifiques (NEP 500 à 580)
Rapports et communication	• Rapports sur les comptes annuels (NEP 700) • Justification des appréciations (NEP 701,702) • Communication avec la gouvernance (NEP 260)

Collecte des éléments probants

EXO 03.06 Cas Batimat : acceptation de la mission – diligences d'acceptation

DIFFICULTÉ 2

1. Lors de la phase d'acceptation, le commissaire aux comptes prend en compte les principes fondamentaux de comportement prévus au Code de déontologie : indépendance, intégrité, impartialité, conflits d'intérêts, compétence, confraternité, discrétion. Il réunit les informations nécessaires sur la structure de la personne ou entité dont les comptes seront certifiés : son actionnariat, son domaine d'activité, son mode de direction, la politique de ses dirigeants en matière de contrôle interne et d'information financière. Enfin, il respecte le formalisme de l'acceptation.

Examen d'indépendance et prévention des conflits d'intérêt

Le commissaire aux comptes doit éviter toute activité et tout acte de nature à porter atteinte à son indépendance. Il veille à ce que son indépendance ne soit pas compromise par un conflit d'intérêt, des liens personnels, financiers ou professionnels, une relation d'affaires directes ou indirectes, avec lui-même, ses associés, salariés ou toute personne qui serait en mesure d'influencer son opinion.

Examen de compétence

Le commissaire aux comptes vérifie qu'il possède les connaissances théoriques et pratiques nécessaires à l'exercice de sa mission : compétences personnelles, collaborateurs aux compétences appropriées, recours à des experts indépendants. Il vérifie si le dossier requiert des compétences particulières et si les moyens en ressources humaines sont adaptés à l'ampleur de la mission.

Examen préliminaire des risques

Le commissaire aux comptes réunit les informations nécessaires et identifie les principaux facteurs de risques de nature à affecter son opinion ou l'exercice de sa mission (*cf.* question 2).

Formalisme de l'acceptation

Le commissaire aux comptes doit procéder à l'identification du bénéficiaire effectif (*cf.* question 4), faire un compte-rendu d'entretien et une fiche d'acceptation du mandat, contacter le prédécesseur, établir la lettre d'acceptation du mandat, la lettre de mission, et informer la compagnie régionale des commissaires aux comptes.

En cas d'appartenance à un réseau, le commissaire aux comptes informe par écrit l'entité. Le cas échéant, il l'informe également du montant global des honoraires perçus par ce réseau au titre des services autres que la certification des comptes ainsi que de la nature de ces services fournis par ce réseau à l'entité.

2.

Principaux facteurs de risques ayant une incidence sur la mission

Situations	Facteurs de risques	Incidences sur la mission
Structure juridique : société anonyme	Non-respect des formalités juridiques, des droits et obligations des actionnaires (informations, participation aux AG, dividendes)	Vérifications spécifiques : égalité entre les actionnaires, conventions réglementées, rapport de gestion…
Actionnariat : maison mère BATEXPERT, siège social Hong Kong	Contrats avec la société mère : transfert de profit Risques fiscaux : abus de droit, acte anormal de gestion	Analyse des contrats et des prix de transfert. Vérification des conventions réglementées
Domaine d'activité : négoce matériaux de construction pour des professionnels	Mauvaise évaluation des stocks de matériaux	Contrôle des méthodes d'évaluation des stocks à l'entrée, à l'inventaire, à la sortie
	Produits sensibles au vol	Revue des mesures de protection contre le vol
	Mauvaise évaluation des provisions pour garantie	Contrôle des méthodes et calculs d'évaluation des provisions pour garantie
	Risques liés à la politique de crédit clients professionnels	Analyse des créances clients

Situations	Facteurs de risques	Incidences sur la mission
Mode de direction : M. BATS, président du conseil d'administration et directeur général	Pas de séparation des fonctions entre les fonctions de contrôle du conseil d'administration et les fonctions de direction Abus de pouvoir, actes anormaux de gestion	Contrôle rémunérations excessives (« clause parachute »), comptes courants, remboursements de frais, conventions réglementées
Principal fournisseur : BATEXPERT, Hong Kong, maison-mère	Dépendance envers le fournisseur BATEXPERT Contrats intra-groupe : fixation de prix de cession injustifiés Risques fiscaux	Analyse des contrats et des prix de transfert Réalité des transactions : achats-dettes fournisseurs Déclarations douanières et TVA
Première année de mandat	Anomalies sur exercice précédent Manque de fiabilité du bilan d'ouverture	Contact avec le prédécesseur Contrôle du bilan d'ouverture

3. La lettre de mission doit être établie par le commissaire aux comptes la première année de son mandat.
Elle formalise les termes et conditions de son intervention (NEP 210).
Contenu :

- la nature et l'étendue des interventions ;
- la façon dont ses conclusions seront portées à la connaissance des organes dirigeants ;
- les dispositions relatives aux signataires, aux intervenants et au calendrier ;
- la nécessité de l'accès sans restriction à tout document comptable ou toute information ;
- le rappel des informations et documents que l'entité doit lui communiquer ;
- le souhait de recevoir une confirmation écrite des organes dirigeants de la personne ou de l'entité pour ce qui concerne les déclarations faites au commissaire aux comptes ;
- le budget d'honoraires et les conditions de facturation.

4. Identification du bénéficiaire effectif (NEP 9605)
Dans le cadre de la lutte contre le blanchiment et le terrorisme, le commissaire aux comptes a une obligation de vigilance vis-à-vis de l'entité et du bénéficiaire effectif. S'il n'est pas en mesure d'identifier correctement l'entité ou les bénéficiaires effectifs, il peut refuser le mandat.
Il remplit un questionnaire d'acceptation qui permet de caractériser les risques principaux relatifs à l'entité à contrôler : opérations complexes, montants anormalement élevés, transactions avec des pays étrangers, anomalies signalées par le commissaire aux comptes précédents...
Il présente l'identification précise de l'entité (existence des documents officiels actualisés : extrait K Bis, statut...) et identifie les bénéficiaires effectifs : la (ou les) personne(s) physique(s) qui contrôle en dernier lieu, directement ou indirectement, l'entité.

CORRIGÉS

EXO 03.07 **Cas Charlotte : acceptation de la mission – facteurs de risques**

DIFFICULTÉ 3

1.

Tableau d'analyse des facteurs de risques et incidences sur la mission

Situation	Facteurs de risques	Incidences sur la mission
Première année de mandat Non renouvellement du prédécesseur	Fraudes ou anomalies en N-1 Manque de fiabilité du bilan d'ouverture	Contact avec le prédécesseur Contrôle du bilan d'ouverture
Société anonyme	Non-respect des formalités juridiques : droits et obligations des actionnaires (apport, informations, dividendes...)	Vérifications spécifiques : égalité entre les actionnaires, conventions réglementées, documents adressés aux actionnaires
Monsieur FENIKOS Actionnaire majoritaire, PDG depuis la création de CHARLOTTE SA	Confusion du patrimoine social et du patrimoine privé Abus de majorité : non-respect des droits des minoritaires	Analyse compte courant associés, rémunérations dirigeants, dépenses somptuaires et remboursement frais Vérifications spécifiques : égalité entre les actionnaires, conventions réglementées
Courtier en assurance	Détournement des primes versées Taux de commission majorés Manquement au devoir de conseil Absence de garantie financière Dépendance compagnie d'assurance.	Comptes compagnie/produits/clients Suivi des taux de marge Analyse contrats/documentation client Analyse contrat garantie Analyse contrat compagnie
Perte N : 55 k € Perte N-1 : 880 k €	Amélioration fictive du résultat Produits fictifs Charges non exhaustives.	Réalité des produits Exhaustivité des charges Séparation des exercices
Pertes cumulées Trésorerie très tendue	Rupture de trésorerie, non continuité d'exploitation	Trésorerie et prévisions de trésorerie : documents prévisionnels Procédure d'alerte ?
Irrégularités comptables : M. LENON, comptable salarié de Charlotte SA, est démissionnaire Documents comptables disparus M. LENON est aussi administrateur de Charlotte SA	Comptabilité mal tenue ou fraude Comptabilité non exhaustive Limitation aux contrôles Contrôle interne non fiable Pas de séparation des fonctions	Révélation des faits délictueux ? Seuils de signification bas Contrôle des comptes renforcé Procédures alternatives Appréciation de la conception et du fonctionnement du contrôle interne
M. FENIKOS, PDG Charlotte SA est gérant SCI du souvenir bailleur de Charlotte SA M. LENON comptable de la SCI Avance à la SCI de 400 k €	Transfert de profit et de trésorerie Convention non autorisée Fraude : abus de bien sociaux	Contrats bail et prêt Vérification conventions réglementées Comptes loyers et société liée (SCI) Révélation des faits délictueux ?
Comptes d'attente débiteurs : 533 K €	Comptabilité mal tenue Sorties de trésorerie injustifiées Fraude : Abus de biens sociaux	Contrôle exhaustif comptes d'attente Révélation des faits délictueux ?

Situation	Facteurs de risques	Incidences sur la mission
Produits à recevoir : 600 k € N-2 1 200 k € N-1 1 800 K € N	Produits/créances fictives	Comptes produits/produits à recevoir : réalité et évaluation des produits et créances

2.

Tableau des facteurs de risques du questionnaire d'acceptation du nouveau mandat

Facteurs de risques	Élevé	Moyen	Faible	Commentaires / Précisions
A. Dirigeants				
Attitude et éthique des dirigeants	X			Conventions du dirigeant commun Charlotte SA/SCI du souvenir Irrégularités comptables d'un administrateur
Situation conflictuelle entre dirigeants		X		Administrateur salarié démissionnaire
B. Actionnariat				
Structure de l'actionnariat	X			PDG actionnaire majoritaire
Conflits entre actionnaires		X		Administrateur salarié démissionnaire
C. Personnel				
Compétence du personnel		X		Irrégularités comptables, comptabilité incomplète
Rotation du personnel		X		Comptable salarié démissionnaire
D. Activité et environnement réglementaire				
Risques économiques (secteur, activité)		X		Dépendance compagnie d'assurance
Risques fiscaux		X		Dépenses somptuaires, rémunérations excessives, actes anormaux de gestion, fraude.
Risques sociaux			X	Rien à signaler
Risques juridiques	X			Soupçons de fraude : abus de biens sociaux
E. Contrôle interne				
Politique des dirigeants en matière de contrôle interne		X		Président directeur général-actionnaire majoritaire Administrateur salarié
Insuffisance du contrôle interne		X		Comptabilité incomplète – documents comptables disparus
F. Situation financière de l'entité				
Équilibre de la structure financière	X			Pertes cumulées importantes – trésorerie très tendue
Continuité de l'exploitation compromise	X			Trésorerie très tendue – sorties de trésorerie importante

Facteurs de risques	Élevé	Moyen	Faible	Commentaires / Précisions
G. Information financière				
Insuffisances dans la tenue de comptabilité	X			Irrégularités comptables : compte d'attente et anomalies apparentes ; comptabilité incomplète
Retard dans l'établissement des comptes annuels		X		Documents comptables disparus
H. Mission du commissaire aux comptes				
Limitation des contrôles		X		Comptable démissionnaire-documents comptables disparus
Autres obstacles à l'exécution de la mission		X		Comptable démissionnaire-documents comptables disparus
I. Autres facteurs de risques				
Fraude	X			Soupçon de fraude : abus de biens sociaux ?

3. Article 19 du Code de déontologie : le commissaire aux comptes n'accepte pas la mission ou y met fin si l'expression de son opinion est affectée par des risques d'atteinte à l'intégrité, l'impartialité ou l'indépendance. En cas de doute sérieux ou de difficulté d'interprétation, il saisit, pour avis, le Haut conseil du commissariat aux comptes, après en avoir informé le président de la compagnie régionale des commissaires aux comptes.
Dans le cas présent, les risques de fraudes et d'anomalies comptables sont importants. La continuité d'exploitation peut être compromise. Le commissaire aux comptes doit se rapprocher du prédécesseur pour mieux cerner les risques de fraudes, d'anomalies et de non continuité d'exploitation. Il peut en l'état refuser la mission.
Si le commissaire aux comptes accepte le mandat malgré tout, il devra adapter les contrôles aux facteurs de risques non négligeables et composer une équipe d'intervention présentant les compétences nécessaires.

EXO 03.08 Cas E. Télé : orientation et planification de la mission – risques inhérents

DIFFICULTÉ 2

1. – Le « *risque d'audit* » est le risque que le commissaire aux comptes exprime une opinion différente de celle qu'il aurait émise s'il avait identifié toutes les anomalies significatives dans les comptes.
Le risque d'anomalies significatives propre à l'entité se subdivise alors en risque inhérent et risque lié au contrôle.

- Le « *risque inhérent* » correspond à la possibilité que, sans tenir compte du contrôle interne qui pourrait exister dans l'entité, une anomalie significative se produise dans les comptes.
- Le « *risque lié au contrôle* » correspond au risque qu'une anomalie significative ne soit ni prévenue ni détectée par le contrôle interne de l'entité et donc non corrigée en temps voulu.
- Le « *risque de non-détection* » est propre à la mission d'audit : il correspond au risque que le commissaire aux comptes ne parvienne pas à détecter une anomalie significative.

Lorsque l'auditeur évalue le risque d'anomalies significatives propre à l'entité à un niveau élevé, il essaie de réduire le risque de non-détection afin d'obtenir un risque d'audit faible.

2. Objectifs de l'orientation et de la planification :
- Approfondir la prise de connaissance de l'entité.
- Identifier et évaluer les risques d'anomalies significatives.
- Identifier les principaux cycles comptables et systèmes significatifs.
- Définir les seuils de significations et de planification.
- Définir les axes de contrôles, le programme et le calendrier des travaux.

3.

Évaluation des risques et incidence sur la mission du CAC

Situation	Risques inhérents et liés au contrôle	Incidences sur la mission
Secteur d'activité en difficulté	Vente à perte	Dépréciation des stocks
	Amélioration fictive du résultat	Réalité des produits, exhaustivité des charges
	Continuité d'exploitation compromise	Analyse des prévisions trésorerie : plan de financement
	Recours à des financements onéreux	Engagements financiers
	Plans sociaux	Provisions charges et litiges
Activité de négoce de matériel téléphonique	Stocks de produits obsolètes	Évaluation des stocks et dépréciations
	Mauvaise évaluation des garanties	Analyse des contrats et provisions pour garantie
	Produits sensibles au vol	Procédure d'inventaire et de protection matériel contre le vol
Actionnariat familial	Confusion patrimoine	Analyse des rémunérations, avantages, compte courant, dépenses somptuaires
	Abus de majorité	Contrôle des conventions réglementées
	Mésentente actionnaire	Contrôle du respect des droits et obligations des actionnaires
Société multi-établissements	Mauvaise centralisation des informations financières	Contrôle de l'exhaustivité et des procédures de centralisation
	Hétérogénéité des traitements comptables	Respect de l'homogénéité des règles et méthodes comptables
	Transactions entre établissements	Contrôle des transactions entre établissements
Commerciaux rémunérés en fonction des ventes	Majoration fictive des ventes	Réalité des ventes, contrôle de la séparation des exercices
	Majoration fictive des rémunérations	Évaluation des rémunérations

Situation	Risques inhérents et liés au contrôle	Incidences sur la mission
Acquisition d'une construction financée par emprunt	Mauvaise évaluation de l'immobilisation à l'entrée et la clôture.	Évaluation du coût d'acquisition de l'immobilisation ; règles d'activation des frais financiers et d'acquisition ; règles de décomposition
	Mauvaise évaluation des charges financières, dettes et engagements financiers.	Évaluation des charges, dettes financières, écritures d'inventaire ; état des dettes et engagements financiers en annexe
	Difficultés à rembourser l'emprunt	Plan de financement
Stocks suivis par inventaire permanent et inventaires physiques biannuels	Couverture partielle des produits lors des inventaires physiques	Observation des procédures d'inventaire physique et sondage des stocks à la clôture
	Inventaire permanent non fiable	Analyse des méthodes et du système de suivi des stocks
Réclamations nombreuses des clients	Risque de non recouvrement, nombreux avoirs et/ou litiges clients	Exhaustivité et évaluation des dépréciations clients, avoirs et des provisions pour litiges
	Défaillance commandes, facturation, relances, encaissements	Contrôle des systèmes de commandes, facturation, relances, encaissements

EXO 03.09 Cas Batimat bis – orientation de la mission – identification inhérents

Situation	Risques	Incidences sur la mission
Établissements de négoce de matériaux de construction pour des professionnels	Mauvaise évaluation des stocks de matériaux de construction	Contrôle des méthodes d'évaluation des stocks à l'entrée, à l'inventaire et à la sortie
	Matériaux sensibles au vol	Revue des mesures de protection contre le vol et d'inventaire
	Mauvaise évaluation des provisions pour garantie	Contrôle des méthodes d'évaluation des provisions pour garantie
	Risques liés à la politique de crédits aux clients professionnels	Analyse des créances clients
	Non-respect de la réglementation sur le travail (et de la convention collective) : HS, primes, congés payés...	Revue de la réglementation du travail secteur commercial non alimentaire, contrôle des charges et dettes de personnel

Situation	Risques	Incidences sur la mission
Établissements multiples Tenue de comptabilité par les établissements Centralisation au siège	Hétérogénéité des procédures comptables et financières Non-exhaustivité et problèmes de centralisation des informations financières Mauvaise évaluation des cessions inter-établissements	Analyse des procédures de contrôle interne des établissements : homogénéité des règles et méthodes comptables, procédures de centralisation de l'information Analyse des systèmes d'évaluation des cessions internes
Comptabilité sur logiciel Pythagore Nouvel ERP développé pour BATIMAT	Manque de fiabilité et de sécurité du système	Revue du système informatique et des procédures paramétrage
	Carence dans la maintenance et la documentation	Maintenance, sécurité
	Absence de formation des utilisateurs : non permanence des méthodes et perte de données	Permanence des méthodes d'évaluation, de présentation : information en annexe
	Non-respect de la réglementation	Respect réglementation comptable et fiscale
Filiale de BATEXPERT, siège social Hong Kong	Transfert de profit, optimisation fiscale, fixation des prix de transfert injustifiés	Analyse du contrat, clause de fixation des prix. Vérification des clauses de rupture et de renouvellement du contrat
BATEXPERT, principal fournisseur BATIMAT	Dépendance envers le fournisseur BATEXPERT	Conventions réglementées
	Non-respect de la réglementation douanière et TVA	Contrôle des formalités déclaratives en douane et TVA
Acquisition ou installation d'un nouvel établissement	Mauvaise évaluation des immobilisations à l'entrée et à l'inventaire	Comptes immobilisations, amortissements
BATEXPERT, principal fournisseur BATIMAT	Contrat BATEXPERT frauduleux : taux de rémunération excessif, abus de droit	Analyse du contrat d'emprunt ; Vérification des conventions réglementées
	Capacité de financement non assurée	Analyse du plan de financement
Cession de la totalité des créances à BNP affacturage pour obtenir un financement dès l'émission des factures	Mauvais suivi des garanties, dettes, créances, charges financières et de sous-traitance d'affacturage	Comptes charges et dettes-créances BNP affacturage
	Baisse des marges	Marge d'exploitation
	Mauvaise évaluation des risques de non recouvrement	Analyse des créances clients, dépréciations
	Difficultés de trésorerie, continuité d'exploitation compromise	Documents prévisionnels

EXO 03.10 Cas Batimat ter : examen analytique – seuil de signification

DIFFICULTÉ 2

1. L'examen analytique est une technique de contrôle qui consiste à apprécier des informations financières à partir de leurs corrélations avec d'autres informations, issues ou non des comptes, ou avec des données antérieures, postérieures ou prévisionnelles de l'entité ou d'entités similaires, et de l'analyse des variations significatives ou des tendances inattendues.
Le commissaire aux comptes met en œuvre des procédures analytiques lors de la prise de connaissance de l'entité et de son environnement et de l'évaluation du risque d'anomalies significatives dans les comptes.
À ce stade, l'utilisation de cette technique peut notamment permettre au commissaire aux comptes d'identifier des opérations ou des événements inhabituels et d'enrichir son identification des risques d'anomalies.

2.

Examen analytique, risques et axes de contrôles

Situations		Risques	Axes de contrôles
Résultat : – 423 K €	– 1 627 %	Risque d'exploitation	Documents prévisionnels
Taux Marge com. N/N-1 (CA)	+ 41 % / + 48 %	Majoration fictive des achats	Opérations inventaire/réalité
Taux Marge nette N/N-1	– 6 % / – 0,3 %	Minoration fictive des produits et du résultat	Charges/exhaustivité produits
Ventes marchandises	– 5,2 %		
Achats marchandises	+ 8,3 %		
Produits d'exploitation Créances TTC 72 jours de CA en N 63 jours de CA en N-1	– 5,2 % + 7,8 %	Difficultés de recouvrement (malgré l'affacturage) Non dépréciation des créances anciennes Surévaluation des créances	Produits/créances + budgets ventes Dépréciation créances clients (créances sur BNP affacturage)
Ventes marchandises	– 5,2 %		
Achats marchandises	+ 8,3 %	Surévaluation achats/dettes	Réalité et évaluation des achats-dettes fournisseurs
Dettes fournisseurs	+ 12 %	Difficultés de règlements des fournisseurs	Documents prévisionnels
		Risque d'illiquidité ?	Prévisions de trésorerie
Stocks/actifs	+ 33 %	Surévaluation des stocks	Évaluation stocks et inventaire
(Stocks/achats) × 360	192 j	Stocks non dépréciés	Méthode et calcul dépréciation
Achats marchandises	+ 8,3 %	Majoration fictive des achats	Réalité, évaluation des achats-dettes fournisseurs
Capitaux propres : – 187 k €	– 11 %	Mauvaise affectation résultat ? Variation du capital ?	Vérifications des formalités juridiques Contrôle affectation résultat et variations capitaux propres

Situations		Risques	Axes de contrôles
Capitaux propres/passifs	20 %	Insuffisance fonds propres ?	Prévisions trésorerie
Dettes financières : + 712 k €	+ 28 %	Mauvaise évaluation dettes/charges financières	Contrats emprunts/charges financières/dettes financières
Dettes fi/passif	44 %		
Disponibilités	- 98 %	Risque d'illiquidité	Prévisions trésorerie/plan financement
Immobilisations : + 1 022 k €	+ 52 %	Mauvaise évaluation des immobilisations	Immobilisations/amortissement/dépréciation
Immo/Actif	41 %		
Dettes financières : + 712 k €	+ 28 %	Modalités de financement inadaptées : risque d'illiquidités	Prévisions trésorerie/plan financement
Capitaux propres : - 187 k €	- 11 %		

3. Le seuil de signification est un montant au-delà duquel les décisions économiques ou le jugement du lecteur des comptes sont susceptibles d'être influencés.
Lors de la planification de l'audit, le commissaire aux comptes détermine un seuil de signification au niveau des comptes pris dans leur ensemble et parfois un ou des seuils de signification de montants inférieurs pour certains soldes de compte ou catégories d'opérations sensibles ou à risques.
Le seuil de signification est utilisé pour évaluer le caractère significatif d'une anomalie à partir de son montant. En fin de mission, ils servent à donner une opinion sur la fiabilité des comptes annuels en comparant les anomalies individuellement et cumulées avec les seuils au niveau des comptes pris dans leur ensemble.
Le commissaire aux comptes calcule le seuil en appliquant un pourcentage à des indicateurs pertinents et significatifs du bilan et du compte de résultat : le résultat courant, le résultat net, le chiffre d'affaires, les capitaux propres...
Pour la fixation du seuil de signification, l'auditeur tient compte du niveau de risque.
Plus le risque est élevé, plus le seuil de signification sera faible.
Seuil résultat : 5 % × 449 = 22,45 K €
Seuil stocks : 2 % × 2 391 = 47,82 K €
Le niveau de risque est assez important, le commissaire aux comptes a choisi un seuil de signification relativement bas pour apprécier les anomalies pour les compte dans leur ensemble : cela parait cohérent. Néanmoins, compte tenu de l'activité de négoce, un seuil sur le chiffre d'affaires pourrait être pertinent.
Par contre, le seuil sur le cycle stocks est supérieur au seuil pour apprécier les comptes dans leur ensemble alors que le niveau de risque sur le cycle stocks est assez élevé. Cela est incohérent.

EXO 03.11 Cas Batimat quater : plan de mission

I – NATURE DE LA MISSION

Il s'agit d'une mission de commissariat aux comptes comportant l'audit des comptes annuels de la société anonyme BATIMAT SA clos le 31.12.N et les vérifications spécifiques portant essentiellement sur :

- le rapport de gestion,
- les documents adressés aux actionnaires sur la situation financière et les comptes annuels,
- l'égalité entre les actionnaires,
- les conventions réglementées,
- le montant global des rémunérations versées aux 5 ou 10 personnes les mieux rémunérées,
- l'information relative aux prises de participation et de contrôle et à l'identité détenant le capital social.

II – CONNAISSANCE GÉNÉRALE DE L'ENTITÉ

BATIMAT est une société de taille moyenne, avec plusieurs établissements, spécialisée dans le négoce de matériaux de construction pour les professionnels.

BATIMAT est une filiale de BATEXPERT, son principal fournisseur de marchandises, dont le siège est à Hong Kong.

BATIMAT a financé un nouvel établissement par emprunt contracté auprès de la maison mère BATEXPERT.

BATIMAT a mis en place récemment une solution d'affacturage auprès de BNP affacturage.

BATIMAT est fortement déficitaire (taux de marge nette : – 6 %) et les liquidités diminuent.

Elle a mis en place un nouvel ERP Pythagore, développé pour BATIMAT et intégrant la comptabilité.

III – CHIFFRES-CLÉS

En euros	N	N-1
Chiffre d'affaires	7 570 000	7 987 000
Marge commerciale	3 100 000	3 860 000
Stocks	2 391 000	2 356 000
Résultat net	449 000	26 000
Total Bilan	7 188 000	6 391 000
Capitaux propres	1 470 000	1 657 000
Taux de marge nette	– 5,93 %	– 0,3 %
Taux de marge commerciale / (CA HT)	40,95 %	48,32 %

IV – COMPRÉHENSION DES SYSTÈMES COMPTABLES

La comptabilité est saisie, au sein des établissements, sur le logiciel Pythagore, un nouvel ERP développé pour BATIMAT.

La comptabilité est centralisée et contrôlée au siège.

V – RISQUE D'AUDIT ET SEUIL DE SIGNIFICATION

a) Principaux risques d'anomalies significatives

BATEXPERT Hong Kong, maison mère de BATIMAT SA : prix de transfert injustifiés, risques fiscaux, transfert de profit.

BATEXPERT Hong Kong, principal fournisseur et principal financeur : dépendance extrême de BATIMAT.

Nouveau logiciel comptable ERP Pythagore : risques liés à la fiabilité, à la maintenance, à la sécurité, à la permanence des méthodes, à la centralisation des données, au respect des réglementations comptables et fiscales.

Ventes/créances
Non dépréciation des créances anciennes : surévaluation des créances clients professionnels.
Mauvais suivi des opérations d'affacturage : cession des créances, rejet des créances, dépréciations des créances.
Achats/fournisseurs
Surévaluation des achats et dettes fournisseurs (BATEXPERT maison mère) : prix de cession/prix de transfert, séparation des exercices, réalité des achats.
Charges financières/dettes financières/comptes financiers
Mauvaise évaluation des dettes et charges financières (emprunts auprès de BATEXPERT).
Mauvais suivi des opérations d'affacturage : charges financières, comptes bancaires affacturage, garanties.
Fiscalité
Transfert de profit, optimisation fiscale : fixation de prix de transfert injustifiés.
Non-respect de la réglementation douanière et TVA.
Stocks
Surévaluation des stocks, stocks non dépréciés (marchandises BATEXPERT). Produits sensibles au vol.
Immobilisations/amortissement
Mauvaise évaluation du nouvel établissement (+ 1 022 k €).
Capitaux propres
Variation des capitaux propres : mauvaise affectation résultat – variation du capital
Provisions pour garantie
Rien au bilan : non prise en compte des garanties contractuelles et des charges SAV.
Risque d'exploitation et d'illiquidité
Risque d'illiquidité : difficultés de remboursement des dettes financières et dettes courantes.
Baisse des ventes, des marges commerciales, des résultats : continuité d'exploitation compromise.
b) Seuil de signification
Le niveau de risque d'anomalies paraît assez élevé :
Seuil résultat : 5 % × 449 = 22,45 K €
Seuil stocks : 1 % × 2 391 = 23,91 K € limité à 22,45 K €
(Le seuil sur le cycle stocks doit être inférieur au seuil pour apprécier les comptes dans leur ensemble).
VI – PRINCIPAUX AXES DE CONTRÔLES
A – Appréciation du contrôle interne
Analyse des procédures de *contrôle interne des établissements* :
- homogénéité des règles et méthodes comptables pour l'ensemble des établissements BATIMAT ;
- procédures de centralisation de l'information au siège : exhaustivité, séparation des exercices, réalité ;
- analyse des systèmes d'évaluation et de retraitement des cessions internes.

Transaction avec maison mère BATEXPERT
Revue des procédures de justification et documentation des transactions et des prix de transfert avec BATEXPERT. Procédures de déclarations en douane et TVA pour achats de marchandises.
Revue des procédures et documentation relatives au nouvel ERP : paramétrage, maintenance, sécurité, permanence des méthodes d'évaluation, de présentation, respect des réglementations comptables et fiscales.
Stocks
Revue des procédures d'inventaire physique ; méthode d'évaluation à l'entrée ; méthode de suivi des stocks ; méthode d'identification et d'évaluation des dépréciations ; inventaire permanent ; protection contre le vol.

Créances clients
Revue de la méthode d'indentification des clients douteux et d'évaluation des dépréciations ; méthode de suivi des opérations d'affacturage : cession de créances, rejet des créances.
Immobilisations
Revue de la méthode d'évaluation du coût d'acquisition ; méthodes d'évaluation des amortissements et dépréciations ; procédures d'inventaire physique.
Trésorerie/financement
Revue des procédures d'établissement des documents prévisionnels.
Provisions pour garantie
Revue de la procédure d'évaluation des provisions pour garantie.
B – Contrôle des comptes
Ventes/créances
Contrôle des créances clients anciennes ; évaluation des dépréciations clients.
Rapprochement ventes et inventaire ; contrôle séparation des exercices.
Contrôle des cessions de créances à BNP affacturage et rejets des créances par BNP affacturage.
Achats/fournisseurs
Contrôle des achats et dettes BATEXPERT : contrats-factures, évaluation des prix de cession/prix de transfert, séparation des exercices, soldes anciens.
Charges de personnel/dettes de personnel
Revue de la réglementation et de la convention collective.
Contrôle rémunération, primes, congés payés et charges sociales.
Fiscalité
Déclarations fiscales (TVA) et douanières sur achats de marchandises à l'importation.
Documentation fiscale sur prix de transfert.
Charges financières/dettes financières/Comptes financiers
Contrat BATEXPERT : évaluation des charges financières et dettes financières, engagements financiers en annexe.
Contrôle du tableau d'amortissement, séparation des exercices.
Contrat d'affacturage : charges financières et d'affacturage, garanties.
Banque : confirmation des soldes, engagements financiers.
Documents prévisionnels/plan de financement.
Capitaux propres
Formalités juridiques (PV AGO, AGE).
Affectation résultat ; variation du capital.
Provisions pour garantie
Conditions contractuelles et statistiques SAV.
Évaluation des provisions
Immobilisations/amortissement
Contrôle des tableaux des immobilisations et des amortissements.
Contrats, factures d'acquisition et évaluation coûts d'acquisition.
Report en comptabilité.
Participation à l'inventaire physique.
Stocks
Participation à l'inventaire physique, comptage indépendant.
Contrôle des calculs de valorisation à l'entrée, à l'inventaire, à la sortie des stocks de marchandises.
Rapprochement avec l'inventaire permanent. Report en comptabilité.
VII – BUDGET ET PLANNING
Article R. 823-12 : Les diligences estimées nécessaires à l'exécution du programme de travail doivent comporter pour un exercice, en fonction du montant du bilan de la personne ou de

l'entité, augmenté du montant des produits d'exploitation et des produits financiers, hors TVA, un nombre d'heures de travail normalement compris entre les chiffres suivants :
Montant total du bilan et des produits d'exploitation et des produits financiers, hors taxes, et nombre normal d'heures de travail :

- jusqu'à 305 000 euros :	20 à 35 heures ;
- de 305 000 à 760 000 euros :	30 à 50 heures ;
- de 760 000 à 1 525 000 euros :	40 à 60 heures ;
- de 1 525 000 à 3 050 000 euros :	50 à 80 heures ;
- de 3 050 000 à 7 622 000 euros :	70 à 120 heures ;
- de 7 622 000 à 15 245 000 euros :	100 à 200 heures ;
- de 15 245 000 à 45 735 000 euros :	180 à 360 heures ;
- de 45 735 000 à 122 000 000 euros :	300 à 700 heures.

Barème :

- Total Bilan :	7 188 000
- Total produits d'exploitation :	7 570 000
- Total produits financiers :	
Base Barème :	14 758 000

Fourchette de temps : 100 à 200 heures.
Budget N en heures : 190 heures, compte tenu d'une base de barème proche de la fourchette haute, de la complexité organisationnelle et des risques identifiés.

ANALYSE PAR PHASE	PÉRIODE D'INTERVENTION	BUDGET N en heures
Orientation Planification	Septembre N	40
Appréciation du contrôle interne	Octobre-novembre N	50
Contrôle des comptes	Janvier-mars	60
Travaux de fin de mission, rapports	Mars	30
Réunions, CA, AG	Avril-mai	10
TOTAL TEMPS		190

EXO 03.12 Cas Batimat quinquies : appréciation contrôle interne – risques – assertions

DIFFICULTÉ 2

1. Le contrôle interne est un ensemble de moyens, de procédures, de comportements visant à assurer :
- la fiabilité des informations financières ;
- la conformité aux lois, règlements, contrats ;
- l'efficacité et l'efficience des opérations ;
- la protection du patrimoine et la sauvegarde des actifs.

L'objet des dispositifs de contrôle interne est, pour une entité, de maîtriser les risques de ne pas atteindre ses objectifs préalablement définis. Il doit prendre en compte les risques significatifs d'ordre opérationnels, financiers ou de conformité.
Ces dispositifs contribuent à :
- créer et préserver la valeur et la réputation de la société ;
- sécuriser la prise de décision pour favoriser l'atteinte des objectifs ;
- favoriser la cohérence des actions avec les valeurs de la société ;
- mobiliser l'ensemble du personnel autour de la maîtrise des risques.

Contrôle interne et gestion des risques : les risques « liés au contrôle » sont les menaces qu'une anomalie significative ne soit ni prévenue, ni détectée, ni corrigée en temps voulu par les dispositifs de contrôle interne. Ce risque résulte d'une faiblesse dans la conception, dans le fonctionnement ou dans le pilotage du contrôle interne.

2.

Faiblesses	Risques	Recommandations
Commandes au fur et à mesure de leurs besoins	Risques de rupture de stocks Sur-stockage Prix non optimum	Planification des besoins et validation d'un budget par un responsable des achats au siège
Les directeurs des établissements passent les commandes aux fournisseurs habituels	Collusion avec fournisseurs Surfacturation, prix non optimum	Sélection des fournisseurs et négociation des contrats réalisés par un responsable des achats au siège.
Pas de contrôle de livraisons par les établissements	Livraisons non conformes aux commandes	Contrôle des livraisons et comparaison avec les bons de commande par les établissements
Rapprochement facture bon de commande uniquement par le comptable : pas de bon de livraison	Achats non livrés Factures indues	Rapprochement des bons de livraison (visés par les établissements), bons de commande et factures par le service achat pour valider la facture avant paiement (bon à payer)
Pas de validation de la facture avant paiement	Paiements indus	
Le comptable établit et transmet le moyen de paiement au directeur financier pour signature.	Détournement de la part du comptable	Les moyens de paiements peuvent être gérés par une personne non chargée de la comptabilité
Pas de documents justificatifs pour le contrôle par le directeur financier	Erreur de paiement non détectée	Contrôle des justificatifs avant signature par le directeur financier

3.

Activités	Risques classés par assertion comptable				
	Non-exhaustivité	Non-réalité	Mesure	Séparation des exercices	Classification
Enregistrement factures	Toutes les factures ne sont pas enregistrées	Les factures enregistrées ne correspondent à aucun achat	Les factures ne sont pas enregistrées au bon montant	Les factures ne sont pas rattachées à l'exercice de livraison	Les factures sont enregistrées dans le mauvais compte achat ou fournisseur
Paiement fournisseurs	Tous les paiements ne sont pas comptabilisés	Les règlements ne correspondent à aucune facture	Les paiements ne sont pas enregistrés pour le bon montant	Les paiements ne sont pas enregistrés dans la période où ils sont émis	Les paiements ne sont pas imputés dans le bon compte banque ou fournisseur

EXO 03.13 Cas Batimat sexies : appréciation du contrôle interne – tests de procédures

DIFFICULTÉ 2

1. Le commissaire aux comptes approfondit sa connaissance des éléments de contrôle interne qui contribuent à prévenir, détecter et corriger les risques d'anomalies significatives. Il analyse les :

- systèmes d'information relatifs à l'information comptable et financière,
- moyens mis en œuvre pour identifier et prévenir les risques,
- procédures permettant la maîtrise des risques et la mise en œuvre d'actions correctives.

Il doit vérifier s'il peut s'appuyer sur le contrôle interne de l'entité afin d'alléger son programme de travail ou s'il doit renforcer les procédures d'audit lors de la phase de contrôle des comptes.

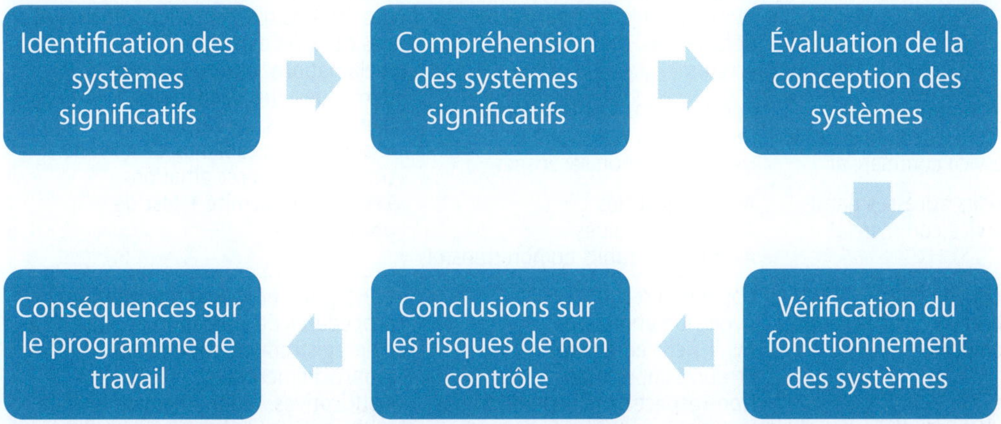

2. Les tests de procédures permettent d'apprécier l'efficacité des contrôles conçus et mis en œuvre par l'entité pour prévenir, détecter ou corriger les anomalies significatives au niveau des comptes. À travers ces tests, le commissaire aux comptes cherche à :

- confirmer la compréhension du contrôle interne,
- évaluer la conception du contrôle interne,
- vérifier le fonctionnement permanent et efficace du contrôle interne.

Pour chaque processus ou cycle comptable significatif, l'auditeur appréhende la **piste d'audit** : c'est la description claire et exhaustive du cheminement des opérations, de leur documentation (documents justificatifs) et de leur contrôle. Il peut réaliser des tests de cheminement, des tests de conformité ou des tests de permanence.

Test de cheminement : il consiste à suivre le cheminement d'un nombre limité d'opérations à travers le système d'information de son point d'origine jusqu'à sa présentation dans les comptes en vue d'acquérir la connaissance et la compréhension des systèmes d'information.

Test de conformité : ce test vise à vérifier, sur un nombre limité d'opérations, que les dispositifs de contrôle interne ont été correctement appliqués.

Test de permanence : il permet de vérifier, à l'aide de sondages, que les opérations sont toujours traitées conformément aux procédures prévues.

3.

Situations/faiblesses	Risques	Tests de procédures
Réclamations reçues par le service commercial	Réclamations non recensées, ou perdues Réclamations mal formulées, mal identifiées	Conception et fonctionnement du système de réception des réclamations : formulaires type de réclamation, numéro séquentiel de réclamation, justificatifs demandés, accusés réception fournis... **Test de conformité + test de permanence**
Traitement de la demande par le service commercial	Réclamations traitées hors délai ou non traitées Accord injustifié pour favoriser les relations commerciales Demande rejetée pour cacher les défaillances, dysfonctionnements, erreurs	Conception et fonctionnement de l'analyse et du traitement des réclamations : définition des habilitations, des délais de traitement, des critères d'acceptation et de rejet, des dossiers d'analyse des réclamations, des documents demandés, des validations hiérarchiques, de la forme des réponses, des tableaux de suivi du traitement des réclamations... **Test de conformité + test de permanence**
Réclamations non justifiées classées par le service commercial	Réclamations justifiées non recensées et non traitées Défaillances non recensées	
Avoirs adressés par le service commercial	Avoirs injustifiés Avoirs mal évalués Avoirs non établis ou non transmis	
Copie de l'avoir enregistré par le service comptable	Copie non reçue Avoir non enregistré Avoir fictif enregistré Erreur d'imputation Non-respect de la séparation des exercices	Conception et fonctionnement des procédures de validation et d'enregistrement comptables : rapprochement avec pièces justificatives, rapprochement avec le tableau de suivi du traitement des réclamations, justification et lettrage des soldes clients **Test de conformité + test de permanence**
Remboursement par le service comptable des avoirs	Montant erroné Remboursement indu Avoirs non remboursés Échéance non respectée Remboursement au mauvais client	Conception et fonctionnement des procédures de remboursement : rapprochement avec les pièces justificatives, contrôle des coordonnées du client, rapprochement avec le tableau de suivi du traitement des réclamations, justification et lettrage des soldes clients. **Test de conformité + test de permanence**

EXO 03.14 Cas Rapid Transport : contrôle des comptes – axes de contrôles

DIFFICULTÉ 2

1. Les contrôles de substance sont des procédures d'audit mises en œuvre pour détecter les anomalies significatives au niveau des assertions comptables. Ces contrôles apportent au commissaire aux comptes des éléments de preuves ou des présomptions pour justifier son opinion sur les comptes annuels. Les contrôles de substance incluent :

- les **tests de détail** : vérification d'un élément individuel sur des opérations, un solde de compte ou une information fournie dans l'annexe ;
- les **procédures analytiques** : analyse de variations, de tendances et mises en corrélation avec d'autres informations, ou données antérieures, postérieures ou prévisionnelles de l'entité, ou d'entités similaires.

2. Le choix et le nombre des éléments collectés et des techniques de contrôle relèvent du jugement professionnel de l'auditeur. Il s'appuie sur l'identification des risques d'anomalies significatives réalisées lors de la prise de connaissance.

Le commissaire aux comptes doit privilégier des sources et des techniques de contrôle fiables et appropriées à la nature du risque : les informations d'origine externe peuvent être plus fiables que celles d'origine interne. Le commissaire aux comptes vérifie l'exactitude et l'exhaustivité des documents internes.

La technique de contrôle doit être adaptée à l'assertion contrôlée et au risque identifié. Ainsi, l'observation physique est adaptée pour un contrôle d'existence ou de réalité ; la demande de confirmation des tiers participe au contrôle d'existence et d'exhaustivité ; l'inspection de document participe au contrôle d'évaluation, de séparation des exercices, d'imputation et de classification...

3.

Risques et axes de contrôles

Situations	Risques	Axes de contrôles
Camions acquis récemment Financés par emprunt Frais d'acquisition importants Immobilisations non décomposées	**Mesure-classification-exhaustivité-réalité** Mauvaise évaluation des immobilisations Non-respect des règles sur l'activation des frais financiers et des frais d'acquisition Non-respect des règles de décomposition Non-permanence des méthodes Enregistrements incomplets, erronées ou mal imputés Les camions existent-il réellement ?	Contrôles du coût d'acquisition des immobilisations : vérification des règles d'activation des frais d'emprunt et frais d'acquisition Vérification de l'existence ou non de composants Vérification du respect de la permanence des méthodes Report en comptabilité Contrôle physique des actifs
Amortissement comptable sur 5 ans Amortissement dégressif fiscal sur 5 ans	**Mesure-classification-exhaustivité** Erreur sur les calculs d'amortissements comptables et fiscaux Enregistrements incomplets, erronés ou mal imputés	Vérification des calculs d'amortissement et des provisions réglementées Vérification du respect de la permanence des méthodes et modalités d'applications ; information en annexe Report en comptabilité

Situations	Risques	Axes de contrôles
Véhicules non utilisés, activité en baisse.	**Exhaustivité-mesure-réalité** Les dépréciations sont mal identifiées, évaluées ou enregistrées	Vérification des tests de dépréciation et calculs de dépréciations. Report en comptabilité Vérification du respect de la permanence des méthodes et modalités d'applications ; information en annexe
	Les véhicules n'existent plus : véhicules hors service ou vendus	Contrôle physique des actifs Examen des cessions de l'exercice

EXO 03.15 Cas Batimat septies : contrôle des comptes – sélection en audit – confirmation directe

DIFFICULTÉ 2

1.

Liste et description des contrôles de substance

Inspection des actifs corporels	• Controle physique d'un actif corporel
Confirmation des tiers (circularisation)	• Confirmation directement auprès des tiers de l'existence, de l'évaluation, de l'exhaustivité des informations, des opérations, des soldes
Inspection, examen, rapprochements de documents	• Examen des livres comptables et pièces justificatives internes ou externes • Comparaison des totaux et soldes, opérations sur des documents de sources différentes
Vérifications des calculs, contrôles arithmétiques	• Vérification des calculs et évaluation des pièces jusficatives ou documents comptables
Examens ou procédures analytiques	• Analyse des variations, ratios, tendances réalisées lors de la prise de connaissance, du contrôle des comptes ou en fin de mission
Demande d'informations écrites ou orales	• Obtention de précisions auprès de personnes internes ou externes à l'entité

2. Méthodes de sélection en audit

Sélection de tous les éléments : cette méthode de sélection est principalement utilisée lorsque la population est constituée d'un petit nombre d'éléments.

Sélection d'éléments spécifiques : en fonction de la connaissance qu'il a acquise de l'entité et de son évaluation du risque d'anomalies significatives, le commissaire aux comptes peut décider d'utiliser cette méthode de sélection notamment lorsqu'il estime pertinent de couvrir, en valeur, une large proportion de la population en sélectionnant un nombre assez réduit d'éléments. Dans ce cas et lorsque les caractéristiques de la population le permettent, le commissaire aux comptes sélectionne les éléments dont le montant est supérieur à un montant donné qu'il fixe pour cette sélection ; il peut, de plus, contrôler les éléments inhabituels en raison de leur importance ou de leur nature. Il peut également sélectionner des éléments au hasard.

Sondages : un sondage donne à tous les éléments d'une population une chance d'être sélectionnés.

Les techniques de sélection d'échantillons dans le cadre de sondages peuvent être statistiques ou non statistiques.

3. Sélection d'éléments spécifiques : il convient de couvrir, en valeur, une large proportion du solde fournisseur en sélectionnant un nombre réduit d'éléments. Il existe 15 fournisseurs pour un solde de 708 955 €. En sélectionnant les trois soldes fournisseurs les plus importants (20 % des éléments), il est possible de vérifier plus de 80 % du solde.

Batexpert	300 000 €
Afilba	229 993 €
Mercilux	94 539 €
Soit un total de	624 532 €
	(88 % de 708 955 €)

Il convient, de plus, de repérer les éléments inhabituels ou les anomalies comptables apparentes.
Le solde du fournisseur Edefi est débiteur de 13 036 €.
Il existe 2 lignes fournisseurs Solubelle pour des mouvements et solde identiques de 7 673 €.
Le solde fournisseurs Alegri de 10 258 € n'a pas évolué depuis N-1.
Finalement, 6 fournisseurs pourraient être circularisés : Batexert-Afilba-Mercilux-Edefi-Solubelle-Alegri.

4. Modalités de mise en œuvre de la confirmation directe

Norme d'exercice professionnel 505, adaptation de la norme ISA 505 homologuée par arrêté du 22 décembre 2006 publié au J.O. n° 302 du 30 décembre 2006

a - Le commissaire aux comptes détermine le contenu des demandes de confirmation des tiers en fonction notamment des assertions concernées et des facteurs susceptibles d'affecter la fiabilité des réponses tels que la nature de la demande de confirmation, fermée ou ouverte, ou encore son expérience acquise lors de ses audits précédents.

b - Le commissaire aux comptes a la maîtrise de la sélection des tiers à qui il souhaite adresser les demandes de confirmation, de la rédaction et de l'envoi de ces demandes, ainsi que de la réception des réponses.

c - Si la direction de l'entité s'oppose aux demandes de confirmation des tiers envisagées par le commissaire aux comptes, il examine si ce refus se fonde sur des motifs valables et collecte sur ces motifs des éléments suffisants et appropriés. S'il considère que le refus de la direction est fondé, le commissaire aux comptes met en œuvre des procédures d'audit alternatives afin d'obtenir les éléments suffisants et appropriés sur le ou les points concernés par les demandes. S'il considère que le refus de la direction n'est pas fondé, le commissaire aux comptes en tire les conséquences éventuelles dans son rapport.

d - Lorsque le commissaire aux comptes n'obtient pas de réponse à une demande de confirmation, il met en œuvre des procédures d'audit alternatives permettant de collecter les éléments qu'il estime nécessaires pour vérifier les assertions faisant l'objet du contrôle. Lorsque la demande de confirmation des tiers et les procédures alternatives mises en œuvre par le commissaire aux comptes ne lui permettent pas de collecter les éléments suffisants et appropriés pour vérifier une assertion donnée, il met en œuvre des procédures d'audit supplémentaires afin de les obtenir.

EXO 03.16 Cas Batimat octies : contrôle des comptes – examen analytique – contrôle de substance

DIFFICULTÉ 2

1. Le commissaire aux comptes peut utiliser les procédures analytiques en tant que contrôles de substance. C'est le cas lorsqu'il estime que ces procédures, seules ou combinées avec d'autres, sont plus efficaces que les seuls tests de détail. Les procédures analytiques seules ont un faible niveau de force probante. Elles permettent au commissaire aux comptes d'identifier des risques non détectés jusqu'alors.

2.

Période	Décembre	Novembre	Octobre	Septembre	Août	Juillet
Stocks/Achats	2,55	1,72	1,39	1,05	0,96	0,85
Stocks en nombre de jours d'achats (Stocks/Achats × 30)	76	52	42	32	29	26
Évolution mensuelle achats en %	- 13 %	- 7 %	- 10 %	+ 11 %	+ 4 %	
% d'évolution mensuelle Stocks	+ 29 %	+ 16 %	+ 19 %	+ 21 %	+ 17 %	

3.

Risques d'anomalies comptables associés et contrôles substantifs adaptés.

Risques	Contrôles substantifs
Sur-évaluation des stocks - stocks fictifs - mauvaise évaluation des stocks - erreurs d'imputation - non dépréciation - mauvaise appréciation des mouvements de stocks pendant l'inventaire	**Réalité** Inspection physique des stocks : comptage indépendant sur un échantillon Inspection des états d'inventaire : contrôle arithmétique Rapprochement avec le comptage indépendant **Mesure-classification-séparation des exercices** Contrôle arithmétique des tableaux d'évaluations des stocks (coût d'achat réel, méthode d'évaluation PEPS, CUMP...) Rapprochement avec les écritures comptables à l'inventaire Contrôle arithmétique des tableaux d'évaluations des dépréciations Inspection d'un échantillon de bons d'entrée et de sortie et rapprochement avec les fiches d'inventaire
Sous-évaluation des achats - recensement ou comptabilisation des achats non exhaustifs - mauvaise évaluation des achats - mauvaise séparation des exercices - erreur d'imputation	**Exhaustivité** Confirmation des tiers : échantillon de fournisseurs Rapprochement entrées des stocks (bons d'entrée/fiches de stocks) et journal des achats **Mesure-classification-séparation des exercices** Inspection d'un échantillon de factures : contrôle arithmétique, contrôle d'imputation, rapprochement avec bon d'entrées ou fiche de stocks

EXO 03.17 Cas Batimat nonies : contrôle des comptes – contrôles de substance

DIFFICULTÉ 2

Postes comptables	Risques	Contrôle substantif
Clients Ventes	Surévaluation des ventes-clients Mauvaise évaluation des avoirs Avoirs injustifiés Non comptabilisation des avoirs	Confirmation clients (échantillon) Inspection de quelques avoirs : Rapprochement avoirs/réclamations Rapprochement imputation comptables
Avoirs à établir	Mauvaise séparation des exercices Sous-évaluation des avoirs à établir	Inspection de quelques avoirs décembre N et janvier/février N+1 : Rapprochement avoirs/réclamations
Dépréciation clients	Non identification des dépréciations Mauvaise évaluation des dépréciations Mauvaise comptabilisation des dépréciations	Identification des soldes anciens (balance âgée) Inspection du tableau d'évaluation des dépréciations et contrôle des reports en comptabilité
Litige clients	Non identification des litiges Mauvaise évaluation des litiges Mauvaise comptabilisation des litiges	Confirmation directe : avocat Inspection des documents d'évaluations Contrôle des reports en comptabilité
Stocks	Non prise en compte des retours Non dépréciation des marchandises défectueuses retournées	Rapprochement bon de retour/fiche de stocks Inspection tableau d'évaluation des dépréciations et contrôle des reports en comptabilité

EXO 03.18 Cas Chandelier, seuil de signification – rapport général

DIFFICULTÉ 2

1. Le seuil de signification est le montant fixé par l'auditeur au-delà duquel une anomalie est significative et peut influencer le jugement du lecteur des comptes annuels.
En comparant l'erreur au seuil de signification, l'auditeur pourra justifier son opinion de façon objective pour demander la correction de l'anomalie détectée.
Le seuil de signification a un impact sur le risque de non-détection et sur le risque d'audit. Plus le seuil est faible, moins le risque de non-détection est élevé. Le risque d'émettre une opinion incorrecte est donc plus faible.

2. L'anomalie significative est une information comptable ou financière inexacte, insuffisante ou omise, en raison d'erreurs ou de fraudes qui peut influencer le jugement ou les décisions fondés sur les comptes.

3. Seuil sur le résultat net : 300 000 × 8 % = 24 000 €
Seuil sur les provisions : 300 000 × 6 % = 18 000 €
L'erreur de 22 000 € ne dépasse pas le seuil sur le résultat net mais elle dépasse le seuil sur le cycle des provisions pour risques et charges. Elle est donc significative.

4. Le montant des provisions pour risques et charges au passif semble assez élevé. L'auditeur a estimé que le risque qu'une anomalie significative se produise dans les comptes de l'entité était plus élevé dans le cycle des provisions pour risques et charges du fait de son expérience sur les exercices précédents ou des informations collectées lors de la prise de connaissance. Le risque d'anomalies lié à l'entité étant plus élevé, l'auditeur cherche à réduire le risque de non-détection en abaissant le seuil de signification sur ce cycle.

5. Rapport du commissaire aux comptes sur les comptes annuels – SA CHANDELIER

En exécution de la mission qui nous a été confiée par l'***assemblée générale du 4 mai N-1***, nous avons effectué l'audit des comptes annuels de la société ***CHANDELIER*** relatifs à l'exercice clos le ***31 décembre N***, tels qu'ils sont joints au présent rapport. Les comptes annuels ont été arrêtés par le ***conseil d'administration le 3 avril N+1***. Il nous appartient, sur la base de notre audit, d'exprimer une opinion sur ces comptes.

- **Opinion avec réserve**

  Sous la réserve décrite dans la partie « Fondement de l'opinion avec réserve », nous certifions que les comptes annuels sont, au regard des règles et principes comptables français, réguliers et sincères et donnent une image fidèle du résultat des opérations de l'exercice écoulé ainsi que de la situation financière et du patrimoine de la société à la fin de cet exercice.

- **Fondement de l'opinion avec réserve**

  À la clôture de l'exercice, les provisions pour risques et charges s'élèvent à 300 000 €. Si la provision pour litige que nous avons estimée nécessaire avait été enregistrée, les provisions pour risques et charges seraient supérieures de 22 000 € et le bénéfice de l'exercice après impôt sur les sociétés serait diminué de 15 840 euros.

- **Référentiel d'audit**

  Nous avons effectué notre audit selon les normes d'exercice professionnel applicables en France. Nous estimons que les éléments que nous avons collectés sont suffisants et appropriés pour fonder notre opinion. Les responsabilités qui nous incombent en vertu de ces normes sont indiquées dans la partie « Responsabilités du commissaire aux comptes relatives à l'audit des comptes annuels » du présent rapport.

- **Indépendance**

  Nous avons réalisé notre mission d'audit dans le respect des règles d'indépendance qui nous sont applicables, sur la période du 1er janvier ***N*** à la date d'émission de notre rapport, et notamment nous n'avons pas fourni de services interdits par le code de déontologie de la profession de commissaire aux comptes.

- **Justification des appréciations**

En application des dispositions des articles L. 823-9 et R. 823-7 du Code de commerce relatives à la justification de nos appréciations, outre le point décrit dans la partie « Fondement de l'opinion avec réserve », nous portons à votre connaissance les appréciations suivantes qui, selon notre jugement professionnel, ont été les plus importantes pour l'audit des comptes annuels de l'exercice.

Les appréciations ainsi portées s'inscrivent dans le contexte de l'audit des comptes annuels pris dans leur ensemble et de la formation de notre opinion exprimée ci-avant. Nous n'exprimons pas d'opinion sur des éléments de ces comptes annuels pris isolément.

Nous avons également contrôlé le traitement des autres provisions pour risques et charges de l'entreprise. Nos travaux ont consisté à apprécier les hypothèses et méthodes retenues pour l'évaluation de la provision et à apprécier le caractère approprié du traitement comptable ainsi que de l'information donnée dans l'annexe à ce sujet.

Nous avons déterminé qu'il n'y avait pas d'autre point clé de l'audit à communiquer dans notre rapport.

QCM 03.19 L'audit et l'exercice de l'audit

1. A Faux ; B Vrai

Le terme audit désigne l'ensemble des opérations réalisées par un professionnel indépendant d'analyse de conformité d'un processus, d'un document ou de pratique par rapport à un référentiel. Il aboutit à l'expression d'une opinion. Le contrôle technique des véhicules roulants à moteurs est un audit. Une vérification de comptabilité réalisée par l'administration fiscale est un audit.

2. A Vrai ; B Faux

L'exercice de l'activité d'auditeur est réglementé en France. Deux professions sont concernées :

- les professionnels de l'expertise comptable (ordonnance du 19 septembre 1945),
- les commissaires aux comptes (Livre 8 du Code de commerce).

3. A Vrai ; B Faux

En effet, un audit contractuel (c'est-à-dire celui qui n'est pas imposé par la loi), peut être réalisé par un professionnel de l'expertise comptable. Il utilisera les mêmes techniques d'audit que le commissaire aux comptes mais la conclusion de ses travaux sera matérialisée sous une forme différente. Il s'agira d'une attestation (NP 2400 notamment).

4. A Vrai ; B Faux

La mission d'audit légal (prévue par la loi) est confiée au commissaire aux comptes. La finalité de sa mission est fixée par l'article L. 823-9 du Code de commerce. « Les commissaires aux comptes certifient, en justifiant de leurs appréciations, que les comptes annuels sont réguliers et sincères et donnent une image fidèle du résultat des opérations de l'exercice écoulé ainsi que de la situation financière et du patrimoine de la personne ou de l'entité à la fin de cet exercice. »

5. A Vrai ; B Faux

En effet, le terme d'audit est souvent utilisé dans le reste du monde. En France, l'auditeur légal s'appelle le commissaire aux comptes.

6. A Faux ; B Vrai

L'entreprise est un concept économique et non juridique. Les arguments qui motivent (qui justifient) la présence d'un tiers indépendant se trouvent dans les sociétés. Au départ, c'est parce qu'il existe une asymétrie d'information (entre les dirigeants responsables de la production des comptes annuels et les associés) que le législateur a instauré la mission de commissariat aux comptes telle qu'on la connaît aujourd'hui. C'est seulement à la fin des années 1960 (loi du 24 juillet 1966) que cette profession indépendante est née.

7. A Faux ; B Vrai

Dans notre droit, il existe des personnes morales autres que des sociétés (GIE, association, fondation, parti politique...). Parce qu'il y a un intérêt à ce qu'un tiers indépendant vienne auditer les comptes annuels qui sont présentés aux membres, le législateur a rendu obligatoire la présence d'un commissaire aux comptes dans des entités autres que les sociétés.

8. A Vrai ; B Faux

Dès la création de la CNCC, il est apparu nécessaire d'encadrer l'exercice de la profession. Un recueil de normes et de recommandations a été publié.

À la fin des années 1990, un recueil des avis techniques accompagnés d'un cadre conceptuel est publié et mis à disposition des commissaires aux comptes.

À la création du Haut conseil du commissariat aux comptes, la procédure de conception des normes est refondue. Les textes deviennent des NEP (Normes d'exercice professionnel) publiées au journal officiel après homologation par le ministre de la Justice. Une grande partie de ces NEP est inspiré du référentiel international (ISA, *International Standards of Auditing*).

9. A Faux ; B Vrai

Le contrôle interne est une fonction (voire un état d'esprit) au sein de l'entreprise mise en place par les dirigeants. Le contrôle externe exercé par le commissaire aux comptes est autonome.

10. A Faux ; B Vrai

L'exercice de la profession est encadré par la loi. L'article L. 822-1 du Code de commerce dispose que « les fonctions de commissaire aux comptes sont exercées par des personnes physiques ou par des sociétés inscrites sur une liste établie par le Haut conseil du commissariat aux comptes, dans les conditions prévues aux articles L. 822-1-1 à L. 822-1-4 ».

11. A Faux ; B Vrai

Le Code de déontologie des commissaires aux comptes fixe des principes généraux de comportement : l'intégrité, l'impartialité, l'indépendance et la prévention des conflits d'intérêts, la compétence, la confraternité, la discrétion, le scepticisme professionnel et l'esprit critique. L'obligation d'indépendance ne permet pas de se retrouver en situation d'auto-révision. Ainsi, le législateur interdit la réalisation de tous services de comptabilité et de préparation des registres comptables (art. 5.1 du règlement de l'Union européenne 537/2014).

12. A Faux ; B Vrai

La durée du mandat du commissaire est de six exercices (art. L. 823-3 du Code de commerce). Aucun texte n'autorise une réduction contractuelle de cette durée.

13. A Faux ; B Vrai

En effet, depuis la loi Sapin II n° 2016-1691 du 9 décembre 2016, la désignation d'un commissaire suppléant devient une exception. « En dehors des cas de nomination statutaire, les commissaires aux comptes sont désignés par l'assemblée générale ordinaire dans les personnes morales qui sont dotées de cette instance ou par l'organe exerçant une fonction analogue compétent en vertu des règles qui s'appliquent aux autres personnes ou entités.

Lorsque le commissaire aux comptes ainsi désigné est une personne physique ou une société unipersonnelle, un ou plusieurs commissaires aux comptes suppléants, appelés à remplacer les titulaires en cas de refus, d'empêchement, de démission ou de décès sont désignés dans les mêmes conditions. »

14. A Faux ; B Vrai

À la création de la SAS, le législateur avait prévu la présence d'un commissaire aux comptes dans toutes ces sociétés.

Depuis la loi n° 2008-776 du 4 août 2008, le commissaire aux comptes est obligatoire lorsque la société :

- contrôle ou est contrôlée par une autre société ;
- ou dépasse deux des trois seuils (CA > 2 millions d'euros, total bilan > 1 million d'euros, effectif > 20).

15. A Faux ; B Vrai

L'article L. 223-35 du Code de commerce dispose que « Les associés peuvent nommer un ou plusieurs commissaires aux comptes dans les conditions prévues à l'article L. 223-29.

Sont tenues de désigner un commissaire aux comptes au moins les sociétés à responsabilité limitée qui dépassent à la clôture d'un exercice social des chiffres fixés par décret en Conseil d'État pour deux des critères suivants : le total de leur bilan, le montant hors taxes de leur chiffre d'affaires ou le nombre moyen de leurs salariés au cours d'un exercice.

Même si ces seuils ne sont pas atteints, la nomination d'un commissaire aux comptes peut être demandée en justice par un ou plusieurs associés représentant au moins le dixième du capital. ».

Les seuils actuels sont respectivement de 1 150 000 euros, 3 110 000 euros et 50 salariés.

16. A Vrai ; B Faux

Avant d'accepter une mission, le commissaire aux comptes doit s'assurer de l'absence de situation d'incompatibilité et d'interdiction. En outre, il doit s'assurer d'avoir la compétence (matérielle et technique) avant d'accepter la mission. Il doit refuser la mission s'il estime ne pas pouvoir effectuer les diligences que l'on est en droit d'attendre d'un professionnel. En outre, la mission d'audit n'étant pas une activité commerciale, il n'est pas concerné par la législation sur la prohibition du refus de vente.

17. A Vrai ; B Faux

En effet, à chaque fois que le commissaire aux comptes réalise une mission, il rend compte de ses conclusions à travers un rapport. Il en existe plusieurs, tous prévus par le texte qui réglemente la mission (rapport sur les comptes annuels, rapport sur les comptes consolidés, rapport sur les conventions réglementées, rapport en cas de réduction de capital…).

18. A Vrai ; B Faux

Comme toute personne capable, le commissaire aux comptes (personnes physiques ou personnes morales) est un justiciable. S'il commet des infractions au cours de sa mission, sa responsabilité pénale peut être mise en cause. Cela peut être dans le cadre d'une infraction de droit commun (vol, voie de fait, violation du secret professionnel par exemple) mais il existe des infractions spécifiques. Par exemple : la non-révélation des faits délictueux, l'acception d'une mission en situation d'incompatibilité.

19. A Vrai ; B Faux

C'est une spécificité française prévue à l'article L. 823-2 du Code de commerce qui dispose que « Les personnes et entités astreintes à publier des comptes consolidés désignent au moins deux commissaires aux comptes ».

20. A Vrai ; B Faux

Afin de matérialiser la réalité des diligences accomplies (*ad probatem*), le commissaire aux comptes doit tenir un dossier de travail. Un dossier permanent et un dossier annuel pour chaque exercice.

EXO 03.20 Cas Lenor : cadre légal et normatif du commissariat aux comptes

DIFFICULTÉ 1

L'appartenance à l'Union européenne impose à la France le respect de la **directive audit** de 2014 (directive 2014/56/UE) et du règlement UE 537/2014 concernant l'audit des entités d'intérêt public. La directive prévoit notamment le respect des normes internationales ISA (*International Standards on Auditing*) développées par l'IFAC (*International Federation of Accountants*).

En France, le Code de commerce réglemente la profession de commissaire aux comptes.

Partie législative

Le Code de commerce, partie législative, Livre II, dans les articles L. 221-1 et suivants sur le fonctionnement des sociétés, prescrit les missions du commissaire aux comptes dans les diverses sociétés commerciales.

Le Code de commerce, partie législative, Livre VI, dans les articles L. 612-1 et suivants, prévoit les missions du commissaire aux comptes dans les personnes morales de droit privé ayant une activité économique dans le cadre de la prévention des difficultés des entreprises.

Le Code de commerce, partie législative, Livre VIII, dans les articles L. 820-1 et suivants, réglemente la profession et encadre l'exercice du contrôle légal.

Partie réglementaire

Le Code de commerce, partie réglementaire, Livre II, dans les articles R. 221-5 et suivants sur les dispositions particulières relatives aux diverses sociétés commerciales, précise les conditions d'exercice du commissaire aux comptes dans les diverses sociétés commerciales.

Le Code de commerce, partie réglementaire, Livre VI, dans les articles R. 612-1 et suivants, précise les conditions d'exercice du commissariat aux comptes dans les personnes morales de droit privé ayant une activité économique dans le cadre de la prévention des difficultés des entreprises.
Le Code de commerce, partie réglementaire, Livre VIII, dans les articles R. 821-1 et suivants, détaille l'organisation de la profession de commissaire aux comptes.
L'annexe 8-1 du Livre VIII, partie réglementaire, présente le Code de déontologie du commissaire aux comptes.

Partie « arrêtés »

Le Code de commerce, partie « arrêtés », dans les articles A. 823-1 et suivants, regroupe les normes d'exercice professionnel (NEP). Les normes d'exercice professionnel sont préparées par la Compagnie nationale des commissaires aux comptes (CNCC), adoptées par le H3C (Haut conseil du commissariat aux comptes). Elles sont transmises au garde des Sceaux pour homologation par arrêté publié au journal officiel.

Doctrine

Les avis et recommandations de la CNCC et du H3C et l'ancien référentiel normatif de la CNCC de fin juillet 2003 alimentent la doctrine.

EXO 03.21 Cas Instit : cadre institutionnel et contrôle de la profession

DIFFICULTÉ 1

1. Le Haut conseil du commissariat aux comptes

Le Haut conseil du commissariat aux comptes (H3C) est l'autorité de régulation de la profession de commissaires aux comptes en France (CC L. 821-1).

- Il adopte les normes relatives à l'exercice professionnel, à la déontologie des commissaires aux comptes et au contrôle de qualité.
- Il oriente les contrôles de la profession et en supervise la réalisation.
- Il veille au respect des obligations de formation.
- Il diligente des enquêtes et prononce des sanctions.
- Il procède à l'inscription des commissaires aux comptes.

Le collège du H3C est composé de 14 membres : quatre magistrats, le représentant de l'Autorité des marchés financiers (AMF),le représentant de l'Autorité de contrôle prudentiel et de résolution (ACPR), le directeur général du Trésor, un professeur des universités, quatre personnes qualifiées en matière économique et financière, deux commissaires aux comptes ayant cessé leur activité.

La Compagnie nationale des commissaires aux comptes

La Compagnie nationale des commissaires aux comptes (CNCC) est l'instance représentative de la profession en France (CC L. 821-6).
Elle élabore les normes professionnelles et veille à la représentation et à la défense des intérêts moraux et professionnels des commissaires aux comptes.
Elle assure également la formation continue des auditeurs et une part importante du contrôle d'activité des cabinets détenant des mandats d'entités d'intérêt public, par délégation du Haut conseil du commissariat aux comptes.

Les Compagnies régionales des commissaires aux comptes

Les CRCC ont pour mission le contrôle et l'accompagnement des commissaires aux comptes dans leur exercice professionnel (CC L. 821-6).
Elles mettent en œuvre le contrôle, le suivi d'activité des commissaires aux comptes et la mise en place de conciliations. Elles organisent également les élections et la collecte des cotisations.
Les CRCC peuvent mettre en place par ailleurs des services non prévus par les textes afin d'assister les commissaires aux comptes dans l'exercice de leurs missions. La CRCC de Paris a mis en place depuis une quinzaine d'années une commission juridique qui répond aux questions des confrères.

2. Les contrôles périodiques d'activité sont effectués dans les conditions et selon les modalités définies par le H3C. Le Haut conseil supervise les contrôles, émet des recommandations dans le cadre de leur suivi et veille à leur bonne exécution.

Le Haut conseil met en œuvre les contrôles des cabinets de commissariat aux comptes certifiant les comptes d'Entité d'Intérêt Public (« EIP »), dits « cabinets EIP ». Il peut déléguer une partie des contrôles de « cabinets EIP » à la Compagnie nationale des commissaires aux Comptes (CNCC).

Les contrôles des « cabinets non EIP » sont réalisés par les instances professionnelles selon les modalités définies par le Haut conseil. Le Haut conseil peut déléguer une partie des contrôles de « cabinets non EIP » aux Compagnies régionales des commissaires aux comptes (CRCC).

Des contrôles occasionnels peuvent être effectués à l'initiative des instances professionnelles ou à la demande du H3C.

Les contrôles sont effectués avec le concours de l'Autorité des marchés financiers (AMF) en coordination avec le H3C lorsque les commissaires aux comptes certifient les comptes des personnes relevant de son autorité (sociétés cotées et intermédiaires financiers autorisés à fournir des services d'investissement ou des conseils en investissements financiers).

Les contrôles sont effectués avec le concours de l'Autorité de contrôle prudentiel et de résolution (ACPR) à la demande du H3C lorsque les commissaires aux comptes certifient les comptes des personnes relevant de son autorité (secteur bancaire et assurantiel).

EXO 03.22 Cas YAS, nomination-démission-récusation

DIFFICULTÉ 2

1. La loi relative à la croissance et la transformation des entreprises (PACTE) a été adoptée en lecture définitive par l'Assemblée nationale. Ce texte est applicable depuis 2019.

Seuils de nomination CAC	Filiale significative d'un petit groupe	Seuils SAS
Total de Bilan	2 000 000 €	4 000 000 €
Chiffres d'affaires HT	4 000 000 €	8 000 000 €
Nombre de salariés	25	50

Les obligations de la société qui contrôle une autre société ?

La loi PACTE prévoit qu'une société qui contrôle une ou plusieurs sociétés au sens de l'article L. 233-3 a l'obligation de désigner un Commissaire aux comptes lorsque l'ensemble qu'elle forme avec la ou les sociétés qu'elle contrôle dépasse les seuils fixés ci-dessus.

Les obligations de la société contrôlée ?

Depuis 2019, l'obligation de nommer un Commissaire aux Comptes dans les sociétés contrôlées est prévue en cas de « filiales significatives ». Les seuils évoqués pour la détermination du caractère significatif des filiales sont respectivement de 2 M €, 4 M € et 25 salariés.

La SAS YAS ne dépasse pas les nouveaux seuils. La SAS est contrôlée par la société BABYLONE, majoritaire dans son capital, mais n'est pas considéré comme une « filiale significative ».

La désignation du commissaire aux comptes n'est donc pas obligatoire chez YAS SAS.

2. Le commissaire aux comptes est désigné par décision collective des associés sur proposition du président ou d'un autre organe de direction selon les modalités prévues dans les statuts.

3. Le CAC peut être désigné volontairement :

- par décision des associés d'une SAS, ou d'une SA et d'une SCA en assemblée générale ordinaire (AGO) ;
- sur demande des associés représentant au moins 1/4 du capital dans les SNC et SARL.

La désignation d'un CAC est obligatoire, même si les seuils légaux ne sont pas atteints, en cas de demande en justice :

- des associés minoritaires représentant au moins 10 % du capital dans les SA, SCA, SAS, SARL ;
- par un associé au moins dans les SNC.

En cas de désignation volontaire, ces sociétés peuvent décider de limiter la durée du mandat du CAC à 3 exercices (Loi pacte, art. 20, al. 23°)

4. Monsieur Haberberg, actionnaire minoritaire, peut demander en justice, dans les trente jours de la désignation, la récusation pour juste motif du commissaire aux comptes, s'il possède au moins 5 % du capital social. La récusation est une décision de justice qui empêcherait Monsieur MINA de rentrer en fonction. Le non-respect des règles relatif à l'indépendance est un juste motif de récusation.

5. Le commissaire aux comptes exerce sa mission jusqu'à son terme. Il a cependant le droit de démissionner pour des motifs légitimes. Constitue un motif légitime de démission : a) La cessation définitive d'activité ; b) Un motif personnel impérieux, notamment l'état de santé ; c) Les difficultés rencontrées dans l'accomplissement de la mission, lorsqu'il n'est pas possible d'y remédier ; d) La survenance d'un événement de nature à compromettre le respect des règles applicables à la profession, et notamment à porter atteinte à l'indépendance ou à l'objectivité du commissaire aux comptes. Le commissaire aux comptes ne peut pas démissionner pour se soustraire à ses obligations légales relatives notamment : 1° À la procédure d'alerte ; 2° À la révélation de faits délictueux au procureur de la République ; 3° À la déclaration de sommes ou d'opérations soupçonnées d'être d'origine illicite ; 4° À l'émission de son opinion sur les comptes. Il ne peut pas non plus démissionner dans des conditions génératrices de préjudice pour la personne ou l'entité concernée. Il doit pouvoir justifier qu'il a procédé à l'analyse de la situation.

La démission à la prochaine assemblée générale après la clôture N+1 ne semble pas préjudiciable pour la société.

6. La société par actions simplifiée dont le commissaire aux comptes démissionne doit désigner un remplaçant pour la durée du mandat restant à courir.

Les délibérations de l'assemblée générale ou de l'organe exerçant ses fonctions prises à défaut de désignation régulière de commissaires aux comptes (ou sur le rapport de commissaires aux comptes nommés ou demeurés en fonctions contrairement aux dispositions légales) sont nulles. L'action en nullité est éteinte si ces délibérations sont expressément confirmées par l'organe compétent sur le rapport de commissaires aux comptes régulièrement désignés.

EXO 03.23 Cas Haberberg : règles d'indépendance et incompatibilités

DIFFICULTÉ 1

L'article L. 822-11-3 du Code de commerce prévoit que le commissaire aux comptes ne puisse pas prendre, recevoir ou conserver, directement ou indirectement, un intérêt auprès de l'entité dont il est chargé de certifier les comptes... Le Code de déontologie définit les liens personnels, financiers et professionnels.

Plus précisément, l'article 28 du Code de déontologie rend incompatibles avec l'exercice de la mission de commissaire aux comptes, les liens financiers qui sont établis entre, d'une part, la personne ou l'entité dont les comptes sont certifiés ou une personne ou entité qui la contrôle ou qui est contrôlée par elle au sens des I et II de l'article L. 233-3 du code de commerce et, d'autre part, le commissaire aux comptes, la société de commissaires aux comptes à laquelle il appartient, les associés et les salariés du commissaire aux comptes qui participent à la mission

de certification, ou toute autre personne participant à la mission de certification portant sur les opérations suivantes :
1º L'acquisition ou la détention, directe ou indirecte, d'actions ou de tous autres titres donnant ou pouvant donner accès, directement ou indirectement, au capital ou aux droits de vote de la personne ou entité dont les comptes sont certifiés.
2º L'acquisition ou la détention, directe ou indirecte, d'instruments financiers définis par l'article L. 211-1 du Code monétaire et financier.
La détention d'actions de la société dont les comptes sont certifiés est un lien financier incompatible avec la mission du commissaire aux comptes. Monsieur HADERBERG ne peut pas devenir commissaire aux comptes de la société YAS.

EXO 03.24 Cas Kreutz : règles d'indépendance et incompatibilités

DIFFICULTÉ 1

Incompatibilités : l'article L. 822-11-3 du Code de commerce prévoit que le commissaire aux comptes ne puisse pas prendre, recevoir ou conserver, directement ou indirectement, un intérêt auprès de l'entité dont il est chargé de certifier les comptes, ou auprès d'une personne qui la contrôle ou qui est contrôlée par elle. Le Code de déontologie définit les liens personnels, financiers et professionnels.
Plus précisément, l'article 32 du Code de déontologie définit comme lien personnel, le lien entre :
1º Ascendant et descendant au premier degré ;
2º Les collatéraux au premier degré ;
3º Les conjoints, les personnes liées par un pacte civil de solidarité, ou les concubins au sens de l'article 515-8 du Code civil.
Ainsi, est incompatible avec l'exercice de la mission de commissaire aux comptes tout lien personnel entre, d'une part, une personne occupant une fonction sensible au sein de la personne ou entité dont les comptes sont certifiés et, d'autre part :
1º Le commissaire aux comptes ;
2º L'un des membres de la direction de la société de commissaires aux comptes.
Pour l'application de ces mêmes dispositions, l'article 31 du Code de déontologie décrit les fonctions « sensibles » au sein de la personne dont les comptes sont certifiés :
1º Toute personne ayant la qualité de mandataire social ;
2º Tout préposé de la personne ou entité chargé de tenir les comptes ou d'élaborer les états financiers et les documents de gestion ;
3º Tout cadre dirigeant pouvant exercer une influence sur l'établissement de ces états et documents.
Dans le cas présent, Madame REZZA et Monsieur KREUTZ ont un ascendant commun au deuxième degré (grands-parents communs) et Madame REZZA occupe une fonction sensible chez YAS. Il ne s'agit pas en l'état d'un lien familial au premier degré incompatible avec la mission de commissaires aux comptes.
Indépendance : l'article 5 du Code de déontologie prévoit que le commissaire aux comptes veille à ce que son indépendance ne soit pas compromise... L'indépendance du commissaire aux comptes s'apprécie en réalité et en apparence. Elle se caractérise par l'exercice en toute objectivité des pouvoirs et des compétences qui sont conférés par la loi. Elle garantit qu'il émet des conclusions exemptes de tout parti pris, conflit d'intérêts, risque d'auto-révision ou influence liée à des liens personnels, financiers ou professionnels.
Une mission ne doit pas être acceptée ni être poursuivie si son jugement professionnel, l'expression de son opinion ou l'exercice de sa mission ne sont pas affectés. Lorsqu'il se trouve exposé à de telles situations, le commissaire aux comptes prend immédiatement les mesures de

sauvegarde appropriées en vue, soit d'en éliminer la cause, soit d'en réduire les effets (article 19 du Code de déontologie).
Le lien familial entre Monsieur Kreutz et Madame Rezza peut en réalité ou en apparence nuire à son objectivité et à son impartialité. Monsieur Kreutz ne devrait pas accepter le mandat de commissaire aux comptes de la société YAS. En cas de doute, il peut saisir individuellement le H3C pour un avis sur cette situation.

EXO 03.25 Cas Klavier : règles d'indépendance et incompatibilités

DIFFICULTÉ 1

L'article L. 822-10 du Code de commerce prévoit que le commissaire aux comptes évite toute activité ou tout acte de nature à porter atteinte à son indépendance. L'article 5 du Code de déontologie indique que l'indépendance du commissaire aux comptes s'apprécie en réalité et en apparence. Elle se caractérise par l'exercice en toute objectivité des pouvoirs et des compétences qui sont conférés par la loi. Elle garantit qu'il émet des conclusions exemptes de tout parti pris, conflit d'intérêts, risque d'auto-révision ou influence liée à des liens personnels, financiers ou professionnels.
Cette situation peut être de nature à porter atteinte à l'indépendance du commissaire aux comptes compte tenu des liens professionnels que celui-ci peut entretenir avec Madame REZZA, dirigeant commun aux deux sociétés SAS YAS ET SA REZZA. Mme REZZA pourrait éventuellement faire pression sur le commissaire aux comptes en le menaçant de lui retirer la mission d'expert-comptable de la SA REZZA.
Une mission ne doit pas être acceptée ni être poursuivie si elle ne peut s'accomplir dans des conditions conformes aux exigences légales et réglementaires ainsi qu'à celle du code de déontologie. Lorsqu'il se trouve exposé à de telles situations, le commissaire aux comptes prend immédiatement les mesures de sauvegarde appropriées en vue, soit d'en éliminer la cause, soit d'en réduire les effets (article 19 du Code de déontologie). M. KLAVIER devrait renoncer au mandat de commissariat aux comptes de SAS YAS ou à la mission d'expertise comptable de la SA REZZA.
(Bulletin CNCC revue n° 147 p. 524-525)

EXO 03.26 Cas Brocéliande : responsabilité du commissaire aux comptes

DIFFICULTÉ 2

1. L'article L. 822-17 du Code de commerce encadre la responsabilité civile du commissaire aux comptes.
Les commissaires aux comptes sont responsables, tant à l'égard de la personne ou de l'entité que des tiers, des conséquences dommageables des fautes et négligences par eux commises dans l'exercice de leurs fonctions. Ils ne sont pas civilement responsables des infractions commises par les dirigeants et mandataires sociaux, sauf si, en ayant eu connaissance, ils ne les ont pas signalées dans leur rapport à l'assemblée générale ou à l'organe compétent.
Dans le cas présent, il peut être reproché au commissaire aux comptes de ne pas avoir réalisé de contrôle complémentaire pour valider l'affirmation du dirigeant de BROCELIANDE SA, de ne pas avoir déclenché la procédure d'alerte pour les faits de nature à remettre en cause la continuité d'exploitation, de ne pas avoir signalé dans le rapport général les anomalies relevées.
La faute commise s'apprécie par rapport à un professionnel normalement compétent, diligent et attentif placé dans les mêmes circonstances.
Selon les conditions communes au droit de la responsabilité, il ne suffit pas d'établir la faute du commissaire aux comptes dans l'exercice de ses missions. On doit encore prouver la relation de cause à effet entre la faute et le dommage subi. Pour cela, il faudra démontrer que la faute du

commissaire aux comptes est en lien de causalité avec le préjudice éventuellement subi par la société. Le lien de causalité entre la faute du commissaire aux comptes et le préjudice subi est établi lorsque l'exécution des diligences normales auraient empêché la réalisation du dommage. Dans le cas où le dommage résulterait de la cessation de paiement, le lien de causalité entre la négligence et le préjudice pourrait être établi.
D'autre part, les commissaires aux comptes qui, tout en connaissant le caractère erroné des comptes sociaux, en certifient la sincérité et la régularité, sont civilement responsables des infractions commises par les dirigeants et mandataires sociaux. Dans le cas présent, si le commissaire aux comptes, conscient du caractère erroné des comptes annuels, certifie les comptes, il engage donc sa responsabilité civile pour les préjudices actuels et certains : les dommages-intérêts éventuellement versés seront fonction du lien entre la faute et le dommage causé.

2. L'article L. 820-7 énonce : « Est puni d'un emprisonnement de cinq ans et d'une amende de 75 000 € (sanctions pénales) le fait, pour toute personne, de donner ou confirmer soit en son nom personnel, soit au titre d'associé dans une société de commissaires aux comptes, des informations mensongères sur la situation de la personne morale ou de ne pas révéler au procureur de la République les faits délictueux dont il a eu connaissance. » Les commissaires aux comptes qui, tout en connaissant le caractère erroné des comptes sociaux, en certifient la sincérité et la régularité, commettent le délit d'informations mensongères sur la situation de la société.
Dans le cas présent, si le commissaire aux comptes, conscient du caractère erroné des comptes annuels, les certifie malgré tout, il engage sa responsabilité pénale.

3. Le commissaire aux comptes s'expose à une sanction disciplinaire dans les cas suivants : infraction aux lois, règlements et normes professionnelles, au Code de déontologie de la profession et aux bonnes pratiques, négligence grave, fait contraire à la probité, à l'honneur (même ne se rattachant pas à l'exercice de la profession) ou à l'indépendance.
Dans le cas présent, si les négligences du commissaire aux comptes engagent sa responsabilité civile et pénale, elles sont considérées comme graves et permettent d'envisager des sanctions disciplinaires.
Les sanctions sont :
- l'avertissement,
- le blâme,
- l'interdiction temporaire pour une durée n'excédant pas 5 ans. La sanction de l'interdiction temporaire peut être assortie du sursis,
- la radiation de la liste,
- le retrait de l'honorariat,
- l'avertissement, le blâme ainsi que l'interdiction temporaire peuvent être assortis de la sanction complémentaire de l'inéligibilité aux organismes professionnels pendant dix ans au plus.

EXO 03.27 Cas Souvenir d'un jour : secret professionnel et responsabilité

DIFFICULTÉ 2

1. L'article L. 822-15 du Code de commerce stipule que « Les commissaires aux comptes, ainsi que leurs collaborateurs et experts, sont astreints au secret professionnel pour les faits, actes et renseignements dont ils ont pu avoir connaissance à raison de leurs fonctions.
Toutefois, ils sont déliés du secret professionnel à l'égard du président du tribunal de commerce ou du tribunal de grande instance... Lorsqu'une personne morale établit des comptes consolidés, les commissaires aux comptes de la personne morale consolidante et les commissaires aux

comptes des personnes consolidées sont, les uns à l'égard des autres, libérés du secret professionnel. Ces dispositions s'appliquent également lorsqu'une personne établit des comptes combinés. Les commissaires aux comptes procédant à une revue indépendante ou contribuant au dispositif de contrôle de qualité interne sont astreints au secret professionnel ».

2. Le secret professionnel est opposable aux tiers. Le commissaire aux comptes ne peut confier aux partenaires de l'entité les faits, actes et renseignements dont ils ont pu avoir connaissance à raison de leurs fonctions. Les autorités administratives, en particulier les services fiscaux et les douanes, ne peuvent être bénéficiaires d'informations couvertes par le secret professionnel.
Ainsi, dans le cas présent, le fiscaliste, collaborateur indépendant du commissaire aux comptes, semble avoir divulgué aux services fiscaux des informations relatives à l'activité de l'association.
Les commissaires aux comptes sont également responsables civilement des conséquences dommageables des fautes et négligences commises par leurs collaborateurs.
Selon les conditions communes au droit de la responsabilité, il ne suffit pas d'établir la faute du collaborateur du commissaire aux comptes dans l'exercice de ses missions. Il est nécessaire de prouver la relation de cause à effet entre la faute et le dommage subi. Pour cela, il faudra démontrer que la faute du collaborateur indépendant est en rapport avec un préjudice éventuel subi par l'association (par exemple, préjudice lié à un contrôle fiscal étayé par les informations divulguées par l'expert).

EXO 03.28 Cas Charlot : irrégularités – révélation des faits délictueux – procédures d'alerte

DIFFICULTÉ 2

L'article L. 823-12 du Code de commerce stipule : « Les commissaires aux comptes signalent à la plus prochaine assemblée générale ou réunion de l'organe compétent les irrégularités et inexactitudes relevées par eux au cours de l'accomplissement de leur mission, et, lorsqu'ils interviennent auprès d'une entité d'intérêt public, l'invitent à enquêter conformément aux dispositions de l'article 7 du règlement (UE) n° 537/2014 du Parlement européen et du Conseil. Ils révèlent au procureur de la République les faits délictueux dont ils ont eu connaissance, sans que leur responsabilité puisse être engagée par cette révélation. Sans préjudice de l'obligation de révélation des faits délictueux mentionnée à l'alinéa précédent, ils mettent en œuvre les obligations relatives à la lutte contre le blanchiment des capitaux et le financement du terrorisme définies au chapitre Ier du titre VI du livre V du Code monétaire et financier ».

Révélation des faits délictueux

D'après l'énoncé, les faits semblent significatifs et délibérés. Le commissaire aux comptes doit révéler au procureur de la République les faits délictueux dont il a eu connaissance au cours de sa mission.

Déclaration de soupçon dans le cadre des obligations de lutte contre le blanchiment

Lorsque le commissaire aux comptes a connaissance d'opérations dont il sait qu'elles portent sur des sommes qui proviennent d'une infraction passible d'une peine privative de liberté supérieure à un an..., il procède à une déclaration de soupçon à TRACFIN dans le cadre de la lutte contre le blanchiment de capitaux.

Signalement des irrégularités et inexactitudes

Les faits découverts génèrent des anomalies comptables puisque les malversations ont été dissimulées sous l'aspect de remboursements de primes. Si les comptes ne sont pas corrigés, le commissaire aux comptes doit certifier les comptes avec une réserve pour désaccord, si les incidences sur les comptes sont clairement circonscrites (évaluées).
Le commissaire aux comptes formulera un refus de certifier pour désaccord si les incidences des anomalies significatives ne peuvent être clairement circonscrites.

Procédure d'alerte

L'article L. 234-1 stipule :

« Lorsque le commissaire aux comptes d'une société anonyme relève, à l'occasion de l'exercice de sa mission, des faits de nature à compromettre la continuité de l'exploitation, il en informe le président du conseil d'administration ou du directoire dans des conditions fixées par décret en Conseil d'État.

- À défaut de réponse sous quinze jours ou si celle-ci ne permet pas d'être assuré de la continuité de l'exploitation, le commissaire aux comptes invite, par un écrit dont copie est transmise au président du tribunal de commerce, le président du conseil d'administration ou le directoire à faire délibérer le conseil d'administration ou le conseil de surveillance sur les faits relevés. Le commissaire aux comptes est convoqué à cette séance. La délibération du conseil d'administration ou du conseil de surveillance est communiquée au président du tribunal de commerce et au comité d'entreprise ou, à défaut, aux délégués du personnel. Le commissaire aux comptes peut demander à être entendu par le président du tribunal.
- Lorsque le conseil d'administration ou le conseil de surveillance n'a pas été réuni pour délibérer sur les faits relevés ou lorsque le commissaire aux comptes n'a pas été convoqué à cette séance ou si le commissaire aux comptes constate qu'en dépit des décisions prises la continuité de l'exploitation demeure compromise, une assemblée générale est convoquée dans des conditions et délais fixés par décret en Conseil d'État. Le commissaire aux comptes établit un rapport spécial qui est présenté à cette assemblée. Ce rapport est communiqué au comité d'entreprise ou, à défaut, aux délégués du personnel.
- Si, à l'issue de la réunion de l'assemblée générale, le commissaire aux comptes constate que les décisions prises ne permettent pas d'assurer la continuité de l'exploitation, il informe de ses démarches le président du tribunal de commerce et lui en communique les résultats. Il peut demander à être entendu par le président du tribunal.
- Dans un délai de six mois à compter du déclenchement de la procédure d'alerte, le commissaire aux comptes peut en reprendre le cours au point où il avait estimé pouvoir y mettre un terme lorsque, en dépit des éléments ayant motivé son appréciation, la continuité de l'exploitation demeure compromise et que l'urgence commande l'adoption de mesures immédiates ».

Compte tenu des fortes tensions de trésorerie, les faits peuvent être de nature à compromettre la continuité de l'exploitation. Le CAC doit apprécier les conséquences sur la continuité d'exploitation, et, le cas échéant, déclencher la procédure d'alerte.

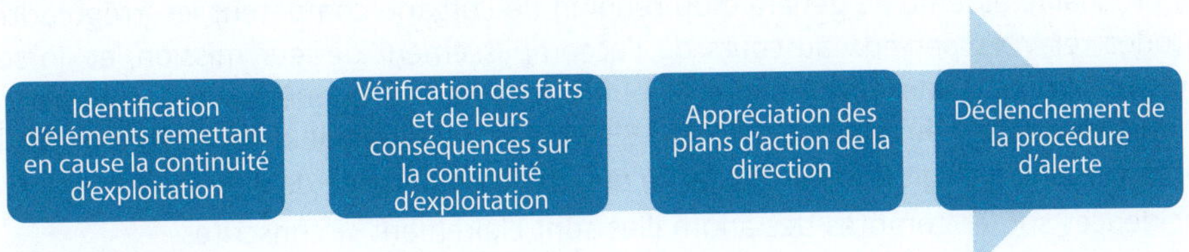

EXO 03.29 Cas Dora : secret professionnel – déclaration de soupçons – révélation des faits délictueux– responsabilité

DIFFICULTÉ 3

1. Par dérogation à l'obligation de secret professionnel, lorsque les professionnels du chiffre ont connaissance, pour un même client, d'une même opération, ils peuvent s'informer mutuellement, et par tout moyen sécurisé, de l'existence et du contenu de la déclaration (art. L. 561-21 du Code monétaire et financier).

2. Dans le cadre de son droit de communication prévu à l'article L. 561-26 du Code monétaire et financier, TRACFIN peut demander aux professionnels du chiffre toute pièce permettant de reconstituer l'ensemble des transactions liées à une opération ayant fait l'objet d'une déclaration. Les commissaires aux comptes ne peuvent opposer le secret professionnel à TRACFIN.

3. Le commissaire aux comptes est tenu au secret professionnel vis-à-vis de l'expert-comptable de la société DORA et ne peut pas lui transmettre des documents de son dossier (sauf documents d'accès public qui ne sont pas couverts par le secret).

4. L'article 226-13 du Code pénal prévoit que la révélation d'une information à caractère secret par une personne qui en est dépositaire (...) est punie d'un an d'emprisonnement et de 15 000 euros d'amende.

5. Lorsque le commissaire aux comptes a connaissance d'opérations dont il sait qu'elles portent sur des sommes qui proviennent d'une infraction passible d'une peine privative de liberté supérieure à un an ou qui participent au financement du terrorisme, il procède à une déclaration à TRACFIN (NEP 9605) et révèle concomitamment les faits délictueux au procureur de la République. Il semble que MODIANO ait collecté des éléments de preuve relatifs à l'infraction qu'il doit donc révéler.
Lorsque le commissaire aux comptes n'a que des soupçons sur des opérations portant sur des sommes qui proviennent d'une infraction passible d'une peine privative de liberté supérieure à un an ou qui participent au financement du terrorisme, il procède uniquement à la déclaration de soupçons à TRACFIN.

6. Responsabilité pénale pour non révélation des faits délictueux : d'après l'article L. 820-7 du Code de commerce, est puni d'un emprisonnement de cinq ans et d'une amende de 75 000 euros le fait (...) pour le commissaire aux comptes (...) de ne pas révéler au procureur de la République les faits délictueux dont il a eu connaissance.
Responsabilité civile et disciplinaire pour non déclaration de soupçons : le défaut de déclaration de soupçons à TRACFIN n'est pas sanctionné en tant que tel par la loi pénale. En revanche, il est susceptible et de caractériser une négligence pouvant entraîner la mise en cause de la responsabilité civile du commissaire aux comptes et peut faire l'objet de sanctions disciplinaires.

EXO 03.30 Cas Epc : rapport général – événements postérieurs à la clôture

DIFFICULTÉ 2

1. L'article L. 823-12 du Code de commerce stipule : « Les commissaires aux comptes signalent à la plus prochaine assemblée générale ou réunion de l'organe compétent les irrégularités et inexactitudes relevées par eux au cours de l'accomplissement de leur mission, et, lorsqu'ils interviennent auprès d'une entité d'intérêt public, l'invitent à enquêter conformément aux dispositions de l'article 7 du règlement (UE) n° 537/2014 du Parlement européen et du Conseil ».
Dans le cas présent, il s'agit d'une irrégularité qui doit être signalée dans le rapport général :

- Les incidences sur les comptes des anomalies sont clairement circonscrites.
- La formulation de la réserve est suffisante pour permettre à l'utilisateur des comptes de fonder son jugement en connaissance de cause.

Face au refus de la société de corriger les états comptables, le commissaire aux comptes doit certifier les comptes avec une réserve pour désaccord.

2.

- Lorsque le commissaire aux comptes identifie, entre la date d'arrêté des comptes et la date de signature de son rapport, un événement significatif post-clôture, il demande à l'organe compétent de communiquer une information sur cet événement à l'organe appelé à statuer sur les comptes (assemblée générale). Lorsqu'une telle communication n'est pas prévue, le commissaire aux comptes en fait mention dans la troisième partie de son rapport (vérifications spécifiques).

- Lorsque le commissaire aux comptes a connaissance, entre la date de signature de son rapport et la date d'approbation des comptes, d'un événement significatif post-clôture, il demande à la direction de communiquer une information sur cet événement à l'organe appelé à statuer sur les comptes. Dans le cas contraire, il rédige une communication dont il est donné lecture lors de la réunion.

EXO 03.31 Cas Candélabre : rapport général – changement de méthode comptable

DIFFICULTÉ 2

1. Dans le cas présent, l'absence d'information en annexe sur le changement de méthode comptable est une irrégularité qui doit être signalée dans le rapport général. Face au refus de l'entité de corriger les états comptables, le commissaire aux comptes doit certifier les comptes avec une réserve pour désaccord dans la première partie du rapport.
L'opinion sera complétée par une observation sur le changement de méthode comptable correctement décrit en annexe.
De plus, comme l'information dans le rapport de gestion n'est pas appropriée, il doit faire une observation dans la partie de son rapport sur les vérifications spécifiques.

2. RAPPORT AVEC RÉSERVE ET OBSERVATIONS

En exécution de la mission qui nous a été confiée par **l'assemblée générale du 4 mai N-1**, nous avons effectué l'audit des comptes annuels de la société **société CANDELABLE** relatifs à l'exercice clos le **31/12/N**, tels qu'ils sont joints au présent rapport.

I. Opinion sur les comptes annuels

Sous la réserve décrite dans la partie « Fondement de l'opinion avec réserve », nous certifions que les comptes annuels sont, au regard des règles et principes comptables français, réguliers et sincères et donnent une image fidèle du résultat des opérations de l'exercice écoulé ainsi que de la situation financière et du patrimoine de la société à la fin de cet exercice.

▶ Fondement de l'opinion avec réserve

L'entreprise a opéré un changement de méthode comptable pour la valorisation des stocks. La méthode du premier entré premier sorti a été adoptée durant l'exercice à la place de la méthode du coût moyen unitaire pondéré. La note « stocks et encours » de l'annexe ne justifie pas et ne décrit pas le changement de méthode relatif à la valorisation des stocks.

▶ Référentiel d'audit

Nous avons effectué notre audit selon les normes d'exercice professionnel applicables en France. Nous estimons que les éléments que nous avons collectés sont suffisants et appropriés pour fonder notre opinion. Les responsabilités qui nous incombent en vertu de ces normes sont indiquées dans la partie « Responsabilités du (des) commissaires aux comptes relatives à l'audit des comptes annuels » du présent rapport.

▶ Indépendance

Nous avons réalisé notre mission d'audit dans le respect des règles d'indépendance prévues par le Code de commerce et par le code de déontologie de la profession de commissaire aux comptes, sur la période du **1.1.N** à la date d'émission de notre rapport.

II. Observation

Sans remettre en cause l'opinion exprimée ci-dessus, nous attirons votre attention sur le point suivant, exposé dans l'annexe des comptes annuels : **La note « immobilisations corporelles et incorporelles » expose le changement de méthode relatif à l'activation des frais de recherche et développement.**

Justification des appréciations

En application des dispositions des articles L.823-9 et R.823-7 du Code de commerce relatives à la justification de nos appréciations, outre le(s) point(s) décrit(s) dans la partie « Fondement de l'opinion avec réserve », nous portons à votre connaissance les appréciations suivantes qui, selon notre jugement professionnel, ont été les plus importantes pour l'audit des comptes annuels de l'exercice. Les appréciations ainsi portées s'inscrivent dans le contexte de l'audit des comptes annuels pris dans leur ensemble et de la formation de notre opinion exprimée ci-avant. Nous n'exprimons pas d'opinion sur des éléments de ces comptes annuels pris isolément.

Nous avons également contrôlé que la note « immobilisations corporelles et incorporelles » de l'annexe exposait le changement de méthode relatif à l'activation des frais de recherche et développement. Nos travaux ont consisté à apprécier le caractère approprié du changement de méthode comptable ainsi que de la pertinence de l'information donnée dans l'annexe à ce sujet.

III. Vérifications spécifiques

Nous avons également procédé, conformément aux normes d'exercice professionnel applicables en France, aux vérifications spécifiques prévues par les textes légaux et réglementaires.

En application de la loi, nous vous signalons les faits suivants : **le rapport de gestion n'a pas signalé le changement de méthode comptable relatif à la valorisation des stocks.**

À l'exception de l'incidence du point décrit dans la partie « Fondement de l'opinion avec réserve », nous n'avons pas d'observation à formuler sur la sincérité et la concordance avec les comptes annuels des informations données dans les documents sur la situation financière et les comptes annuels adressés aux **aux actionnaires**.

Rapport sur le gouvernement d'entreprise

Nous attestons de l'existence, dans le rapport du **conseil d'administration** sur le gouvernement d'entreprise, des informations requises par l'article L.225-37-4 du Code de commerce.

EXO 03.32 La fusion et le commissaire aux comptes (d'après DSCG 2015)

1. Par principe, l'intervention d'un commissaire à la fusion est obligatoire dans les opérations de fusion concernant des sociétés par actions (art. L. 236-10-I du Code de commerce) ou des sociétés à responsabilité limitée (art. L. 236-24).

Cependant, les associés peuvent (à l'unanimité) décider de ne pas recourir à l'intervention d'un commissaire à la fusion (id).

2. Dans les opérations de fusions concernant deux sociétés anonymes, le commissaire à la fusion est désigné par voie d'ordonnance sur requête du président du tribunal de commerce du siège d'une des sociétés concernées. Il est choisi parmi les commissaires aux comptes inscrits ou parmi les experts inscrits sur une des listes établies par les cours et tribunaux (art. L. 236-10, R. 236-6, R. 225-7 du Code de commerce).

Le commissaire à la fusion rédige deux rapports :

- un rapport sur les conditions de la fusion qui contient une description de la (ou des) méthodes utilisées pour la détermination de la parité d'échange proposée, une opinion sur le caractère adéquat de la (ou des) méthode retenue, les difficultés rencontrées dans l'évaluation, le cas échéant ;
- un rapport sur les apports en nature qui contient une appréciation de la valeur des apports en nature et des avantages particuliers.

Le commissaire aux comptes doit être et paraître indépendant par rapport aux associés des sociétés dans lesquelles il est le contrôleur légal mais également par rapport aux organes de direction de ces sociétés.

Le I de l'article L. 822-11 du Code de commerce dispose qu'« il est interdit au commissaire aux comptes d'accepter une mission de certification auprès d'une entité d'intérêt public, lorsqu'au cours de l'exercice précédant celui dont les comptes doivent être certifiés, ce dernier ou tout membre du réseau auquel il appartient a fourni, directement ou indirectement, à l'entité d'intérêt public, ou aux personnes ou entités qui la contrôlent ou qui sont contrôlées par elle dans l'Union européenne, au sens des I et II de l'article L. 233-3, les services mentionnés au e du paragraphe 1 de l'article 5 du règlement (UE) n° 537/2014 du 16 avril 2014. »

En outre, les articles 10 et 10-1 du Code de déontologie des commissaires aux comptes (annexe 8-1 du livre VIII du Code de commerce) interdisent le commissaire aux comptes en fonction dans une entité de fournir certains services dont les missions de commissariat aux apports et à la fusion.

Monsieur ANCELIN ne peut pas être commissaire à la fusion de l'opération.

3. Pour les mêmes raisons, Monsieur MARAT, en sa qualité de commissaire aux comptes de la société absorbée, ne peut pas être le commissaire à la fusion de l'opération.

4. Monsieur ANCELIN est actuellement le commissaire aux comptes de la société absorbante. Sauf en ce qui concerne les mandats dans les Entités d'Intérêt Public (art. L. 822-14), le commissaire aux comptes peut être renouvelé à la suite d'un premier mandat.

5. Monsieur MARAT est actuellement le commissaire aux comptes de la société absorbée. Sauf disposition générale en matière d'interdictions et d'incompatibilités, rien n'interdit Monsieur MARAT d'accepter un mandat de commissaire aux comptes de la société FLAURENT.

6. Les normes d'exercice professionnel sont des guides méthodologiques que doivent appliquer obligatoirement les commissaires aux comptes dans le cadre de la démarche d'audit légal.

Elles sont établies par le Haut conseil de commissariat aux comptes (H3C) après avis de la Compagnie nationale des commissaires aux comptes (CNCC) et font l'objet d'une publication au Journal Officiel (JORF) après homologation par le garde des Sceaux.

À ce titre, elles ont force de loi. Elles s'imposent aux commissaires aux comptes, à la société auditée et aux tiers.

7. Les avis techniques du CNCC sont des textes qui ont été produits par le CNCC avant la création du H3C. Non publiés au JORF, ils ne constituent qu'un élément de doctrine opposable au et par le commissaire aux comptes à l'égard des instances ordinales uniquement.

Tant qu'une NEP n'a pas encore été publiée sur les sujets traité par ces avis techniques, ils doivent être appliqués au titre des bonnes pratiques.

EXO 03.33 Le référentiel normatif des experts-comptables

1. L'ordonnance n° 45-2138 du 19 septembre 1945, récemment modifiée par la LOI n°2019-486 du 22 mai 2019, par la LOI n°2022-172 du 14 février 2022 et par l'ordonnance n° 2023-77 du 8 février 2023, réglemente l'administration de l'ordre des experts-comptables, du titre et de la profession d'expert-comptable.

2. La Cour de cassation s'est prononcée sur le monopole des experts-comptables.

L'expert-comptable exécute habituellement des travaux comptables prévus par les alinéas deux et trois de l'article 2 de l'ordonnance n° 45-2138 du 19 septembre 1945 ou assure la direction, le suivi de ces travaux, en intervenant directement dans la tenue, la vérification, l'appréciation ou le redressement des comptes. Plus précisément, l'expert-comptable fait profession de tenir, centraliser, ouvrir, arrêter, surveiller, redresser et consolider les comptabilités des entreprises et organismes auxquels il n'est pas lié par un contrat de travail. Il peut aussi organiser les comptabilités et analyser par les procédés de la technique comptable la situation et le fonctionnement des entreprises et organismes sous leurs différents aspects économiques, juridique et financier.

3. L'article 22 de l'ordonnance n° 45-2138 du 19 septembre 1945 prévoit que les experts-comptables peuvent également donner des consultations et effectuer des études théoriques et pratiques d'ordre juridique, administratif ou fiscal et apporter leur avis devant toute autorité ou organisme public qui les y autorise, mais sans pouvoir en faire l'objet principal de leur activité et seulement s'il s'agit d'entreprises dans lesquelles ils assurent des missions d'ordre comptable de caractère permanent ou habituel, ou dans la mesure où lesdites consultations, études ou avis sont directement liés aux travaux comptables dont ils sont chargés.

4. L'arrêté du 10 juin 2022 présente le cadre de référence. Il définit la nature des différentes missions et activités réalisées ainsi que les normes professionnelles applicables à ces missions. Il comprend :

- le code de déontologie des professionnels de l'expertise comptable ;
- la norme professionnelle de maîtrise de la qualité (NPMQ) ;
- la norme professionnelle relative aux obligations en matière de lutte contre le blanchiment des capitaux et le financement du terrorisme ;
- des normes professionnelles spécifiques applicables à chaque mission et activités.

Le cadre de référence distingue notamment :

- les missions d'assurance sur des comptes complets historiques ;
- les autres missions d'assurance ;
- les missions sans assurance.

Dans les missions d'assurance sur les comptes complet historiques, on trouve :

Les missions d'assurance de l'expert-comptable sur des comptes complets historiques		
l'audit contractuel	l'examen limité	la mission de présentation
assurance élevée mais non absolue	assurance modérée	assurance modérée
régularité et sincérité des comptes	régularité et sincérité des comptes	vraisemblance et cohérence des comptes
formulation positive de l'assurance	formulation négative de l'assurance	formulation négative de l'assurance

5. L'ordre des Experts-Comptables (OEC) a pour mission le contrôle et l'accompagnement des professionnels autorisés à exercer la profession d'expertise comptable.
Créée par l'ordonnance n° 45-2138 du 19 septembre 1945, cette institution placée sous la tutelle du ministère de l'Économie et des Finances, assure la représentation, la promotion, la défense et le développement de la profession d'expert-comptable, tant en France qu'à l'étranger.
Le Décret n° 2012-432 du 30 mars 2012 encadre l'exercice de l'activité d'expertise comptable, le code de déontologie, ainsi que le règlement intérieur de ses institutions représentatives.
Le Conseil National de l'Ordre des Experts-Comptables (CNOEC) est composé des Présidents des Conseils Régionaux, de membres et d'un président élus. Il a notamment pour mission d'élaborer les normes professionnelles et le code de déontologie, de représenter l'OEC auprès des pouvoirs publics.

Les Conseils Régionaux de l'Ordre des Experts-Comptables (CROEC) sont composés de membres élus dans chaque région. Ils ont notamment pour mission de surveiller et de mettre en œuvre le contrôle de la profession dans leur région, de contrôler les stages d'expertise-comptable et de procéder aux inscriptions au tableau, de prévenir et concilier les contestations ou conflits d'ordre professionnel.

EXO 03.34 Normes de comportement, missions interdites et missions autorisées

1.

Article 145 et 161 du code de déontologie des experts-comptables

Honneur et probité	• S'abtenir, en toute circonstance, d'agissement contraires à la probité, l'honneur et la dignité.
Compétence	• Compléter et mettre à jour régulièrement leur culture professionnelle et leurs connaissances générales...
Conscience professionnelle	•Donner à chaque question examinée tout le soin et le temps qu'elle nécessite... avant de faire toute proposition.
Impartialité	• Donner leur avis sans égard aux souhaits du demandeur et se prononcer avec sincérité, en toute objectivité...
Absence de conflit d'intérêt	• Ne jamais se trouver en situation de conflit d'intérêts.
Indépendance	• Ne jamais se placer dans une situation limitant leur libre arbitre ou faisant obstacle au respect de leurs devoirs ;
assistance et courtoisie	• S'abstenir de toute attitude malveillante, de toute acte susceptible de nuire à la situation de leurs confrères.

2.

Article 22 de l'ordonnance du 19 septembre 1945

activité salarié	• Incompatibilité avec tout emploi salarié, sauf chez un autre EC, CAC , dans une association de gestion agrée ou dans une société pluri-professionnelle. Ils peuvent toutefois participer à l'enseignement professionnel.
activité commerciale	• Incompatibilté avec toute activité commerciale ou acte d'intermédiaire autre que ceux que comporte l'exercice de la profession, sauf s'il est réalisé **à titre accessoire.**
Manipulation des fonds des clients	• Interdiction de recevoir, conserver ou délivrer des fonds ou valeurs ou de donner quittance, sauf s'il est réalisé **à titre accessoire** pour un mandat qui leur a été confié.
Mission de réprésentation	• Interdiction d'assumer une mission de représentation devant les tribunaux de l'ordre judiciaire ou administratif.
Liens d'ordre professionnel	• Les travaux de comptabilité ne doivent pas être effectuées pour les entreprises dans lesquelles les EC possèdent directement ou indirectement des intérêts substantiels.
Liens personnels	•Les relations personnelles ou familiales entretenues par l'EC ou les collaborateurs avec le client ne doivent pas constituer un risque d'atteinte à l'indépendance.

3.

Situations	Autorisée ou interdite
Activité commerciale accessoire	Autorisée à titre accessoire dans le respect des règles déontologiques liées à l'indépendance, au conflit d'intérêts, à l'honneur et à la probité.
Mandat social auprès de l'entité cliente	Incompatible avec les fonctions d'EC de l'entité
Honoraires à succès	Possibles à l'exception de celles relatives aux missions comptables récurrentes et à la détermination de l'assiette fiscale ou sociale du client.
Agent d'affaires	Interdit
Consultation juridique	Autorisée à titre accessoire seulement s'il s'agit d'entreprises dans lesquelles ils assurent des missions d'ordre comptable ou d'accompagnement
Secrétariat juridique	Autorisée à titre accessoire seulement s'il s'agit d'entreprises dans lesquelles ils assurent des missions d'ordre comptable ou d'accompagnement
Emploi salarié	Auprès d'un EC, CAC ou société pluriprofessionnelle et activité d'enseignement
Service de paie	Autorisé
Représentation auprès des tribunaux	Service interdit
Mandat de recevoir des fonds	Autorisé à titre accessoire pour un mandat qui leur a été confié.
Détention d'une part importante du capital de l'entité cliente	Interdiction de posséder un intérêt substantiel pour l'EC de l'entité
Mission d'externalisation comptable	Autorisée
Paiement des dettes sociales d'un client	Présomption simple d'avoir reçu un mandat dans l'exercice de leur mission.
Recouvrement amiable de créances d'un client	Autorisé dans le cadre d'un mandat de règlement qui leur a été confié.
Démarchage de clientèle	Mis en œuvre avec discrétion, dans le respect du code de déontologie
Établissement des déclarations sociales d'un client	Autorisé dans le mandat implicite lié à la mission principale.

EXO 03.35 Cadre de référence des missions de l'expert-comptable

1. Il s'agit d'une mission sur les comptes annuels mais sans attestation. C'est donc une mission sans assurance sur la base de procédures convenues d'un commun accord avec la direction de l'entité. Plus précisément, la mission semble s'inspirer de la mission de compilation prévue par le référentiel normatif (norme 4410) mais sans la désigner précisément.

2. Les diligences sont encadrées par la lettre de mission. L'expert-comptable ne contrôle pas les déclarations sur lesquelles s'appuient les informations financières. Les contrôles de matérialité ne sont donc pas prévus par le contrat et ne seront pas réalisés par l'expert-comptable.

EXO 03.36 Devoir de conseil et responsabilité civile de l'expert-comptable

1. L'expert-comptable a l'obligation de conseiller son client en lui donnant des informations exactes résultant des diligences normales de la profession (art. 155 du CD). Il se doit de le mettre en garde contre les insuffisances constatées. Les négligences de son client ne le déchargent pas de ses responsabilités. L'expert-comptable doit conserver la preuve des conseils donnés à son client.

2. Les experts-comptables sont responsables, à l'égard de l'entité « cliente » ou des tiers, des conséquences dommageables des fautes et négligences commises par eux dans l'exercice de leurs fonctions.
La mise en cause de la responsabilité nécessite une **faute**, un **préjudice** subi par le tiers ou l'entité et un **lien de causalité** entre la faute et le préjudice.
Le délai de prescription de l'action en responsabilité est de 5 ans pour les missions de l'expert-comptable.
Ils doivent souscrire un contrat d'assurance pour garantir leur responsabilité civile.
Ils ont, en principe, une **obligation de moyen** et doivent mettre en œuvre les diligences normales prévues par la loi et les normes professionnelles. Parfois, une obligation de résultat est attendue sur des prestations déterminées à réaliser dans un délai précis (ex : retard dans une déclaration de TVA pour l'EC).

3. La mise en cause de la responsabilité de l'expert-comptable nécessite un préjudice de l'artisan, une faute de l'EC et un lien de causalité entre la faute et le préjudice. L'artisan a subi un préjudice de 32 920 € avec l'impossibilité de récupérer la TVA non facturée auprès de ses clients et la TVA déductible sur ses charges.
L'expert-comptable a manqué à son devoir de conseil en ne le mettant pas en garde contre le dépassement du seuil de la franchise sans l'informer de l'obligation de modifier le régime de TVA.
Le manquement est bien à l'origine du préjudice subi. La responsabilité civile de l'EC est engagée et il doit payer la somme de 32 920 euros en réparation du préjudice causé par son manquement à son obligation de conseil (Cour cassation, 12 juin 2012, N°11-20768).

EXO 03.37 Secret professionnel et responsabilité de l'expert-comptable

1. L'Art. 21 de l'ordonnance de 1945 dispose que les experts-comptables sont tenus au secret professionnel. Le secret professionnel est absolu et seule la loi peut l'écarter. L'information à caractère secret est l'information non connue (non rendue publique).
En plus du secret professionnel, l'expert-comptable est tenu à une obligation de confidentialité et à un devoir de discrétion. La discrétion vise toutes les informations recueillies au cours de sa mission. Contrairement au secret professionnel, l'obligation de confidentialité peut être levée avec l'accord écrit du client.

2. Il y a cinq cas qui permettent une dispense ou une levée du secret professionnel de l'expert-comptable.

- **Partage entre professionnels :** échanges d'informations sur un dossier entre l'expert-comptable et ses collaborateurs ou entre l'EC et le CAC certifiant les comptes.
- **Droit de communication de l'administration :** droit de communication de l'administration fiscale, de l'AMF ou de TRACFIN dans le cadre de la lutte contre le blanchiment.
- **Procédures collectives :** communications au juge-commissaire sur la situation financière, économique, sociale, patrimoniale du débiteur.
- **Instruction pénale :** communications prévues par la loi aux officiers de police judiciaire, juge d'instruction ou procureur de la République.

- **Mise en cause ou défense du professionnel :** dans le cadre d'une information judiciaire ou d'une action pénale ou lors d'un contrôle qualité du CROEC.

3. Responsabilité civile : le secret professionnel est opposable aux tiers. L'expert-comptable ne peut confier à des partenaires économiques de l'entité les faits, actes et renseignements dont ils ont pu avoir connaissance à raison de leurs fonctions. Les autorités administratives, en particulier les services fiscaux et les douanes, ne peuvent être bénéficiaires d'informations couvertes par le secret professionnel sauf demande expresse dans le cadre du droit de communication de l'administration fiscale. Ainsi, dans le cas présent, le fiscaliste, collaborateur indépendant de l'expert-comptable, semble avoir divulgué aux services fiscaux des informations relatives à l'activité de l'association. L'expert-comptable est également responsable civilement des conséquences dommageables des fautes et négligences commises par ses collaborateurs. Selon les conditions communes au droit de la responsabilité, il ne suffit pas d'établir la faute du collaborateur de l'expert-comptable dans l'exercice de ses missions. Il est nécessaire de prouver la relation de cause à effet entre la faute et le dommage subi. Pour cela, il faudra démontrer que la faute du collaborateur indépendant est en rapport avec un préjudice éventuel subi par l'association (par exemple, préjudice lié à un contrôle fiscal étayé par les informations divulguées par le fiscaliste).

Responsabilité pénale : l'article 226-13 du Code pénal prévoit que « La révélation d'une information à caractère secret par une personne qui en est dépositaire soit par état ou par profession, soit en raison d'une fonction ou d'une mission temporaire, est punie d'un an d'emprisonnement et de 15 000 euros d'amende ».

L'auteur de la révélation doit être un professionnel tenu au secret, du fait de ses fonctions, de par son état ou ses fonctions et avoir la volonté de révéler le secret. Dans le cas présent, l'infraction n'a pas été commise par l'expert-comptable. Par contre, l'avocat fiscaliste, est tenu au secret professionnel de par son état dès lors que la révélation est intentionnelle.

Responsabilité disciplinaire : les chambres régionales de disciplines des CROEC peuvent prononcer des sanctions disciplinaires pour le non-respect des lois, des règlements, des normes, du code de déontologie, et en cas de fait contraire à la probité et à l'honneur dans la vie professionnelle ou privée : réprimande, blâme, suspension avec sursis ou non (dix ans maximum), radiation. L'expert-comptable peut ainsi s'exposer à des sanctions disciplinaires pour non-respect du devoir de discrétion ou du secret professionnel. Néanmoins, dans le cas présent, la révélation n'a pas été commise personnellement par l'expert-comptable.

Table des matières

Conception graphique : Sylvie Vaillant
Composition Maury

01-MV-CK-JB/JV

PAPIER À BASE DE FIBRES CERTIFIÉES

FOUCHER s'engage pour l'environnement en réduisant l'empreinte carbone de ses livres. Celle de cet exemplaire est de :
1.1 kg éq. CO_2
Rendez-vous sur www.editions-foucher-durable.fr

Achevé d´imprimer en Espagne par Grafo à Basauri - Dépôt légal: 16975-7/01 - septembre 2023